KB070071

멋지게 살자

멋지게 살자

초판 1쇄 인쇄일 • 2023년 8월 25일
초판 1쇄 발행일 • 2023년 9월 5일

지은이 • 박휘성
발행인 • 한유정
편집인 • 김다은
디자인 • 전혜영

발행처 • 이레닷컴
주소 • 서울 서대문구 포방터길 137, 310
이메일 • erae0191@naver.com
전화번호 • 02.396.9323
출판등록 • 2001년 12월 19 제8-363

총판 • 하늘유통
주소 • 경기도 파주시 광탄면 혜음로 883번길 39-32
전화번호 • 031.942.9162

ISBN 978-89-913-6135-5

값 28,000원

목표가 바뀌면 운명이 바뀐다

멋지게 살자

박휘성 지음

매주 초점과
균형을 잡자

이레닷컴

머리말

2013년 가을 에디슨 뉴저지(Edison New Jersey)에 한인봉사센터가 생겼다. 봉사센터의 개관을 준비하는 린다 강(Linda Kang)회장을 만나 '명상'을 가르칠 기회가 되었다. 개관하던 날, 자원봉사자들이 많이 모였지만 강의할 강사들이 많이 부족했다. 린다 강 회장은 명상과 함께 요가, 컴퓨터, 긍정심리학과 증권 투자까지 교수해 줄 것을 요청하였다. 부족하지만 최선을 다하여 십 년째 즐겁게 섬기고 있다. 또한 등산클럽도 시작하였다. 특히 등산클럽은 기후에 상관없이 코비드(COVID-19)기간에도 계속 하였다. 최근에는 음악감상클럽도 만들어 두 달에 한 번씩 음악회를 찾아 낭만도 누리고 있다. 이 책은 지난 10년 동안 한인봉사센터에서 강의한 긍정심리학 내용을 정리한 것이다.

스탠포드대학의 장수 연구 웹 페이지는 이렇게 밝히고 있다. '지금 태어나는 어린이 가운데 둘 중의 하나는 백세 이상 살 것이라'고 한다. 이제 백세 건강은 더 이상 우리의 목표나 꿈이 아니다. 초백세, 110세 이상 되는 사람들이 죽기 직전까지 건강하게 살게 된다. 긍정심리학은 평균보다 최상의 가능성을 연구하는 학문이다. 그러므로 저자는 주어진 6,000주(115세)를 멋있게 살아보려고 한인봉사센터에서 즐거운 마음으로 봉사하고 있다. 교수할 과목이 많지만 함께 배우고 있다.

멋지게 산다는 것은 무엇인가? 이 세상에 태어나 '자신이 하고 싶은 것을 마음껏 실천하면서 건강하게 장수하는 것'이 아닐까?

1. 건강하게 장수하는 사람은 누구인가?

죽어서 하늘나라에 가고 싶다는 사람들이 많다. 하지만 "오늘 가고 싶은 분이 있으면 손을 들어보세요!" 말하면 한 사람도 없다. 위키피디아(Wikipedia)에 의하면 '이 세상에서 현재까지 120세 이상 산 사람은 딱 한 사람, 불란서 여자 진 칼만(Jeanne Calment)으로 122년 164일'을 살았다. 가장 오래 산 사람 10명 중에 4명이 일본인이다. 평균 수명은 일본이 1위(84.62세), 2위 이탈리아(84.00세), 3위 싱가포르(83.74세), 4위 대한민국(83.43세), 5위 노르웨이 (83.21세)다. 일본 NHK 뉴스에 의하면 '2023년에 100세 이상 되는 사람들이 10만명을 넘는다'고 한다. 그 중에 여자가 90퍼센트, 남자가 약 10퍼센트다. '초백세인(super-centenarian)'은 110세가 된 사람을 말한다. 초백세인의 특징은 최대 수명에 도달할 때까지 주요 노인 질병이 없는 삶을 살다 간다.

2. 자신이 하고 싶은 것을 누리며 멋지게 오래 살아보자.

하루에 내가 하고 싶은 것 다 할 수는 없다. 한 주 단위로 나누어 생각하면 '자기 소원 (Wish List)'을 다 누릴 수 있는 가능성이 열려 있다. 한 주는 168시간이다. 그 중에서 매일 8시간 잔다면 112시간이 남는다. 한 주에 40시간 일하면 72시간이 남는다. 그 시간에서 식사와 청소, 생필품 구입으로 35시간을 빼면 37~40시간이 남는다. 이 시간을 선용하면 멋있게 살 수 있다. 저자는 매주 일요일에는 교회 가는 것으로 시작해서 마지막 토요일에는 등산으로 한 주를 마친다. 110년은 5,736주가 된다. 115년에는 5,996주, 약 6,000주가 된다. 긍정심리학은 목표에 도달하는 과정을 중요하게 생각한다. 그래서 이 책 제목을 『멋지게 살자』라고 했다. 지나간 시간은 다시 오지 않는다. 매일, 매주를 값있게 사용하자!

3. 어떻게 멋지게 살 수 있을까?

자신이 불행하고 실패했다고 생각하는 사람들은 '그 목표가 잘못되어 있기 때문'이다. 자신의 행복만을 추구하는 사람은 덜 행복하게 된다. 성공만을 목표로 하는 사람은 실망하기 쉽다. 보기에 크게 성공한 사람들 중에 자살을 하거나 마약 중독자가 되는 경우가 많다. 신문에 '하버드 출신 억만 장자가 뉴욕에서 자살한 사건'이 보도되었다. 하버드대학에 입학하고 억만장자가 되는 것이 성공이 아니다. 긍정심리학은 성공보다 그 과정을 즐기는 사람들이 행복하고 성공한 사람이라고 말한다. 멋지게 사는 사람들은 인생에 초점과 균형 잡힌 삶을 사는 사람들이다.

1. 자신의 특기와 재능을 평생 개발하며 그 과정을 즐기는 사람은 '초점을 가진 자'이다.

2. '균형 잡힌 삶'이란 자신의 욕구를 성취하기 위해 평생 노력하는 것이다. 긍정심리학의 창시자로 불리는 에이브러햄 매슬로(Abraham Maslow)는 인간의 8가지 욕망을 기술한다. 이러한 8가지 욕망을 성취하기 위해 멋있게 살다 죽는 것이다.

○ 에이브러햄 매슬로의 8가지 욕구 단계

1단계 : 생리적 욕구(Biological and Physiological Needs)

동물과 마찬가지로 인간의 생명을 유지하려는 욕구로서 가장 기본인 음식, 의복, 내 집을 짓고 자식을 낳기 위한 성욕을 포함한다.

예 건강하게 살자 : 나는 타인과 자신의 건강을 위해서 명상과 요가

를 가르친다.

2단계 : 안전 욕구(Safety Needs)

위험, 위협, 박탈(剝奪)에서 자신을 보호하고 불안을 회피하려는 욕구이다. 경제적인 안정이 그 받침이 되어야 한다.

예 검소하게 살자 : 재정적인 안정을 위해서 안전한 증권 장기 투자를 가르친다.

3단계 : 소속 및 애정 욕구(Belongingness and Love Needs)

가족, 친구, 친척 등과 친교를 맺고 원하는 집단에 귀속되고 싶어 하는 욕구이다. 그 반대는 외로움이다.

예 좋은 인간관계 : 함께 등산, 운동, 식사, 음악회를 간다.

4단계 : 존중 욕구(Esteem Needs)

자아 존중과 자신감, 성취, 존중 등에 관한 욕구다.

예 근면하게 살면 자신감이 생긴다 : 좋은 강의를 위해 열심히 공부한다.

5단계 : 인지적 욕구(Cognitive Needs)

새로운 것을 배우고, 지식과 기술, 주변 환경에 대한 호기심과 이해의 욕구이다.

예 평생 학생으로 살자 : 컴퓨터와 긍정심리학을 가르친다.

6단계 : 심미적 욕구(Aesthetic Needs)

질서와 안정을 바라며 아름다움을 추구하는 욕구다.

예 아름다움을 추구하자 : 등산클럽과 음악감상클럽을 운영하고 박물관에 간다

7단계 : 자아실현 욕구(Self-Actualization Needs)

자기를 계속 발전시키려고 자신의 잠재력을 최대한 발휘하려는 욕구이다. 이런 욕구는 충족될수록 더욱 증대된다.

예 내 주특기를 최대한 살리자 : 수학과 증권 투자의 특기를 최대한 개발하려고 한다

8단계 : 자아 초월 욕구(Transcendence Needs)

자신을 초월하는 이타적인 욕구이다. 자연, 우주와 하나님과 하나가 되는 것이다.

예 봉사 활동하며 세계 시민으로 살자 : 아동구호연맹을 통해 아이들을 돕는다.

CONTENTS

3부 | 멋지게 살자 304

○ 주(註) : 목차는 매월 1일부터 31일까지 내용을 되새겨 자기 것으로 만들도록 했다. 또한 영어 알파벳을 사용하여 A에서부터 Z까지, 매일 날짜에 따라 함께 적었다. 알파벳이 끝나는 27일부터는 다시 A+, B+, C+, D+, E+로 함께 표기하였다.

1부

매주 초점과 균형을 잡자

매달 1일 A : 감사하라(Appreciate)

"우리는 우리가 반복적으로 하는 것에 의해 형성된다.
그렇다면 탁월함은 행동이 아니라 습관이다." -아리스토텔레스

일관된 노력과 헌신의 중요성을 강조하기 위해
'감사하라' 를 반복한다.

"감사할수록 더 많은 아름다움이 보인다" -메리 데이비스
("The more grateful I am, the more beauty I see."
-Mary Davis)

Appreciate

1. 감사가 좋은 이유, Robert A. Emmons

Clip source: 왜 감사가 좋은가 Greater Good
Robert A. Emmons: The Power of Gratitude

UC Davis의 심리학자 Robert A. Emmons 교수의 글을 소개한다.

추수감사절이 다가오면 우리는 감사한 것을 인정하는 시간을 갖게 된다. 감사가 무슨 소용이 있는가? 에만 교수는 10년 이상 동안 감사가 신체적 건강, 심리적 웰빙, 타인과의 관계에 미치는 영향을 연구해 왔다.

이 연구에서 감사한 일을 정기적으로 기록하는 '감사 일지'를 작성하여 사람들이 체계적으로 감사를 계발하도록 도왔다. 감사 일지 및 기타 감사 관행은 종종 단순하고 기본적인 것처럼 보인다.

한 연구에서 종종 사람들이 단 3주 동안 감사 일기를 쓰도록 했다.

결과는 놀라웠다. 8세에서 80세에 이르는 1,000명 이상의 사람들을 연구했다. 그 결과 감사를 실천하는 사람들이 지속적으로 다음과 같은 장점이 있음을 발견 했다.

1. 건강을 더 잘 돌본다
2. 더 오래 자고 깨어날 때 더 상쾌함을 느낀다.
3. 더 높은 수준의 긍정적인 감정
4. 더 기민하고 활기차고 깨어난다.
5. 더 많은 기쁨과 즐거움을 느낀다.
6. 더 많은 낙관주의로 행복하다.
7. 사회적으로 더 많은 도움을 주고 관대하고 동정심이 많아진다.
8. 더 많이 용서를 한다.
9. 더 외향적이 된다.
10. 덜 외롭고 고립을 느끼지 않는다.

감사는 결국 사회적 감정이기 때문에 사회적 혜택이 중요하다. 감사는 관계를 강화하는 감정이다. 그것은 어떻게 우리가 다른 사람들에게 지지와 확인을 받는지 알려주기 때문이다. 이것은 감사의 두 가지 구성 요소 즉, 정의의 핵심을 나타낸다.

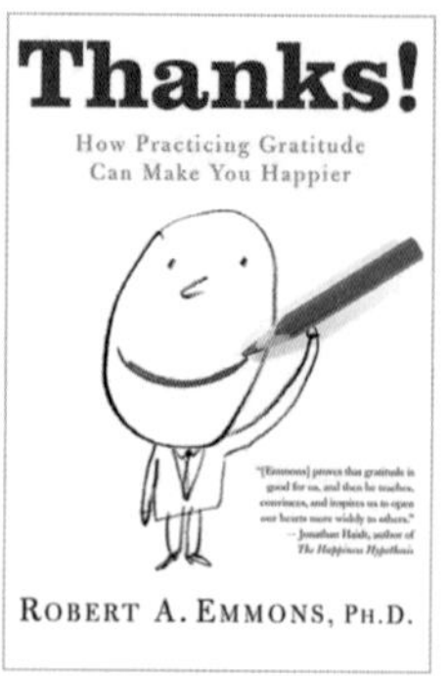

첫째, 선함의 확증이다. 우리는 세상에 좋은 것, 우리가 받은 것이 은혜임을 확인하는 것이다. 이것은 삶이 완벽함을 의미하는 것이 아니다. 세상에는 불만, 부담, 번거로움이 있음을 인정한다. 그러나 감사는 우리 삶에서 선함을 식별하도록 격려한다.

둘째, 그 선함이 어디에서 오는지 알아보는 것이다. 우리는 이 선함의 근원이 외부에 있음을 안다. 그것은 자부심을 가질 수 있도록 우리가 행한 것에 근거한다. 자신의 긍정적인 특성을 인식할 수 있지만, 진정한 감사는 타인에 대한 겸손한 의존을 포함한다.

더 감사하는 사람이 되는 10가지 방법

1. 감사 일기를 쓰라.

당신이 누리는 은사, 은혜, 혜택, 좋은 것들을 매일 실천하자. 일상적인 사건, 개인적인 특성 또는 삶의 소중한 사람들과 관련된 감사의 순간을 회상하기 위해 매일 시간을 할애하는 것은 감사라는 지속 가능한 삶의 주제를 엮을 수 있는 가능성을 제공한다.

2. 과거에 힘들었던 것을 기억하자.

지금 감사하려면 과거에 겪었던 힘든 시간을 기억하는 것이 도움이 된다. 삶이 얼마나 힘들고, 얼마나 멀리 왔는지 기억할 때, 이전과 분명한 비교점을 볼 수 있다. 과거와 비교하는 것은 감사를 위한 옥토이다.

3. 스스로에게 세 가지 질문을 하라.

일본에서 시작한 나이칸(Naikan) 명상 기법을 배우자. 세 가지 질문은 이것이다. "나는 누구에게서 무엇을 받았는가?", "나는 누구에게 무엇을 주었는가?", "나는 어떤 문제와 어려움을 일으켰는가?"

4. 감사의 기도를 배우라.

많은 영적 전통에서 감사의 기도는 기도의 가장 강력한 형태로 간주된다. 왜냐하면 이러한 기도를 통해 사람들은 자신과 자신이 추구할 궁극적인 근원을 인식하기 때문이다.

5. 정신차리고. 만지고, 보고, 냄새 맡고, 맛보고, 들을 수 있는 감각을 통해 우리는 살아 있다는 것이 놀라운 기적임을 알 수 있다. 감사의 눈으로 보면 인체는 기적과 선물이다.

6. 시각적 알림을 사용하라.

감사에 대한 두 가지 주요 장애물은 건망증과 마음 챙김의 부족이다. 시각적 알림은 감사에 대한 생각을 촉발하는 신호 역할을 할 수 있다. 종종 가장 좋은 시각적 알림은 내가 만나는 주위에 있는 사람들이다.

7. 감사를 실천하기로 서약하라.

목표한 행동을 다짐하게 되면 그 행동이 실행될 가능성이 높아진다. 그러므로 "나는 매일 축복을 세어 보겠다."와 같은 간단한 감사 서약을 작성하여 매일 생각나는 곳에 붙여 놓자.

8. 언어를 조심하라.

감사하는 사람들은 선물, 주는 사람, 축복, 재산, 행운, 풍요의 언어를 사용하는 특정한 언어 스타일을 가지고 있다. 감사할 때, 당신은 당신이 본질적으로 얼마나 좋은가에 초점을 맞춰야 한다. 또 다른 사람들에 대해서도 본질적으로 좋은 일에 초점을 맞춰야 한다.

9. 감사를 행동으로 옮기라.

감사하는 마음을 가지면 감사의 감정이 발동한다. 감사에는 미소, 감사 인사, 감사 편지 쓰기가 포함된다.

10. 상자 밖에서 생각하라.

감사의 근육을 풀 수 있는 기회를 최대한 활용한다. 감사를 느낄 수 있는 새로운 상황과 환경을 창의적으로 찾는다.

2. 저자의 감사 명상 이야기

숙면을 누리는 비결을 소개한다.

침대 베개에 머리를 대면, 오늘 가장 감사해야 할 것 중에 하나를 생각하는 습관이 있다.

주위에서 숙면하지 못하는 사람들을 만난다. 수면제를 먹어야 잠을 자는 사람들도 있다. 침대에 누우면 여러 생각들과 고민이 떠올라 쉽게 잠들지 못한다. 자신을 괴롭힌 일, 흥분했던 일들이 떠오를 때가 많다. 과거 일들과 미래 일을 생각하면 쉽게 잠들 수 없다.

하지만 내가 가장 감사한 것 한 가지를 생각하면 계속 다른 감사한 것들이 생각난다. 계속 감사할 일들을 생각하면 좋은 세로토닌(Serotonin) 수면제를 생산하여 쉽게 잠이 들고 숙면하게 된다.

밤에 화장실에 가기 위해서 몇 번씩 일어날 때가 있다. 다시 침대에 들어 오면 여러 생각 때문에 잠을 설칠 때가 많다.

그래서 어떤 사람들은 새벽 2시 혹은 4시에 카카오톡을 보내는 사람들도 있다. 나는 밤에 화장실에 갔다가 돌아오면 바로 "감사 바디 스캔"에 들어간다. 계속 감사 바디 스캔으로 훈련한다.

1. 나의 오른쪽 발톱을 생각한다.

"발톱 감사 아홉", "발톱 감사 8, 발톱 감사 7, 발톱 감사 6, 발톱 감사 5, 발톱 감사 4, 발톱 감사 3, 발톱 감사 2, 발톱 감사 1, 발톱 감사 0." 이렇게 발톱 감사를 열 번 반복한다. 숫자를 거꾸로 세어야 잡생각이 덜 나고 정신 집중에 좋다. 과거에 무거운 나무를 떨어뜨려서 오른쪽 발톱이 빠진 일이 있었다. 몇 달 동안 고생을 했다. 지금은 거의 95퍼센트 재생되었다. 내가 건강하게 걸을 수 있으니 너무 감사하다.

2. 그 다음에는 " 발가락 감사 아홉", "발가락 감사 여덟", "발가락 감사 일곱" … "발가락 감사 영" 을 반복한다.

3. 그 다음에는 "발바닥 감사 아홉"부터 시작해서 "발바닥 감사 영"까지 열 번을 반복한다.

4. 이렇게 "발꿈치 감사", "발목 감사", "종아리 감사"를 반복한다.

5. 내 "무릎 감사"를 열 번 반복할 때는 내 무릎이 불편해서 부목 레이스를 하고 다닌다. 그래도 일주일에 두 번 하이킹 그리고 평균 하루에 만보 이상 걸을 수 있음이 감사하다.

6. 내 "허벅지 감사 9~0" 을 하고 나서는 왼발로 간다. 왼쪽 "발톱 감사 9~0"을 한다.

7. 이렇게 해서 내 몸의 마디마디를 감사한다. 말 그대로 발톱 끝에서 머리끝까지 감사하면 1~2시간 걸린다. 그러다 보면 잡생각을 떨치고 다시 깊은 잠에 빠진다.

어릴 때 '파블로프의 개(Pavlov's dog)' 실험을 배웠다. 강아지에게 매일 종을 울리고 밥을 준다. 그렇게 여러 날 계속하면 종만 울려도 개가 침을 흘린다. 이런 현상을 조건 반사라고 한다. "감사 바디 스캔"

을 처음하면 곧바로 잠에 빠질 수 없기도 할 것이다.

하지만 습관이 되도록 계속 연습해야 한다. "감사 바디 스캔"이 습관이 되면 종 소리 듣고 개가 침을 흘리듯 이 두뇌에서 세라토닌 화학물질이 나오기 시작하니 쉽게 잠이 들게 된다.

철학자요 심리학자인 하바드대학의 윌리엄 제임스는 한 가지 습관을 들이는 데 21일, 즉 3주가 걸린다고 했다. 좋은 습관은 한 번에 한 개씩 쌓아 올려야 한다.

따라서 매일 잠잘 때 머리가 베개에 닿으면 곧바로 오늘 가장 감사해야 할 것 한 가지를 생각하는 습관을 들이라. 3주 동안 계속 습관을 들이면 삶이 더 멋있어질 것이다

3. 저자의 감사 이야기

초백세인은 110세 이상을 산 사람들이다. 초백세인처럼 건강하게 멋지게 살고 싶다. 그러기 위해서 나의 첫번째 습관은 매일 감사하는 사람이 되는 것이다. 침대의 베개를 베고 누우면 오늘 내가 가장 감사해야 할 것 한 가지를 생각한다. 그러면 밤새 내 두뇌는 무의식 중에 감사하는 것을 배우며 숙면할 수 있다.

먼저 내가 건강하게 오늘 또 이 한 주를 살 수 있으니 감사하다.

1. 감사 습관 : 밤에 침대에 누우면 오늘 가장 감사한 것 한 가지를 생각하며 잠에 든다.

2. 건강 운동 : 하루에 평균 만보 이상씩 걸을 수 있으니 감사하다.

3. 건강 식사 : 건강식으로 내가 바라는 몸무게, BMI 21을 유지할 수 있으니 감사하다.

4. 건강 수면 : 내가 건강해서 하루에 7.5시간씩 잠을 잘 수 있는 것에 대하여 감사한다,

멋있게 초백세 건강을 위한 습관을 요약한다.

1. "매일 한 가지 감사할 것 찾고"
2. "매일 일분 일찍 자고"
3. "매일 한 발자국 더 걷고"
4. "매일 한 숟가락 덜 먹겠다."

오늘의 되새김

당신이 감사하는 사람이 되기 위해서 무엇을 할 것인지 적어보세요.

매달 2일

B : 당신이 믿는 대로 된다 (Belief)

"우리는 우리가 반복적으로 하는 것에 의해 형성된다.
그렇다면 탁월함은 행동이 아니라 습관이다." -아리스토텔레스

일관된 노력과 헌신의 중요성을 강조하기 위해
"믿음"을 여기 반복한다.

"당신이 할 수 있다고 생각하면 할 수 있고,
당신이 할 수 없다고 생각하면 할 수 없다." -헨리 포드

"자기 효능감은 특정 성과 달성에 필요한 행동을 수행할 수 있는 자신의 능력에 대한 개인의 믿음을 의미한다" -반두라

Belief

1. 자신을 믿는 것이 중요한 이유

책 소개 : 『믿음의 힘』(Timeless Healing. Its Power and Biology of Belief, Herbert Benson, Harvard U. Medical School Professor)

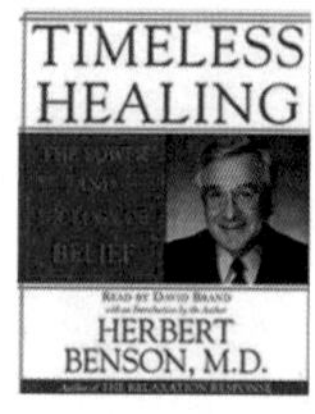

저자 벤슨 의사가 쓴 글이다.

환자 안토니아(Antonia Baquero)에게 일어난 일이다. 그녀를 만나기 전에 안토니아 여사는 유방에서 칼슘 침전물을 제거하는 수술을 받았다. 칼슘 침전물은 양성이었다.

의사는 나중에 악성 종양이 발병할 가능성이 있기 때문에 수술을 권했다. 그녀가 암에 걸릴 수 있다는 소견에 안토니아는 겁을 먹었다. "나는 당황했다. 즉시 칼슘 침착물을 제거하기로 결정했다."

나중에 그녀는 그 결정을 후회했다. "내 몸은 절단된 것 같았다. 제 인생에서 매우 힘든 시기였다. 사업과 가족을 병행하려고 했다. 새벽 3시에 일어나 잠을 잘 수가 없었다. 긴장이 너무 컸다."

수술 후 심해진 불안과 고통에서 벗어나기 위해 안토니아는 도서관에서 헐버트 벤슨 의사의 책을 읽게 되었다. 얼마 지나지 않아 그녀는 벤슨 의사를 만나러 뉴욕에서 보스턴으로 갔다. 이완 반응과 이완된 신체 상태가 유발될 수 있는 것을 나누었다.

벤슨 의사는 환자가 집중하도록 자신을 산만하게 하는 모든 일상적인 생각을 거두도록 하였다. 그 대신 하루에 두 번 10분에서 20분 동안 단어나 어떤 구절에 조용히 집중해야 한다고 설명했다. 이것은 정신 운동이며 신체의 정상적인 경계 작동 모드를 극적으로 완화시키는 것이다. 신체의 정상적인 경계를 훼손하는 것이 아니라, 단순히 진정시키고, 깨어 있는 동안 잠시 쉬게 하는 것이었다.

다른 환자처럼 안토니아는 이 정신적 집중 운동에 종교적인 문구를 포함시켰다. 자신이 좋아하는 초점을 선택할 수 있기 때문에 그녀는 "예수 그리스도시여! 나를 도우시고, 보호하시고, 치료해 주십시오."를 반복했다. 그녀의 어머니는 자녀들이 어린 시절에 매일 등교 하기 전에 이렇세 비슷한 축복을 했다.

이완 반응을 이끌어내기 위해 이 친숙한 기도를 사용하는 몇 달 동안 안토니아는 이전에 그녀를 끊임없이 괴롭혔던 걱정과 긴장에서 해방됨을 느끼기 시작했다. "기분이 나아지기 시작했습니다. 사람과 삶을 다른 방식으로 보기 시작했습니다. 제 자신에 대한 부담이 줄었습니다."라고 말했다.

안토니아는 스트레스로 유발된 투쟁-도피 반응에서 경험하는 초조하고 아드레날린이 솟구치는 것과 반대되는 효과 즉, 이완 반응의 놀라운 육체적 위안을 분명히 경험하고 있었다.

그녀는 또한 어머니의 축복의 상징과 의미가 영감을 준 정서적인 위안에 대해서도 말했다. 정서적, 영적 향유는 이완 반응 중에 발생하는 화학적, 물리적 변화만큼 그녀에게 큰 영향을 미치는 것 같았다.

웰빙(Wellness) 기억

건강에 대한 개인의 욕구가 건강에 미치는 영향을 추적하고 개인이 자신의 견해를 선택할 수 있는 권리를 소중히 여긴다. 과학적으로 심오한 치유의 원천에 대한 단서를 찾는다. 이것을 '기억된 건강'이라고 부른다. 대부분의 사람들은 건강에 대한 강한 열망을 우리가 복용하는 약에만 의존하는 경향이 있다.

그리고 안토니아처럼 우리는 건강과 행복과 관련된 평온함과 자신감을 '기억'할 수 있는 능력이 있다. 이 기억도 건강 치료에 중대한 물리적 요소이다.

기억된 웰빙은 특별히 신비한 것이 아니다. 신체에 실질적이고 긍정적인 영향을 미친다는 증거는 수 세기 동안 존재해 왔다. 이것은 과학계에서 '플라시보 효과'로 알려져 있다. 그러나 벤슨 의사는 이 용어를 '기억된 건강'으로 대체하고 있다. 관련된 뇌 역학을 더 정확하게 설명할 뿐만 아니라 '플라시보 효과'가 의학적으로 사용할 때 멸시받기 때문이다.

의학계 구성원들은 질병을 "모든 것이 머리 속에 있는 것"으로 일축하는 경향이 있다. 이와 같은 방식으로 그 성공을 "단순한 플라시보 효과"라고 언급한다.

대부분은 플라시보를 설탕 알약으로 생각하는데, 의사가 조제할 때 환자의 정신에 일종의 속임수를 써서 몸에 이로운 효과를 내는 것이다.

그리고 우리는 연구자들이 대조군과 실험적 치료를 받는 사람들 사이의 결과를 대조하기 위해 종종 위약(비활성 물질 또는 절차)에 의존한다는 것을 알고 있다. 그러나 개인의 믿음이 플라시보에 힘을 실어준다는 사실은 잘 알려지지 않았다. 환자, 간병인이 치료를 믿는다는 사실이 더 나은 결과를 낳는다. 상태에 따라 때로는 긍정적인 믿음이 치유에 필요하다. 때로는 우리의 믿음과 적절한 의학적 개입의 집단적 힘이 필요하다.

그러나 의사들이 항상 이 현상을 인정했음에도 불구하고 우리는 그 효능을 예고하거나 치료적 적용을 탐구하지 않았다. 궁극적인 모욕으로, 이런 것은 종종 '가짜 알약'이라고 불려왔다. 그러나 인간의 몸은 사람의 믿음을 물리적 명령으로 바꾸는 경향이 있다.

벤슨 의사는 1970년대 중반에 처음으로 플라시보 효과에 관한 과학 문헌을 검토하기 시작했고, 그 직후 잠재적인 치료 효과에 대해 출판하고 연설하기 시작했다.

동료들과 함께 우리가 검토한 환자 사례에서 기억하는 건강이라고 부르는 효과가 70~90퍼센트 효과적이었으며 항상 플라시보 효과에 기인한 성공률을 두 배, 세 배로 늘렸다는 것을 발견했다.

2. 자기 효능감(self-efficacy)

Albert Bandura, Stanford University

앨버트 반두라(Albert Bandura)는 자기가 믿는 대로 된다는 자기 효능감의 개념을 제안했다. 스탠포드대학 심리학자인 그는 "자기 효능감은 자신이 가진 능력으로 주어진 상황에 얼마나 잘 대처할 수 있는지에 대한 개인적인 기대와 신념"이라고 했다.

자기 효능감은 실제로 사람이 도전에 능숙하게 대처하는 힘과 사람들이 결정해야 할 중요한 선택 모두에 강한 영향을 미친다.

이러한 효과는 특히 건강, 교육, 사업 및 농사와 같은 투자 행동에 명백하게 나타난다. 씨를 심으면 가을에 수확을 할 수 있다는 확신이 있기 때문에 봄에 땅을 파고 씨를 뿌리고 물을 주며 잡초를 제거하며 시간과 에너지를 투자한다.

마찬가지로 건강하게 오래 살 수 있다는 신념이 있으면 주기적으로 운동을 하고, 충분한 수면을 취하고, 건강한 음식을 먹는다. 타인과 잘 어울리는 사람이라는 확신이 있으면 남의 장점을 보려고 하고 감사하다는 말을 자주 하려고 노력한다. 혹시 타인이 내게 싫은 말을 했다고 해도 화를 내지 않고, 화를 내도 금방 풀어진다.

자기 자신에 대한 강한 신뢰감과 효능감은 인간의 성취와 개인의 웰빙을 촉진한다. 자기 효능감이 높은 사람은 '도전을 피해야 할 위협'이 아니라, 숙달해야 하는 도전으로 본다.

이 사람들은 실패로부터 더 빨리 회복할 수 있고, 실패를 나의 노력 부족으로 보고, 다음에는 더 노력을 해서 성공할 가능성이 더 커진다.

그들은 자신이 어려운 문제를 통제할 수 있다는 믿음으로 위협적인 상황에 접근한다. 이러한 태도는 스트레스를 줄이고 우울증에 걸릴 가능성을 줄여준다. 반면에 자기 자신에 대한 신뢰감(효능감)이 낮은 사람들은 어려운 일을 개인적인 위협으로 여기고 기피한다. 어려운 작업은 그들이 가진 좋은 기술보다 부족한 기술을 보도록 한다. 즉 자기의 강점보다 취약점을 보기 쉽다.

그들은 실패 후에 자신의 능력에 대한 믿음을 잃기 쉽다. 낮은 자기 효능감은 높은 수준의 스트레스와 높은 우울증과 연결될 수 있다. 타인과 잘 어울리지 못하는 사람들은 남과 문제가 있을 때, 계속 만나서 꾸준히 관계를 호전시키기보다 관계를 끊어 버린다. 반면에 남과 잘 어울릴 수 있다는 신념이 있는 사람들은 남과 문제가 생겨도 계속 만나면서 그 관계를 호전시킨다.

자기 효능감을 키우는 4가지 방법

1. 숙달 경험

반두라는 "강력한 효능감을 개발하는 가장 효과적인 방법은 숙달 경험을 통한 것이다."라고 설명했다. 과제를 성공적으로 수행하면 자기 효능감이 강화된다. 그러나 과제나 도전에 적절히 대처하지 못하면 자기 효능감이 약화될 수 있다. 약속에 습관적으로 늦는 사람은 다음 약속에 일찍 나간다.

이렇게 반복하면 자신도 시간 약속을 잘 지키는 사람이라는 자기 신념이 생긴다. 타인에게 화를 잘 내는 사람은 다음에 화가 솟아오를 때 한 번 꾹 참든가, 화가 나도 금방 풀어버린다. 이렇게 반복하면 자신도 화를 잘 안내는 사람이라는 자기 확신이 생긴다. 반면에 화가 났다고 상대방과의 관계를 끊어버리면 다음에 또 다른 사람한테 화를 내고 관계를 끊어버릴 가능성이 높아진다.

2. 소셜 모델링

다른 사람들이 작업을 성공적으로 완료하는 것을 목격하는 것은 자기 효능감의 또 다른 중요한 원천이다. 반두라는 "자신과 비슷한 사람들이 지속적인 노력으로 성공하는 것을 보는 것은 자기도 성공하기 위해 비슷한 활동을 마스터할 수 있는 능력을 소유하고 있다는 관찰자의 믿음을 높여준다."고 했다.

3. 사회적 설득

반두라는 또한 사람들이 성공할 수 있는 기술과 능력이 있다고 믿도록 설득될 수 있다고 주장한다. 누군가가 당신이 목표를 달성하는 데 도움이 되는 긍정적이고 격려하는 말을 했을 때를 생각해 보자.

다른 사람들로부터 말로 격려를 받는 것은 사람들이 자기 의심을 극복하고 당면한 과제에 최선을 다하여 집중하는 데 도움이 된다. 긍정적인 사람들과 가까이 지내는 것이 필요하다.

4. 심리적 반응

상황에 대한 우리 자신의 반응과 감정적 반응은 자기 효능감에 기여한다. 기분, 감정 상태, 신체적 반응 및 스트레스 수준은 모두 특정 상황에서 개인의 능력에 대해 느끼는 방식에 영향을 줄 수 있다. 대중 앞에서 말하기 전에 극도로 긴장하는 사람은 이러한 상황에서 약한 자기 효능감을 개발할 수 있다. 하지만 반두라는 "중요한 것은 감정적, 신체적 반응의 강도가 아니라 그것들이 어떻게 인식되고 해석되는지에 달려 있다. 어떤 사건이 일어났느냐 하는 것보다 그것을 보는 자신의 태도가 장래를 결정한다."고 했다.

3. 저자 이야기

길게 보면 당신이 믿는 대로 된다는 것이다. 자신이 소중한 사람이라고 믿으면 소중한 사람이 되고, 자신이 소중한 사람이 아니라고 생각하면 소중한 사람이 되지 않는다는 것이다. 그러면 나는 무엇을 믿어야 할까?

워렌 버핏은 "자기가 어려서부터 부자가 될 것이라는 것을 믿고 의심해본적이 없다"고 한다. 그러면 거기에 맞는 행동을 해야 한다. 워렌 버핏처럼 큰 부자가 될 수는 없지만 그 사람처럼 검소하게 살면서, 좋은 일에 사용하기 위해서 돈을 벌고 저축하는 것은 오늘부터 할 수 있다.

첫째로, 일요일에는 나는 건강한 습관을 유지하며 살아있다는 것에 감사한다.

둘째로, 월요일에는 나는 워렌 버핏처럼 검소한 부자가 될 것이라는 것을 믿는다.

1. 매주 1불+ 절약하겠다.
2. 매주 1불+ 장기 투자하겠다.
3. 매주 1불+ 남을 위해서 쓰겠다.

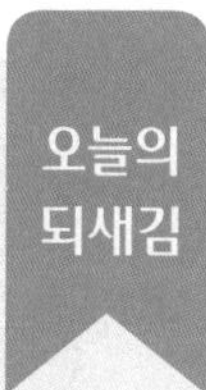

당신은 어떤 사람이라고 믿는가?

당신은 어떤 사람이 되고 싶은가?

매달 3일

C : 새로운 것을 추구하라 (Creativity)

"항상 더 잘할 수 있는 방법이 있다. 찾아보라." -에디슨

“자신감이 핵심이다. 일단 자신감을 갖게 되면
누구도 당신을 막을 수 없다.” -티모시 웨아

“보다 창의적인 프로세스를 촉진하기 위해
당신의 공간을 잘 정돈하라.” -칙센트미하이이

Creativity

1. 창의성: 발견과 발명의 심리학

미하이 칙센트미하이(Creativity: the psychology of discovery and invention - Mihaly Csikszentmihalyi)

미하이 칙센트미하이는 생산성에 도움이 되는 고도로 집중된 정신 상태인 흐름의 심리적 개념을 인식하고 그 과정을 몰입(Flow) 이라고 했다.

그는 클레어몬트대학원대학교의 심리학과 경영학 석좌교수이다. 그는 시카고대학에서 심리학 박사과정을 끝내고 동 대학에서 오랫동안 심리학과 과장으로 일했다.

창의성은 삶을 가치있게 만드는 순간을 포착하는 것이다. 저자의 목표는 이젤(Easel) 속의 예술가나 실험실의 과학자와 같이 이러한 순간으로 이어지는 과정에 대한 이해를 제공하여 지식이 사람들의 삶을 풍요롭게 하는 데 사용될 수 있도록 하는 것이다.

칙센트미하이는 생물학자와 물리학자부터 정치인, 비즈니스 리더, 시인, 예술가에 이르기까지 뛰어난 사람들과의 수백 번의 인터뷰 및 30년의 연구를 바탕으로 자신의 유명한 이론을 사용하여 창의적 과정을 탐구한다.

좋든 나쁘든 우리의 미래는 이제 인간의 창의성과 밀접하게 연결되어 있기 때문이다. 우리의 미래는 대부분 우리의 꿈과 그것을 현실로 만들기 위한 투쟁에 의해 결정된다. 창의적인 사람들의 삶과 일하는 방식에 대한 30년의 연구를 집약했다.

이 책은 남녀가 새로운 아이디어와 새로운 것을 만들어 내는 신비한 과정을 보다 이해하기 쉽게 하려는 노력이다. 숲에서 나무가 부서지는 소리를 들어주는 사람이 없으면 들리지 않는 것처럼 창의적인 아이디어는 그것을 녹음하고 구현하는 수용적인 청중이 없으면 사라진다.

그리고 유능한 외부인의 평가 없이는 자칭 크리에이터의 주장은 타당한 여부를 결정할 신뢰할만한 방법이 없다.

창의성에 대한 실제 이야기는 지나치게 낙관적인 많은 설명이 주장하는 것보다 더 어렵다. '창의적'이라는 명칭이 붙을만한 아이디어나 제품은 한 사람의 마음에서 뿐만 아니라 원천의 시너지에서 비롯된다.

그리고 진정한 창의적인 성취는 결과가 아니다. 갑작스러운 통찰력, 어둠 속에서 번쩍이는 전구로 시작될 수도 있지만 그러나 수년간의 노력 끝에 온다.

창의성은 여러 가지 이유로 우리 삶의 의미의 중심 원천이다.

흥미롭고 중요하며 인간적인 것들은 창의성의 결과이다. 우리는 유전적 구성의 98퍼센트를 침팬지와 공유하고 있다. 창의성이 없다면 인간과 유인원을 구별하는 것은 어려울 것이다.

9 가지 흐름을 찾는 요소

1. 모든 단계에서 명확한 목표가 있다.
2. 행동에 대한 즉각적인 피드백이 있다.
3. 도전과 기술 사이에 균형이 있다.
4. 행동과 인식이 병합된다.
5. 주의 산만은 의식에서 제외된다.
6. 실패의 염려가 없다.
7. 자의식이 사라진다.
8. 시간 감각이 왜곡된다.
9. 활동이 자동적으로 된다. 당신은 단지 활동 자체를 위해 그것을 하게 되고 즐긴다.

개인 창의력 향상을 위한 팁

1. 우리가 창의성을 살릴 때 우리는 지루함을 쫓아낸다.
2. 이기적인 목표에 에너지를 낭비하지 말라.
   자신을 위해 주변 세계를 탐색하고 호기심을 가져라.
3. 매일 뭔가에 놀라려고 노력하라.
4. 매일 적어도 한 사람을 놀라게 해보라.
5. 일기를 쓰고 이것들을 적는다.
6. 매일 기대하는 구체적인 목표를 가지고 일어나라.
7. 전날 밤에 하루를 검토하고 비교적 흥미롭고 재미있는 특정 작업을 선택하라.

8. 이런 과정들은 할수록 재미있다.
9. 명확한 목표와 기대치를 갖고, 행동의 결과에 집중하고, 주의를 산만하게 하지 않고 집중하라. 이는 모든 경험을 더 즐겁게 만들 수 있는 몇 가지 간단한 규칙에 불과하다.
10. 에너지가 가장 높을 때 일정을 관리하고 창의적인 활동을 하라.
11. 사색과 휴식을 위한 시간을 만들라. 끊임없이 분주한 것은 창의성을 위한 좋은 처방이 아니다.
12. 당신의 공간을 잘 정돈하라. 보다 창의적인 프로세스를 촉진하기 위해 주변 환경에 투자하라.
13. 평범하고 일상적인 작업을 자동화하는 루틴을 유지하라. 규칙적인 생활은 창의적 사고를 위한 정신적 능력과 에너지를 자유롭게 한다.
14. 당신이 좋아하는 것과 싫어하는 것을 찾아보라. 당신의 감정과 조화를 이루라. 당신이 하는 일의 이유를 알아야 한다.
15. 좋아하는 일을 더 많이 하고 싫어하는 일을 줄이라.
16. 의도적으로 약한 성격 특성을 개발하라.
17. 열린 마음으로 운영하고 새로운 아이디어를 수용하는 것에서 초점과 집중으로 전환하는 연습을 하라.
18. 자신이 더 많이 되고 더 많은 것을 경험할 수 있도록 다양한 성격을 갖도록 하라.
19. 당신의 감정을 움직일 수 있는 문제를 찾으라.
20. 누구나 좀 더 창조적인 생활을 오늘부터 할 수 있다.

2. 토마스 에디슨 이야기

토마스 에디슨은 1847년 2월 11일 오하이오주 밀라노에서 태어났다. 1854년 그가 7살이었을 때 가족은 미시간으로 이사했고 에디슨은 그곳에서 어린 시절을 보냈다.

에디슨은 어렸을 때 학교에 들어가서 선생이 시키는 대로 공부하지 않고 질문이 많고 산만해서 넉 달 만에 학교에서 쫓겨났다. 전직 교사였던 그의 어머니가 아들의 천재성을 보고 집에서 가정 학습을 시켰다. 에디슨은 평생 동안 유지했던 습관인 독서를 사랑하는 법을 어머니한테서 배웠다. 그의 어머니가 지하실에서 에디슨이 실험하도록 격려했다.

첫 번째 발명품인 전자투표 기록기가 실패한 후 에디슨은 뉴욕으로 이사했다. 거기서 그는 주식 시세 표시기가 작동하는 방식을 크게 개선하는데 성공했고 경제적으로도 크게 성공했다. 1870년까지 그 회사는 뉴저지주 뉴어크(Newark)에서 주식 시세 표시기를 제조했다.

그는 또한 전신기를 개선하여 한 번에 최대 4개의 메시지를 보낼 수 있도록 했다. 이 기간 동안 그는 1871년 크리스마스에 첫 번째 아내인 매어리 스틸엘과 결혼했다.

축음기는 누군가의 목소리를 녹음하고 재생할 수 있는 최초의 기계였다. 1877년 에디슨은 주석 호일 조각에 첫 단어를 녹음했다. 그는 동요 “Mary Had a Little Lamb”를 낭독했고 축음기가 그에게 가사를 들려주었다. 에디슨은 청력이 너무 나빠서 자신을 '청각장애인'이라고 생각하여 축음기를 발명했다.

1885년, 첫 번째 부인이 세상을 떠난 지 1년 후 에디슨은 미나 밀러라는 20세 여성을 만났다. 그녀의 아버지는 에디슨의 고향인 오하이오주에서 발명가였다. 에디슨은 그녀에게 모스 부호를 가르쳤다. 다른 사람들이 주변에 있을 때에도 부부는 비밀리에 서로 모스 부호로 이야기할 수 있었다. 어느 날 에디슨은 모스 부호로 청혼을 했고 그녀는 모스 부호로 "네"라는 말을 두드렸다.

미나 에디슨은 시골집에 살고 싶었기 때문에 에디슨은 뉴저지주 웨스트 오렌지(West Orange)에 있는 13에이커의 땅에, 방 29개짜리 집인 글렌먼트(Glenmont)를 샀다. 그들은 1886년 2월 24일에 결혼하여 세 자녀를 두었다. 1년 후 에디슨은 멘로 파크에 있는 것보다 10배나 더 큰 실험실을 웨스트 오렌지에 지었다. 여기서 개선된 축음기는 전 세계적으로 판매되었다. 에디슨은 축음기를 여러 번 개선했을 뿐만 아니라 엑스레이, 축전지 및 최초로 '말하는 인형'도 만들었다. 이곳에서 그는 또한 그의 가장 위대한 아이디어 중 하나인 영화를 개발했고 그 첫번째 '영화'를 제작했다. 이곳에서 만들어진 발명품은 오늘날에도 우리의 생활에 영향을 주고 있다. 그는 1931년 84세의 나이로 사망할 때까지 이곳에서 일했다. 그 당시로는 장수했다고 볼 수 있다. 잠은 불과 밤에 4~5시간 밖에 못 잤지만 낮에 낮잠을 자고 피곤하면 종종 고양이 잠을 잤다고 한다.

필자도 에디슨을 흉내 내느라 점심 후에 꼭 낮잠을 잔다. 낮잠을 자면 에너지가 회복된다.

뉴저지 웨스트 오렌지에 있는 그의 실험실 오피스에 가보면 멋있는 침대가 옆에 있는 것을 보면 휴식을 중요시한 사람임을 알 수 있다.

그 당시에는 지금처럼 시간을 내서 따로 운동을 하는 것이 아니고, 왔다 갔다 올라갔다 내려갔다 일하는 그 자체가 운동이었다. 에디슨은 자신은 일을 해본 적이 없다고 한다. “일이 아니라 재미 있는 것을 하며 평생 살았다”고 하니 진짜 행복한 사람이었다.

긍정심리학에서는 건강, 재정, 직업, 그리고 남과의 관계가 좋아야 행복하다고 한다. 에디슨은 첫 번째 결혼한 아내가 자녀 세명을 낳고 죽었고 두 번째 아내에게서 세 명의 자녀를 두 었다. 6명의 형제들 중 한 명은 뉴저지 주지사가 되었고 또 한명은 MIT 공대를 나와서 아버지처럼 발명가가 되었다. 그중 세 명은 결혼하고 평범하게 살았다. 그런데 한 명은 아버지의 이름을 팔고 다니며 부랑아가 되었다. 아무리 부모가 열심히 일해도 그중에 문제아가 생기는 것은 부모들이 감수해야 한다.

3. 저자 이야기

대부분의 사람들이 돈벌이를 천하게 여기는 경향이 있다. 나는 이 책을 좋아서 쓰고 또다시 긍정심리학을 가르칠 기회가 주어진다면 교재로 쓰고 싶다.

에디슨에 의하면 무슨 일이든 더 잘할 수 있는 방법이 있다고 한다. 여러 사람들이 사용하고 혜택을 주려면 그 물건이 잘 팔려야 된다고 했다. 그는 이런 뚜렷한 철학이 있었기 때문에 전구, 축음기, 영화 등을 발명하였고, 그것을 더 개발했기 때문에 사람들이 구입했다.

혹자는 에디슨을 장사꾼으로 몰아치는 사람도 있다. 그러나 무엇을 발명한다 해도 아무도 써주지 않으면 필요 없는 것이다. 에디슨 혼자 만든 것이 아니고 아주 유능한 사람들을 채용해서 도움을 받았고 그래서 세계에서 가장 큰 최첨단의 실험 연구실을 이루었다. 나도 에디슨처럼 지금부터 장사꾼이라는 비난을 받고 싶다. 나에게 이것은 혁신적인 아이디어다.

좀 더 창조적이기 위해서, 나는 좋아하는 일을 더 많이 하고 일을 줄이고 싶다. 그리고 의도적으로 약한 성격 특성을 개발하고 싶다. 나는 화요일에는 초백세인으로 멋지게 살기 위해서 새로운 아이디어를 모으고 있다. 다음과 같은 습관을 들이기 위해 일기를 쓰겠다.

1. 1분간 정리정돈 : 일 시작하기 전과 후에 1분+ 간 정리정돈 하겠다.

2. 1분간 새 아이디어 추진 : 가장 최근에 떠오른 아이디어를 하나
+ 쓰겠다.

3. 1분간 오래된 아이디어 추진 : 가장 오래된 아이디어를 한 가지
+ 추적하겠다.

오늘의 되새김

당신의 자신감을 높이기 위해서 당신은 오늘, 이번 주에, 이 달에, 혹은 금년에 어떤 새로운 것을 시도해 보려고 하는가?

매달 4일

D : 좋은 인간관계 (Develop Relationship)

"우리는 우리가 반복적으로 하는 것에 의해 형성된다.
그렇다면 탁월함은 행동이 아니라 습관이다." -아리스토텔레스

일관된 노력과 헌신의 중요성을 강조하기 위해
'인간관계'를 반성한다.

1. 건강하고 행복하며 장수하는 길, 하버드 성인 연구

로버트 월딩거(Robert Waldinger)는 정신과 의사이자 정신 분석가로 성인의 삶에 대한 가장 오래된 연구 중 하나인 하버드 성인 발달 연구를 주도했다. 그는 또한 하버드 의과대학의 정신과 임상 교수이자 보스턴 소재 매사추세츠 종합병원의 정신역동 치료 및 연구 센터 소장이다. 그는 일본식 참선을 배워 명상 선생(Zen Teacher)이며 뉴잉글랜드와 국제적으로 참선 명상을 가르치고 있다.

Robert Waldinger: What makes a good life? Lessons from the longest study on happiness | TED

로버트의 강의를 소개한다.

우리가 인생을 살아가면서 건강하고 행복하게 해주는 것은 무엇일까? 미래의 최고의 자신을 위해 지금 투자한다면 어디에 시간과 에너지를 투자하겠는가?

최근 밀레니얼 세대를 대상으로 가장 중요한 삶의 목표가 무엇인지 묻는 설문조사가 있었는데 80퍼센트 이상이 그들의 주요 삶의 목표는 부자가 되는 것이라고 말했다. 그리고 같은 청년의 또 다른 50퍼센트는 또 다른 중요한 삶의 목표가 유명해지는 것이라고 말했다.

우리는 계속해서 일하고, 더 열심히 노력하고, 더 많은 것을 성취하라는 말을 듣는다. 우리는 이것들이 좋은 삶을 살기 위해 추구해야 할 것들이라는 인상을 받는다. 전체 삶의 사진, 사람들이 내리는 선택, 그리고 그러한 선택이 그들에게 어떻게 작용하는지에 대한 정보는 얻기 어렵다.

우리가 인간의 삶에 대해 아는 것의 대부분은 사람들에게 과거를 기억하도록 요청하는 것에서 알고 있으며, 우리가 알고 있듯이 뒤늦게 생각하는 것은 20/20이 아니다. 우리는 인생에서 우리에게 일어나는 엄청난 양의 일을 잊고 때로는 기억이 완전히 창의적이다.

하지만 시간이 지남에 따라 펼쳐지는 전체 삶을 볼 수 있다면 어떨까? 사람들이 행복하고 건강하게 유지하는 것이 무엇인지 알아보기 위해 10대부터 노년까지 사람들을 연구할 수 있다면 어떨까? 우리는 그렇게 했다.

성인 발달에 대한 하버드 연구는 지금까지 수행된 성인 생활에 대한 가장 긴 연구일 수 있다. 75년 동안 우리는 724명의 남성의 삶을 추적해왔다. 해마다 그들의 일, 가정 생활, 건강에 대해 물었다.

이러한 종류의 거의 모든 프로젝트는 너무 많은 사람들이 연구를 중단하거나 연구 자금이 고갈되거나 연구원이 산만해지거나 죽고 아무도 공을 더 아래로 옮기지 않기 때문에 10년 이내에 무너진다. 그러나 행운과 여러 세대에 걸친 연구자들의 끈기를 통해 이 연구는 살아 남았다. 원래 724명의 남성 중 약 60명이 여전히 살아있고 여전히 연구에 참여하고 있으며 대부분은 90대이다. 그리고 우리는 이제 이 사람들의 2,000명 이상의 자녀를 연구하기 시작했다.

1938년부터 우리는 두 그룹의 남성의 삶을 추적했다. 첫 번째 그룹은 하버드대학교 2학년 때 연구를 시작했다. 그들은 모두 제2차 세계대전 중에 대학을 졸업했고 대부분은 전쟁에 참전했었다.

그리고 우리가 추적한 두 번째 그룹은 보스턴의 가장 가난한 동네에서 온 소년들로, 특히 1930년대 보스턴에서 가장 문제가 많고 불우한 가정 출신이었기 때문에 연구 대상으로 선택된 소년들이다. 대부분 공동주택에서 살았고 많은 사람들이 온수와 냉수를 공급받지 못했다.

그들이 연구에 들어갔을 때, 이십대들은 모두 인터뷰를 받았다. 그들은 건강 검진을 받았다. 우리는 그들의 집에 가서 그들의 부모를 면담했다. 그리고 나서 이 10대들은 자라서 모두 사회에 진출한 성인이 되었다.

그들 중 어떤 사람은 공장 노동자, 변호사, 벽돌공, 의사, 미국 대통령이 되었다. 일부는 알코올 중독에 걸렸다. 몇 명은 정신 분열증이 발병했다. 일부는 밑바닥에서 맨 꼭대기까지 사회적 사다리를 올랐고, 일부는 그 반대 방향으로 여행을 떠났다.

이 연구의 창시자들은 75년이 지난 지금 이 자리에 로버트 월딩거가 계속 연구하고 있다는 것을 꿈에도 상상하지 못했을 것이다. 2년마다 우리의 끈기 있고 헌신적인 연구원들은 사람들을 불러 그들의 삶에 대한 질문을 한 번 더 보낼 수 있는지 묻는다.

많은 보스턴 도심 남성들이 우리에게 묻는다. "왜 계속 저를 연구하고 싶으신가요? 제 인생은 그다지 흥미롭지 않습니다." 하버드 남자들은 절대 그런 질문을 하지 않았다.

이러한 삶에 대한 가장 명확한 그림을 얻기 위해 우리는 그들에게 설문지만 보내는 것이 아니다. 우리는 그들의 거실에서 그들을 인터뷰한다. 우리는 의사로부터 의료 기록을 얻는다. 우리는 그들의 피를 뽑고, 그들의 뇌를 스캔하고, 그들의 아이들과 대화한다.

우리는 그들이 가장 깊은 고민에 대해 아내와 이야기하는 것을 비디오로 녹화했다. 그리고 약 10년 전, 마침내 우리가 아내들에게 연구 참여자로 참여하겠느냐고 물었을 때 많은 여성들이 말했다. "그래서 우리는 무엇을 배웠는가? 이러한 삶에 대해 생성한 수만 페이지의 정보에서 얻을 수 있는 교훈은 무엇인가?"

수업은 부나 명성 또는 더 열심히 일하는 것에 관한 것이 아니다. 75년간의 연구에서 얻은 가장 분명한 메시지는 좋은 관계가 우리를 더 행복하고 건강하게 만든다는 것이다.

우리는 관계에 대한 세 가지 큰 교훈을 배웠다. 첫 번째는 사회적 연결이 우리에게 정말 좋고 외로움이 사람을 죽인다는 것이다. 가족, 친구, 지역사회와 사회적으로 더 많이 연결 되어 있는 사람들이 덜 연결되어 있는 사람들보다 더 행복하고 신체적으로 더 건강하며 더 오래 산다는 것이 밝혀졌다.

그리고 외로움의 경험은 해롭다는 것이 밝혀졌다. 다른 사람들과 떨어져 있기를 바라는 것보다 더 고립된 사람들은 덜 행복하고, 건강이 중년에 일찍 쇠퇴하고, 뇌 기능이 더 빨리 쇠퇴하고, 외롭지 않은 사람들보다 수명이 짧다는 것을 알게 되었다. 그리고 슬픈 사실은 미국인 5명 중 1명 이상이 언제든지 외롭다고 보고한다는 것이다.

그리고 우리는 당신이 군중 속에서 외로울 수 있고 결혼 생활에서 외로울 수 있다는 것을 안다. 그래서 우리가 배운 두 번째 큰 교훈은 당신이 가진 친구의 수와 당신이 함께 있느냐 없느냐가 아니라는 것이다. 헌신적인 관계지만 중요한 것은 친밀한 관계의 질이다. 분쟁 속에서 사는 것이 우리 건강에 정말 좋지 않다는 것이 밝혀졌다.

예를 들어 애정이 많지 않은 갈등이 심한 결혼 생활은 건강에 매우 나쁜 것으로 판명되며, 아마도 이혼하는 것보다 더 나쁠 것이다. 그리고 좋고 따뜻한 관계 속에 사는 것은 보호가 된다.

남성을 80대까지 추적한 후 중년을 되돌아 보고 행복하고 건강한 80대가 될 사람과 그렇지 않은 사람을 예측할 수 있는지 알아보고 싶었다. 우리가 모였을 때 우리가 50세에 그들에 대해 알고 있는 모든 것을 합치면 그들이 어떻게 늙어갈 것인지를 예측한 것은 중년의 콜레스테롤 수치가 아니었다. 그들이 그들의 관계에 얼마나 만족하는지 여부였다.

50세에 관계에 가장 만족했던 사람들은 80세에 가장 건강했다. 그리고 좋고 친밀한 관계는 우리를 늙음의 돌팔매와 화살에서 완충시킨다.

우리의 가장 행복한 파트너인 남성과 여성은 80대에 신체적 고통이 더 심한 날에도 기분이 여전히 행복했다고 보고했다. 그러나 불행한 관계에 있던 사람들은 그 반대였다.

그리고 관계와 건강에 대해 우리가 배운 세 번째 큰 교훈은 좋은 관계는 우리 몸뿐만 아니라 뇌도 보호한다는 것이다. 80대에 다른 사람과 안정적인 애착 관계를 유지하는 것은 보호가 되는 것으로 밝혀졌다. 필요할 때 상대방에게 의지할 수 있다고 진정으로 느끼는 관계에 있는 사람들의 기억은 더 오래 선명하게 유지된다.

그리고 다른 사람을 의지할 수 없다고 느끼는 관계에 있는 사람들은 더 일찍 기억력 감퇴를 경험한다. 그 좋은 관계가 항상 순조로울 필요는 없다.

우리의 80대 커플 중 일부는 매일 말다툼을 할 수 있지만, 상황이 어려울 때 진정으로 서로를 의지할 수 있다고 느끼는 한, 육체적으로 그리고 정신적으로 건강을 유지할 수 있다.

좋은 친밀한 관계가 우리의 건강과 웰빙에 좋다는 메시지는 오래된 지혜이다. 왜 이것이 얻기 어렵고 무시하기 쉬운가? 우리가 정말로 원하는 것은 우리의 삶을 좋게 만들고 유지해 줄 수 있는 빠른 인간관계의 회복이다. 관계는 복잡하고 복잡하며 가족과 친구를 돌보는 것은 힘든 일다. 75년 연구에서 은퇴 후 가장 행복했던 사람들은 직장 동료를 새로운 친구로 대체하기 위해 적극적으로 노력한 사람들이었다.

최근 설문조사에서 밀레니얼 세대와 마찬가지로 젊은 성인으로 시작했을 때 많은 남성들이 좋은 삶을 살기 위해 추구해야 할 것은 명성과 부, 높은 성취라고 믿었다. 하지만 이 75년 동안 계속해서 우리의 연구는 최고의 성과를 낸 사람들이 관계, 가족, 친구, 지역 사회에 의지한 사람들이라는 것을 보여주었다.

당신이 25살, 40살, 60살이라고 가정해 보자. 관계에 기대는 것은 어떤 모습일까? 가능성은 사실상 무한하다. TV 시청 시간을 사람들을 만나는 시간으로 바꾸거나, 함께 새로운 것을 하거나, 긴 산책이나 밤 데이트를 하거나, 몇 년 동안 연락하지 않은 가족에게 연락하여 진부한 관계에 활기를 불어넣는 것과 같은 단순한 일이다.

너무 흔한 가족 불화는 원한을 품은 사람들에게 끔찍한 피해를 입힌다. 마크 트웨인(Mark Twain)은 약 100여 년 전, 그는 자신의 삶을 되돌아보며 이렇게 썼다. "하지만 말하자면, 인생이란 참 짧았어요." 좋은 삶은 좋은 관계에서 만들어진다.

2. 좋은 인간관계 만들기

좋은 인간관계를 발전시키는 것은 의사소통 기술, 공감, 신뢰, 존중, 타협하려는 의지 등 다양한 요소를 포함하는 복잡한 과정이 될 수 있다. 다음은 다른 사람과 건강하고 긍정적인 관계를 발전시키고 유지하는 데 도움이 되는 팁이다.

1. 의사소통 : 효과적인 의사소통은 강력한 관계를 구축하는 데 필수적이다. 적극적으로 경청하고 다른 사람의 말에 적절하게 반응하고, 자신의 생각과 감정을 명확하고 직접적으로 표현하고, 가정하거나 성급하게 결론을 내리지 말아야 된다.

2. 공감 : 다른 사람의 입장이 되어 그들의 관점과 감정을 이해하려고 노력해야 된다. 이것은 당신이 그들과 더 잘 관계하고 더 깊은 연결을 구축하는 데 도움이 될 수 있다.

3. 신뢰 : 신뢰는 모든 좋은 관계의 기초이다. 정직하고 신뢰할 수 있으며 행동과 말에 일관성을 유지하고 다른 사람의 신뢰를 잃지 말아야된다.

4. 존중 : 예의 바르고 사려 깊으며 다른 사람의 감정과 필요를 염두에 두어 다른 사람을 존중해야 된다. 판단이나 비판을 피하고 그들의 고유한 특성과 차이점을 이해하고 수용해야 된다.

5. 타협 : 건강한 관계에는 타협과 협상이 필요하다. 기꺼이 공통점을 찾고 관련된 모든 사람에게 적합한 해결점을 찾기 위해 함

께 노력해야한다.

6. 영역 : 다른 사람의 영역을 존중하고 자신의 영역을 설정해야 된다. 이는 갈등과 오해를 방지하고 상호 존중과 이해를 증진하는데 도움이 될 수 있다.

7. 시간과 노력 : 강력한 관계를 구축하려면 시간과 노력이 필요하다. 소중한 사람들을 위한 시간을 만들고 시간, 에너지 및 관심을 공유하여 관계에 기꺼이 투자하라. 좋은 관계를 발전시키는 것은 지속적인 과정이며 지속적인 노력과 관심이 필요함을 기억하라.

3. 저자 이야기

죽기 직전까지 건강하고 행복하게 장수하는 사람들이 초백세인이다. 그들의 특징 중에 하나가 남과 좋은 인간관계를 갖는 것이었다. 내가 가장 가깝게 지내는 사람은 바로 나의 아내다. 벌써 50년을 같이 살았다. 내가 아내와 좋은 관계를 갖는 것이 우리에게 건강과 행복에 가장 큰 영향을 미친다. 나는 초백세인으로 멋있게 살기 위해서 다음과 같은 습관을 가지려고 한다.

매주 수요일 일기에는 좋은 인간관계에 대해 쓰겠다. 나의 수요 습관 4가지는 다음과 같다.

1. 매일 아침에 나하고 가장 접촉이 많은 아내를 보자마자 안아 준다.
2. 매주 한 번씩 우리 두 아들에게 전화를 하겠다. 매해 손녀·손자 생일에 참석한다.
3. 단체로 사람들을 만날 때 그 중에 자제심과 인간관계가 가장 강한 사람과 또 가장 약한 사람에게 관심을 표한다.
4. 일주일에 두번씩 학생들과 함께 자비 명상을 계속 한다.

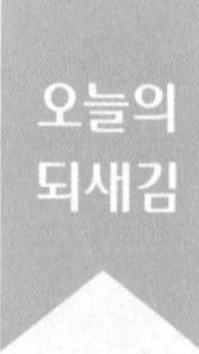

당신은 다른 사람과의 인간관계 개선을 위해 무엇을 하겠는가?

매달 5일

E : 탁월한 에너지 관리 (Excellent Energy)

"탁월성은 지속적인 과정이지 사고가 아니다." –압둘 칼람

"승리에 대한 의지, 성공에 대한 열망, 당신의 잠재력을 최대한 발휘하고 싶은 충동… 이것들이 개인의 탁월함으로 가는 문을 열어주는 열쇠다." –공자

"위대함은 태어나는 것이 아니고 성장하는 것이다." –다니엘 코일

Excellent Energy

1. 완전 몰입의 힘(The Power of Full Engagement)

James E. Loehr and Tony Schwartz
「THE POWER OF FULL ENGAGEMENT」 by Jim Loehr and Tony Schwartz | Animated Core Message

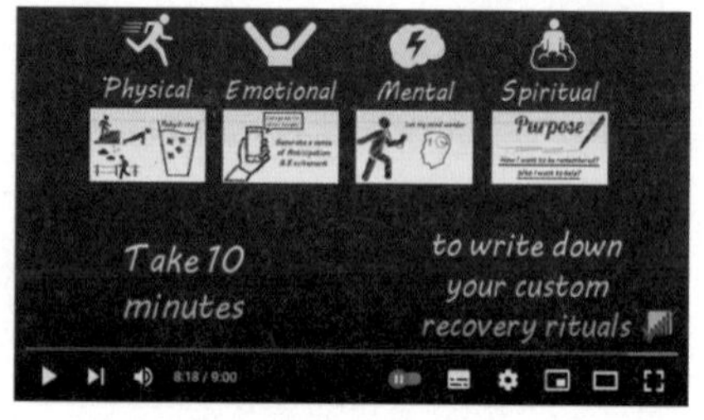

성공과 행복을 이루는 핵심 요소는 에너지 관리이다. 에너지 관리가 시간관리보다 더 중요하다. 에너지 수준이 우리 삶의 모든 영역에서 최선을 다할 수 있는 능력을 결정한다.

자신의 에너지 수준을 효과적으로 관리하여 가장 큰 성공을 거둘 수 있었던 프로 테니스 선수의 이야기를 설명한다. 저자는 이 선수가 상대보다 시간이나 재능이 더 많았기 때문이 아니라 자신의 에너지를 효과적으로 관리할 수 있었기 때문에 최고의 기량을 발휘할 수 있었다고 설명한다.

이 책에 제시된 성과 피라미드 모델에 따르면 상호 연결되어 있고 전반적인 웰빙과 효율성에 똑같이 중요한 네 가지 주요 에너지원이 있다. 그 근원은 육체적 에너지, 감정적 에너지, 정신적 에너지, 영적 에너지이다.

1. **신체적 에너지 :** 신체적 에너지는 다른 모든 형태의 에너지의 기초이며 신체가 일을 수행할 수 있는 능력을 말한다. 육체적인 에너지는 단순히 운동하는 것만이 아니라 충분한 수면, 균형 잡힌 식사, 스트레스 관리 등 건강한 생활 습관을 유지하는 것과도 관련이 있다.

2. **정서적 에너지 :** 정서적 에너지는 감정을 관리하고, 자신을 표현하고, 다른 사람과 연결하는 능력을 말한다. 정서적 에너지는 우리의 감정을 인식하고, 조절하고, 자신을 진정으로 표현하고, 다른 사람들과 긍정적인 관계를 구축하는 것과 관련이 있다.

3. **정신 에너지 :** 정신 에너지는 집중하고, 생각하고, 창조하는 우리의 능력을 말한다. 정신 에너지에는 정신 명료성과 초점 유지, 명확한 목표와 우선순위 설정, 효과적인 문제 해결 기술 개발이 포함된다.

4. **영적 에너지 :** 영적 에너지는 삶의 목적과 의미에 대한 우리의 감각을 말한다. 여기에는 우리의 가치, 신념 및 목적 의식을 이해하고 그에 따라 생활하는 것이 포함된다.

특별히 '목적의 힘'이란 인생에서 명확한 목적 의식을 갖는 것이 중요하다. 목적의식을 갖는 것이 삶의 완전한 참여와 성취를 달성하는데 필수적이다. 우리의 열정을 식별하고 추구하는 기술을 배워야한다. 목적은 동기부여에 필수적이다. 명확한 목적의식을 갖는 것이 우리가 행동을 취하고 목표를 달성하도록 동기를 부여하는 필수 요소다. 목적이 우리에게 방향과 의미에 대한 감각을 제공하고 장애물과 좌절을 극복하도록 도와준다. 목적의식을 갖는 것이 우리 삶에 성취감과 만족감을 느끼는 데 더 도움이 될 수 있다. 목적이 우리에게 성취감과 우리 자신보다 더 큰 무언가에 기여한다는 느낌을 준다.

2. Excellence Wins: 타협의 세계에서 최고가 되기 위한 실용 가이드

(Excellence Wins : A No-Nonsense Guide to Becoming the Best in a World of Compromise)

『Excellence Wins: A No-sense Guide to Becoming the Best in a World of Compromise』는 Ritz-Carlton Hotel Company를 공동 창립한 환대 업계의 베테랑인 Horst Schulze가 저술한 비즈니스 서적이다. 이 책은 비즈니스와 삶에서 탁월함을 달성하는 것에 대한 Schulze의 철학을 설명한다.

저자는 탁월함은 자신이 하는 일을 잘하는 것 뿐만 아니라 항상 더 나아지기 위해 노력하는 마음가짐이라고 설명한다. 조직 내에서 탁월한 문화를 만들고 신뢰와 존중을 바탕으로 고객과의 관계를 발전시키는 것이 중요하다.

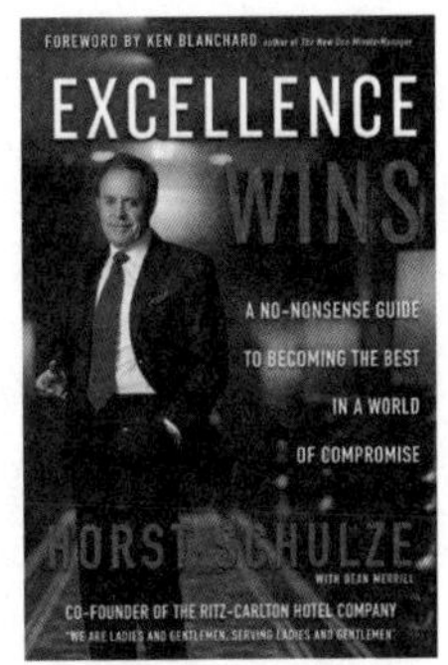

전반적으로 'Excellence Wins'는 탁월함을 위해 노력함으로써 비즈니스와 개인생활을 개선하려는 모든 사람을 위한 동기부여 및 정보 가이드이다. 자신의 우수성이란 강력한 관계 구축, 높은 기준 설정, 혁신 촉진 및 개인 우수성 개발에 중점을 둔 비즈니스 및 삶을 말한다.

이러한 원칙을 자신의 삶과 사업에 적용하고 탁월함을 절대 타협하지 말아야 한다. 개인적 및 직업적 우수성을 달성하는 데 있어 목적과 의미가 중요하다. 우리는 자신의 작업에서 목적의식을 찾고 개인적, 직업적 목표를 가치와 신념에 맞추도록 노력해야 한다.

직업적 성공과 행복을 달성하기 위한 기초로 개인의 탁월함이 선제조건이다. 우리는 높은 기준을 설정하고, 신체적, 정서적, 영적 웰빙을 돌보고, 지속적으로 배우고 성장하며, 정직하고 진실되게 행동하고, 작업에서 목적과 의미를 찾음으로써 자신의 개인적 우수성을 개발하는 데 집중해야 한다.

긍정적인 직장문화를 구축하는 데 섬기는 리더십(Servant Leadeship)이 중요하다. 리더가 직원에게 서비스를 제공하고 고객과 직원의 요구사항이 항상 최우선인 서비스 문화를 만드는 데 집중해야 한다. 존중, 신뢰, 인정, 섬기는 리더십에 기반한 긍정적인 업무와 문화를 구축해야 한다. 리더들이 직원들이 우수성을 달성할 수 있도록 가치있고, 권한이 부여되고, 영감을 받는 직장을 만드는 데 집중해야 한다.

혁신을 추진하는 데 있어 계산된 위험을 감수하는 것이 중요하다. 리더들이 기꺼이 위험을 감수하고 새로운 아이디어와 이니셔티브에 투자해야 한다. 신중한 계획 및 분석과 위험을 감수하는 균형을 맞춰야 한다.

우수성을 달성하고 빠르게 변화하는 비즈니스 환경에서 앞서 나가기 위해서는 혁신이 중요하다. 리더가 혁신문화를 만들고, 고객의 의견을 적극적으로 경청하고, 최신 기술을 수용하고, 지속적으로 배우고 개선하며, 우수성을 추구하기 위해 계산된 위험을 감수하도록 권장해야 한다.

'The Talent Code' 재능 코드
위대함은 태어나는 것이 아니고 성장하는 것이다.
–Daniel Coyle

『The Talent Code』 책 1장에서 저자 다니엘 코일(Daniel Coyle)

은 재능개발의 핵심으로 '스위트 스팟'의 개념을 소개한다. 스위트 스팟(Sweet Spot)은 최적의 학습 영역을 말하며, 학습자가 진전을 이룰 수 있을 만큼 충분히 도전적이지만 너무 압도되어 낙담하지는 않는다.

깊은 연습이 스위트 스팟(Sweet spot)에 도달하는 열쇠다. 심층 연습에는 특정 기술에 집중하고 시간이 지남에 따라 조금씩 점진적으로 개선하는 것이 포함된다. 이런 연습은 힘들지만, 진전이 있을 때 깊은 만족과 보람을 느끼기도 한다.

심층실습에서 미엘린(myelin)의 역할도 있다. 미엘린은 신경섬유를 감싸고 신경충동을 가속화하는 지방물질이다. 관련 신경회로에 미엘린이 많을수록 특정 기술을 더 잘 수행할 수 있다. 미엘린은 깊은 연습을 통해 개발된다. 즉, 스위트 스팟에서 보내는 시간이 많을수록 더 많은 미엘린이 개발되고 더 능숙해진다.

'깊은 실천가'는 깊은 실천을 통해 위대함을 성취한 사람들이다. 깊은 연습은 모든 분야에서 세계적 수준의 인재를 개발하는 열쇠이다.

역사상 가장 위대한 첼리스트 중 한 명으로 여겨지는 요요마(yo-yoma)라는 전문 음악가의 예를 보자. 음악을 작은 부분으로 나누고 마스터할 때까지 반복적으로 연습하는 심화연습에 대한 요요마의 노력을 통해 다른 사람이 도달하지 못한 수준의 기술을 달성할 수 있었다.

깊은 연습(Deep Practice)에서 실수의 역할과 최고 수행자의 실수를 학습 및 개선의 기회로 보아야 한다. 실수로부터 배우기 위해 의도적으로 더 강한 상대와 대결한 체스선수를 포함하여 실수를 유리하게 사용한 사람들이 많다. 심층연습에서는 인내와 투지가 필요하다. 심층연습은 도전적이고 실망스러울 수 있으며 진행이 느리거나 좌절이 발생하더라도 작업을 고수하려는 의지가 필요하다. 여러 번의 부상과 좌절에도 불구하고 계속해서 연습한 야구선수를 포함하여 탁월함을 추구하는 데 투지와 끈기를 보여준 예는 수없이 많다.

재능을 개발하는 데는 목적이 중요하다. 목적은 시간이 지남에 따라 깊은 연습을 유지하는 데 필요한 동기와 초점을 제공하며 세계적 수준의 인재를 개발하는 데 중요한 요소다.

깊은 연습에서 내재적 동기부여가 중요하다. 외부의 보상이나 압력보다는 자신의 기술에 대한 진정한 열정에 의해 움직이는 내재적 동기가 있는 개인이 시간이 지남에 따라 깊은 연습을 유지하고 더 높은 수준의 기술을 달성할 가능성이 더 높다.

점진적인 개선을 위해 특정 목표를 설정하고 약점 영역에 집중하는 것과 관련된 '목적이 있는 연습'을 해야 한다. 자신의 게임의 특정 측면을 체계적으로 개선하기 위해 체계적으로 작업한 체스 선수와 자신의 기술을 완성하는 데 수년을 바친 음악가의 사례처럼, 큰 성공을 하기 위해서는 의도적인 연습이 필요하다.

3. 저자 이야기

오늘 배운 것은 철저한 자기관리가 있어야 내가 하는 일에 성공할 수 있다는 것이다.

탁월함은 자기 일을 잘하는 것뿐만 아니라 항상 더 나아지기 위해 노력하는 마음 가짐이다.

성공과 행복을 이루는 핵심 요소는 에너지 관리이다. 에너지 관리가 시간관리 보다 더 중요하다. 신체적, 감정적, 정신적, 영적 에너지의 네 가지 유형이 있다.

재능을 개발하는 데는 목적이 중요하다. 목적이 시간이 지남에 따라 깊은 연습을 유지하는 데 필요한 동기와 초점을 제공한다. 점진적인 개선을 위해 특정 목표를 설정하고 약점 영역과 관련된 '목적이 있는 연습'을 한다.

현재 한인봉사센터에서 강의와 준비 시간을 합치면 한 주일에 약

40시간을 보내고 있다. 사람에게 제일 중요한 것이 시간이다. 나대로 초점과 균형이 잡힌 멋진 삶을 살겠다.

1. 기(氣)가 살은 주간 : 나는 최상의 에너지를 공급하고 유지하기 위해서 일년에 100번, 한 주에 두번씩 하이킹을 가겠다.

2. 균형이 잡힌 주간 : 나는 초세인들처럼, 건강하게 장수하기 위해서 철저히 규칙적인 생활을 하겠다. 나의 탁월성은 철저한 신체적 에너지, 감정적 에너지, 정신적 에너지, 그리고 영적 에너지를 가장 적절한 상태에 머무르도록 노력할 때 나온다.

3. 초점이 있는 주간 : 좀 더 나은 교수가 되기 위해서 매주 노력하겠다. 나의 삶의 목적과 초점은 강의 참석자들과 자신을 위해서, 이번 주 강의가 지난주 강의보다 더 많은 영향력을 주는 것이다.

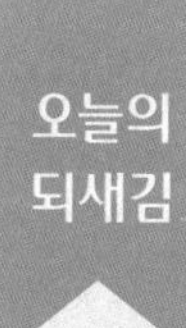

당신은 무엇을 위해서 또 누구를 위해서 당신의 에너지를 적절히 관리하고 개발하겠는가?

매달 6일

F : 초점과 무아 경지의 몰입 (Focus/ Flow)

한군데 집중하면 산도 움직일 수 있다. -스티브 잡스

(Focus & Simplicity.. Once you get there,

You can move mountains.)

Steve Jobs, Sep 2, 2021

Focus/ Flow

1. 몰입(무아경지), 최적 경험의 심리학
Flow by Mihaly Csikszentmihalyi

우리의 삶이 살 가치가 있다는 것을 어떻게 확신할 수 있을까? 주관적 경험은 삶의 차원 중 하나일 뿐만 아니라 삶 자체이다. 행복은 마음의 일정한 상태가 아니다. 가꾸고 보호해야 한다.

가장 좋은 순간은 일반적으로 어렵고 가치있는 일을 성취하기 위해 자발적인 노력으로 사람의 몸이나 마음이 한계에 도달할 때 발생한다.

이러한 경험은 모든 문화와 시대에 보편적이다. 저자는 이를 몰입(Flow) 경험으로 정의한다. 모든 작업을 몰입(무아경지)의 경험으로 변환하는 방법을 배우는 것은 오래 지속되는 행복을 여는 열쇠가 될 것이다.

몰입이란 무엇인가?

사람이 어떤 활동에 몰두해서 다른 생각을 안하는 상태이다. 경험 자체가 너무 즐거워서 하는 것이며 사람들이 구태여 많은 노력을 억지로 할 필요가 없다. 당신의 기술이 작업의 어려움과 일치할 때 흐름이 발생한다. 과제가 너무 어려우면 불안해지며 흐름을 경험할 수 없다.

그러나 일이 너무 쉬우면 지루함을 느낄 것이다. 주의를 기울이지 않고는 흐름을 경험할 수 없다. 주의의 초점은 가능한 여러가지 가능성 중에서 하나를 선택하고 그 이외의 것은 다 버리는 것이다. 특별히 한곳에 주의를 기울이지 않으면 '영역에서' 계속하는 데 필요한 정보를 흡수할 수 없다.

몰입에 들어가는 과정

1. 활동의 목표를 정한다. 주요 목표와 필요한 만큼의 작은 목표들을 만들어야 한다.

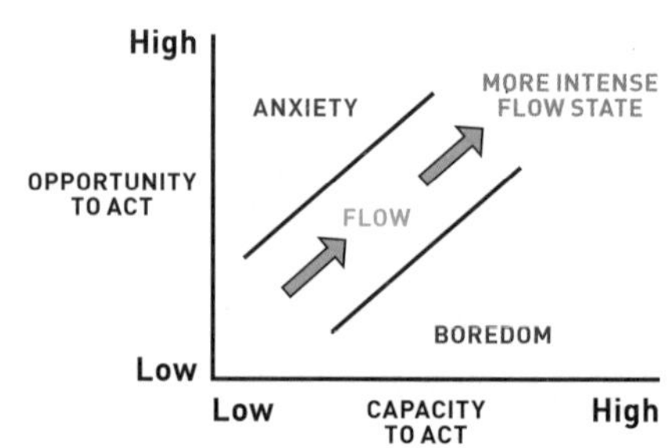

2. 진행 상황을 측정하는 방법을 찾아야 한다. 다시 말하면 내가 원하는 목표를 향해 가고 있는지 측정할 수 있어야 한다.

3. 당면한 작업에 집중하라. 한곳에 주의를 기울이라. 멀티태스킹(Multi Tasking)은 허용되지 않는다.

4. 진행에 필요한 기술을 개발해야 한다. 필요한 모든 기술을 향상시키기 위해 노력 해야한다.

5. 계속해서 지분을 높여야 한다. 목표를 달성했다면 1단계로 더 과감한 목표를 세워보자.

6. 활동이 게임처럼 보일수록 더 재미있어진다.

실패와 초점 (Failure & Focus)

실패는 바람직하거나 의도한 목표를 달성하지 못한 상태 또는 조건이며 성공의 반대말로 볼 수 있다. 실패의 기준은 상황에 따라 다르며 특정 관찰자 또는 신념 체계와 관련될 수 있다.

특히 직접 경쟁이나 제로섬 게임의 경우 다른 사람은 성공으로 간주하는 것을 실패로 간주할 수 있다. 유사한 상황에서 성공 또는 실패의 정도는 별개의 관찰자 또는 참가자에 의해 다르게 볼 수 있으므로 한 상황은 실패로 간주되고 다른 상황은 성공, 자격을 갖춘 성공 또는 중립적 상황으로 간주될 수 있다.

또한 상황이 실패 또는 성공 기준을 충족하는지 여부를 판단하는 것이 모호하거나 불분명한 기준 정의로 인해 확인하기 어렵거나 불가능할 수 있다. 상황의 성공 또는 실패를 판단하기 위해 유용하고 효과적인 기준 또는 발견적 방법을 찾는 것 자체가 중요한 작업일 수 있다.

과학적 가설은 실험에서 발견된 결과와 일치하지 않는 예측으로 이어질 때 실패한다고 말할 수 있다. 또는 실험이 자연에 대한 유용한 정보를 제공하지 않는 경우 실패로 간주될 수 있다. 그러나 실패를 구성하는 기준은 명확하지 않다.

예를 들어, 마이컬슨-몰리(Michelson-Morley) 실험은 예상한 대로 발광 에테르(ether)를 통한 지구의 움직임을 감지하지 못했기 때문에 '역사상 가장 유명한 실패한 실험'이 되었다. 에테르의 존재를 확인하지 못한 이 실패는 나중에 알버트 아인슈타인의 특수 상대성 이론에 대한 지지를 제공할 것이다.

Wired 잡지 편집자 케빈 켈리(Kevin Kelly)는 예기치 않게 잘못되는 일에서 많은 것을 배울 수 있으며 과학의 성공의 일부는 "실수를 작고, 관리 가능하고, 일정하고, 추적 가능하게 유지하는 데 있다."고 설명한다. 그는 시스템을 한계까지 밀어붙이고 시스템을 깨뜨리는 엔지니어와 프로그래머의 예를 사용한다.

켈리는 또한 실패를 가혹하게 처벌하는 문화(예 : 학교 시스템)를 만드는 것에 대해 경고한다. 이는 창의적인 과정을 방해하고 사람들에게 중요한 실패를 다른 사람에게 알리지 않도록 가르칠 위험이 있기 때문이다.

연구 결과, 실패는 사람들의 감정 상태와 자존감에 부정적인 영향을 미치는 것으로 나타났다. (기억하세요 : 실패는 짜증납니다.) 그러나 그들은 또한 참가자의 후속 신체 및 인지작업 수행이 실패로 인해 손상되지 않는다는 것을 발견했다.

실제로, 실패에 직면한 참가자는 점수를 손상시키지 않고 인지 과제 중 하나에 실제로 더 빨리 응답했다. 즉, 빠르고 정확했다. 전반적으로 연구 결과는 실패가 미래의 성공을 위한 필수조건이라는 보다 낙관적인 견해를 뒷받침한다.

실패를 인식하고 인정해야 한다. 방어 메커니즘을 사용하면 때때로 실패가 실제로 발생하지 않았다고 생각하도록 자신을 속일 수 있다. 그러나 무의식적 두뇌는 의식적 인지보다 더 똑똑하다. 그것은 당신이 망쳤을 때를 안다. 따라서 숨길 이유가 없다. 상황을 탓하기보다 개인이 책임을 져야 한다. 그러면 성공의 길로 가는 것이다.

2 조수미 이야기

나는 요즘 조수미한테 반했다. 매일 조수미의 음악을 듣고 그의 삶을 연구하고 있다. 내가 조수미를 본 것은 10여 년 전에 뉴욕 메트로폴리탄 오페라 공연할 때, 딱 한 번 본 것뿐이 없다.

조수미(曺秀美, 1962년 11월 22일~)는 세계적인 대한민국의 소프라노 성악가이다. 초등학교 때 성악을 시작하여 선화예술중·고등학교를 거쳐 서울대학교 성악과 학과 개설 사상 최고 실기점수로 수석 입학했다.

1983년 이탈리아로 유학을 떠나 로마 산타체칠리아 음악원에 입학해 5년제 학교를 2년만에 초고속으로 졸업했다. 1985년 나폴리 콩쿠

르에서 우승을 차지하였으며, 1986년 트리에스테의 베르디극장에서 《리골레토》의 '질다' 역으로 첫 주연 데뷔했다.

1988년 베르디 오페라 《가면무도회》에서 오스카 역으로 플라시도 도밍고 등과 함께 녹음에 함께 참여하여 세계적인 명성을 쌓을 수 있는 전기를 마련하였으며, 이 오디션에서 명 지휘자 카라얀은 조수미에 대해 "신이 내린 목소리"라며 극찬했다

내가 조수미를 좋아하는 이유는 조수미의 라이프 스토리 때문이다.

1. 조수미는 서울대학교 음대에 1등으로 들어갔다 그러니까 실력은 있다. 이 세상에 재능을 타고 난 사람들이 많다. 모든 사람들은 자기의 특수 재능을 타고 났다. 하지만 자기 재능을 최대한 살리고 사는 사람들이 몇 명이나 되겠는가?

2. 그런데 연애를 하느라고 숙제를 못해서 학교에서 2학년 때 쫓겨났다. 첫 번째 큰 치명적인 실패를 했다. 음대를 중퇴한 천재 소녀가 이름없이 사라질 뻔 했다.

3. 그때 부모님, 특히 성악가가 되는 게 꿈이었던 어머니가 포기하지 않고 힘들게 돈을 모아서 조수미를 이탈리아 음악학교에 다시 입학시킨다. 물론 많은 예외가 있지만 큰 인물이 되기 위해서는 포기하지 않고 밀어주는 부모님의 덕이 있어야 한다.

4. 불행하게도, 나중에 보면 다행히도, 이탈리아에 도착한 다음 3개월 만에 자기가 그렇게 사랑했던 첫사랑 남친에게 버림을 받았다. 그것도 자기 단짝이었던 친구에게 자기 남친을 빼앗긴 것이다.

첫사랑의 실연은 인간에게 있어서 가장 강한 처절함, 실망, 분노, 복수, 미움이 범벅이 된 격한 감정이다. 그래서 자살하는 사람들도 있고 상대방을 살해하는 사람들도 있다. 이제 조수미가 갈 곳은 자살을 하든가 복수를 하든가 양자 택일이다. 조수미는 복수의 길을 택했다. 나를 버린 내 첫 사랑에게 보라는 듯이 성공하는 것이 복수다.

5. 그는 자기 방에 세계적인 지휘자 카라얀의 사진을 걸어 놓고 자기 전에 인사하고 아침에 일어나서 인사했다고 한다. 꿈은 이루어진다. 나중에 자기가 카라얀에게 사사를 받게 되었다고 어머니한테 연락을 하니 처음에는 어머니가 안 믿었다고 한다.

3. 저자의 초점 이야기(FOCUS)

나는 어릴 때 문지방에서 이런 장난을 했다. 따스한 햇살이 비치면 신문지 위에 돋보기를 대고 위로 아래로 초점을 맞추며 놀았다. 조금 있으면 그 초점 근방이 타들어갔다. 인생도 이와 같은 것이리라.

한군데 초점을 맞추면 큰 변화가 일어나는 데 초점을 맞추지 못하기 때문에 아무 일도 일어나지 않는 것이다. 초점이 없는 인생은 산만

한 인생이요, 갈 바를 모르고 방황하는 것이다. 불안한 하루를 불안한 인생을 살아간다.

긍정심리학은 올바른 곳에 초점을 맞춘 삶이 행복이요 성공이라고 한다. 인생에 불만이 있는가? 하고자 하는 일이 뜻대로 안되는가? 매일 초점이 없던가 초점을 잘못 맞추고 있는 것이다.

1. 금년의 초점 : 나는 책을 중부 뉴져지 한인봉사센터 10주년까지 출판하겠다.

   1-1. 무라카미 하루키처럼 매일 오후 9시에 자고 오전 4시 30분에 일어나겠다.

   1-2. 오전에는 책 출판에 초점을 맞추겠다. "내게 주어진 5215주를 멋있게 쓰자"

2. 평생 초점 : 나의 장점을 살리겠다. 워렌 버핏을 닮기 위해 같은 차(캐딜락)를 타겠다.

   2-1. 십년 대계 : 장기 투자가가 되겠다.

   2-2. 검소 : 10불 쓰고 90불 투자하겠다.

건강하고 행복하고 성공하고 보람된 삶을 사는 길

1. Appreciate : 하루에 한 가지 감사일기를 쓰는 것은 당신의 삶을 더 풍요롭게 한다.

2. Believe : 당신은 당신이 믿는 대로 된다. 당신도 반려자와 함께 건강하고 행복하게 오래 살 수 있다.

3. Create/ Choice : 오늘의 선택이 내일의 나를 만든다. 당신의 환경을 정리정돈하라.

4. Delayed Gratification/ Dream : 장기투자는 많은 참을성 즉, 지연된 만족을 요구한다.

5. EQ/ Excellence : EQ 높은 사람이 IQ 높은 사람들의 보스가 된다. 외유내강(外柔內剛), 일소일소 일노일노(一笑一少 一怒一老).

6. Focus : 한 번에 한 군데 집중할 수 있는 그 자체가 행복이요 성공이다.

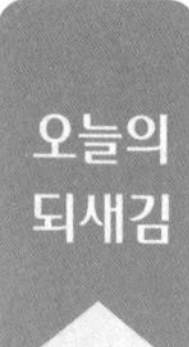

앞으로 12개월 동안 달성하고 싶은 단 한 가지 목표가 무엇인가?

매달 7일 G : 성장하라(Growth Mindset)

"공부하다 죽어라,

그게 가장 수지맞는 일이다." -암 선사

"당신이 배우는 것을 멈출 때 죽기 시작하는 것이다."

-알베르트 아인슈타인

"누구나 산꼭대기에 있기를 원한다.

하지만 모든 행복과 성장은 산을 오르는 과정에 있다."

-앤디 루니

Growth Mindset

1. 성장 마인드 개발

(캐롤 수잔 드웩, Developing a Growth Mindset with Carol Dweck, 유튜브 강의)

캐롤 수잔 드웩(Carol Susan Dweck, 1946년 10월 17일 ~)은 미국 스탠포드 대학의 심리학과 교수이다. 드웩은 성장사고방식에 대한 작업으로 유명하다. 드웩의 유투브 강의를 소개한다.

오늘은 '아직'의 힘에 대해 말하겠다. 시카고 고등학교에서 학생들이 여러 과목을 통과해야 졸업을 하고 통과하지 못하면 '아직'이라는 학점을 받는 것을 보았다. 실패하면 아무데도 갈 데가 없고 '아직'이라는 등급을 받으면 학습 곡선에 있는 것이다. '아직'은 그들에게 미래로 가는 길을 열어 준다.

아이들이 도전에 대처하는 방법을 알아내기 위해 10살짜리 아이들에게 어려운 수학 문제 몇 가지를 주었다. 그들 중 일부는 충격적일 정도로 긍정적인 반응을 보였다. 그들은 "나는 도전을 사랑한다!"와 같은 말을 했다. 또는 "나는 이것이 유익한 정보가 되기를 바란다!"고 했다. 그들은 자신의 능력이 노력을 통해 성장할 수 있다는 것을 이해했다. 그들은 내가 "성장 마인드셋"이라고 부르는 것을 가지고 있었다.

고정된 사고방식을 가진 학생들은 시험을 보고 실망했다. '아직'의 힘 대신 '지금의 폭정'에 사로잡혔다. 그래서 그들은 다음에 무엇을 했는가? 한 연구에서, 시험에 실패한 후 그들은 다음번에 공부하는 대신 속임수를 썼다. 다른 연구에서 그들은 기분이 나아질 수 있도록 자신보다 못한 점수를 받은 사람과 비교했다.

그리고 많은 연구에서 우리는 그들이 어려움에서 도망치는 것을 발견했다. 그것이 뇌에서 어떻게 보이는지 연구해 보았다. 아이들이 힘든 문제에 마주쳤을 때 뇌에서 MRI를 측정했다. 오류 처리 중 오류가 빨간색으로 표시된다.

왼쪽의 고정 마인드셋을 보면 아무 일도 일어나지 않았다. 그러나 오른쪽의 성장 마인드셋을 보면 '아직!'으로 불이 붙고 처리 중이었다. 두뇌의 뇌파가 활발해지는 것을 볼 수 있다. 실패는 그것을 깊이 배우고 수정한다.

그래서 우리는 우리 아이를 어떻게 키우고 있는가? 지금 성장을 위해 '아직'을 키우는 것일까? 아니면 미래의 큰 꿈을 꾸지 않고 다음 시험 점수에서 'A'에 집중하고 있는가? 자신이 장래에 크게 되고 싶은 꿈과 사회에 어떻게 기여하고 싶은지 생각하기보다 너무 시험 점수 'A'에 집중한다면, 앞으로 이런 태도를 가지고 무엇을 하겠는가?

연구에 따르면 아이들의 노력, 전략, 초점, 끈기에 대해 그리고 참여하는 과정에 대해 아이들을 칭찬할 때 아이들은 도전 추구를 배운다. 아이들은 회복력을 배운다. 재능을 칭찬하고 지능을 칭찬하면 아이들이 취약해진다.

2. 그릿 : 열정과 끈기의 힘

안젤라 덕월드(Grit: the power of passion and perseverance | Angela Lee Duckworth, Youtube)

행복하려면 어떻게 살아야 되는지 펜실바니아 대학 덕워스 교수의 연구를 알아 보자.

"내가 말하는 열정은 단지 당신이 관심을 갖고 있다는 것이 아니다. 내 말은 당신이 똑같은 궁극적인 목표에 대해 변함없고 충성스럽고 꾸준한 방식으로 관심을 갖고 있다는 것이다.

당신은 변덕스럽지 않다. 매일 잠에서 깨어나 생각하던 질문에 대해 생각한다. 어떤 의미에서 당신은 같은 방향을 가리키고 있고, 다른 목적지를 향해 한발짝 내딛는 것보다 조금이라도 앞으로 나아가기를 열망한다. 극단적으로 말하면 초점이 강박적이라고 할 수 있다. 당신의 행동의 대부분은 당신의 궁극적인 관심사인 당신의 삶의 철학에 대한 충성에서 그 중요성을 파생한다. 우선순위가 순서대로 있다."

그럿은 동일한 최상위 목표(열정적인 끈기)를 아주 오랫동안 유지하는 것이다. 피트 캐롤이 말했듯이 '인생 철학'은 매우 흥미롭고 중요하여 깨어 있는 활동의 많은 부분을 구성한다. 목표가 분명한 사람들의 경우 대부분의 중간 수준 및 낮은 수준의 목표를 쫓아 다니지 않는다. 반면에 투지의 결여는 일관성이 없는 목표 구조를 갖는 것에서 올 수 있다.

성취도를 연구하는 대부분의 심리학자들은 지능을 연구한다. 지능(IQ)은 이야기의 일부일 뿐이고 이야기의 아주 작은 부분일 수도 있다. 그리고 사실 우리가 이야기의 작은 부분을 잘못 알고 있을 수도 있다. 지능은 크게 유전되고 개발되지 않는 것으로 생각된다. 일생 동안 비교적 불변하는 것으로 잘못 알고 있다.

"지능이 아닌 성취를 이루는 다른 모든 것에 대해 연구하게 되었다. 초점없이 이것저것 하다가 내가 대학원에 들어갔을 때는 32살이었다. 대부분의 같은 대학원 학급 학생들은 알다시피 10살이나 어린 학생들이라 친구로 사귈 사람이 없었다. 그들은 32살이 아니라 22살이었기 때문이다. 그래서 나는 실제로 그때까지 내 인생 이야기가 좋은 예라고 생각하지 않는다. 그릿(끈기)이 충분하지 않으면 재능은 있으나 아무것도 아니다. 안젤라가 지금 연구하는 그릿(끈기)은 모든 분야에서 높은 성취를 이루기 위한 핵심이자 필수 요소 중 하나일 것이다.

당신이 '스마트한 보트'라고 생각한다면 정말 빠르고 반짝이는 보트이다. 이 보트는 한 목적지를 향해 빠르게 가고 있다가 다른 방향으로, 다른 항구로 갔다가 왔다가 할 수 있다. 본질적으로 당신은 결국 아무 데도 갈 수 없는 정말 예쁜, 반짝이는 보트일 뿐이다.

그래서 안젤라는 개인적인 경험 때문에 이 특성을 좀 더 자세히 연구하게 되었다. 그리고 안젤라는 이것을 '10년 법칙'이라고 했다. 따라서 10년 미만의 연습을 통해 세계 정상급에 도달할 수 있는 전문 분야는 실제로 없다.

연구의 결론은 이것이다. 한 분야에 10년 이상 열정을 가지고 집중력을 가지고 끈질긴 노력이 있어야 자신의 재능을 충분히 살려내어, 그 분야에서 정상급에 도달할 수 있다는 것이다.

3. 저자 이야기

십우도 (十牛圖) 황소 열 마리

천주교 신부이며 저자의 명상 선생님에게서 배운 십우도이다. 명상하려고 방석에 앉아 있으면 마음과 잡생각이 얽혀 내면의 싸움을 한다. 의지와 무의식의 갈등이다. 이렇게 명상훈련을 한 10년 하면 세상에 내려가서 속인들과 어울려 살아야 된다고 들었다. 이것은 명상을 십년 했으면 보통 사람들과 어울리며 영향을 줘야 된다는 것이다.

그래서 나는 한인봉사센터에서 명상, 요가, 컴퓨터, 그리고 긍정심리학을 가르치고 있다. 이 십우도에서 받은 교훈, 10년 공부 했으면 나가서 가르쳐야 된다는 인상이 내 가슴에 새겨져 있다. 누구나 몸과 마음을 다해 정성껏 십년 공부 했으면 다른 사람과 나누어야 한다.

1. 심우(尋牛) : 동자승이 검은 소를 찾고 있다.
2. 견적(見跡) : 동자승이 검은 소의 발자국을 발견하고 그것을 따라간다.
3. 견우(見牛) : 동자승이 검은 소의 뒷모습이나 소의 꼬리를 발견

한다.

4. 득우(得牛) : 동자승이 검은 소를 붙잡아서 막 고삐를 걸었다.
5. 목우(牧友) : 동자승이 소에 코뚜레를 뚫어 길들이며 끌고 간다. 검은 소가 머리부터 흰색으로 변해간다.
6. 기우귀가(騎牛歸家) : 흰 소에 올라탄 동자승이 피리를 불며 집으로 돌아온다.
7. 망우재인(忘牛在人) : 흰 소도 없고 동자승만 앉아 있다.
8. 인우구망(人牛俱忘) : 흰 소도 동자승도 없다.
9. 반본환원(返本還源) : 강물은 고요히 흐르고 꽃은 절로 핀다.
10. 입전수수(入廛垂手) : 세속의 저잣거리로 들어가(入廛), 보통 사람들과 어울려 산다(垂手).

30년 장기 계획 : 나는 초백세인처럼 살겠다.

초백세인, 110세 이상 노인들은 장수에 기여하는 특정 유전적 요인이 있는 것으로 여겨진다. 여기에는 연령에 관련된 질병으로부터 보호하거나 신체 손상을 보다 효과적으로 복구할 수 있도록 하는 유전자가 포함된다. 많은 초백세인들은 가족 중에 장수한 사람들이 있다. 유전적인 것은 우리가 지금 조정할 수 없지만 우리가 할 수 있는 초백세인으로 건강이 오래 살 수 있는 습관을 알아보자

1. 목적 의식 : 100세 이상 노인은 종종 자원봉사나 기타 활동을

통해 전반적으로 삶의 목적 의식이 있다.

2. 긍정적인 태도 : 많은 100세 이상 노인들은 도전과 역경에 직면하지만 삶에 대해 긍정적인 태도를 유지한다. 긍정적 태도는 스트레스를 줄이고 전반적인 건강과 웰빙을 증진하는데 도움이 될 수 있다.

3. 강력한 사회적 연결 : 이들은 종종 가족, 친구 및 지역 사회의 다른 구성원과 강력한 사회적 경제를 유지한다.

4. 신체 활동 : 많은 초백세인들은 평생 동안 적절한 수준의 신체 활동을 한다.

5. 수면 습관 : 많은 초백세인들은 충분하고 편안한 수면을 취하고 있다.

6. 건강한 식단 : 초장수 노인들은 채소, 과일, 통곡물 등 영양가 풍부한 음식을 먹는다. 가공식품과 단 음식은 절제한다.

7. 평생 학습 : 많은 초장수 노인들은 평생 동안 지속적으로 학습하고 지적 활동에 참여하여 인지기능을 보전한다. 치매 방지에 좋다.

멋있게 살아야 초장수 인간이 될 수 있다. 초장수인들의 특징은 거의 마지막 날까지 건강하고 멋진 삶을 산다. 몇 살까지 살다 갈지는 모르지만 한 주만 살더라도 초백세인처럼 멋지게 살고 싶다. 이것이 나의 30년 장기 계획이다.

제일 중요한 세 가지 요약

1. 철저한 규칙 생활 : 초장수 노인들은 좋은 운동습관, 식사습관, 그리고 수면습관이 있다.

2. 강력한 사회적 연결 : 건강하게 오래 사는 사람들은 가족 친구 및 지역사회의 다른 구성원과 강력한 사회적 관계를 유지한다.

3. 목적 의식 : 100세 이상 노인은 종종 자원봉사나 기타 활동을 통해 전반적인 웰빙에 기여할 수 있는 삶의 목적 의식을 가지고 있다.

당신의 10년, 20년, 30년 장기 계획은 무엇인가?

2부

행복은 당신의 선택이다

매달 8일 H : 좀더 겸손한 습관을 길러라 (Humble Habits+)

우리는 무슨 일을 반복하느냐에 달려있다.
그러면 행복도 성공도 습관이다.

"수확의 법칙은 당신이 뿌린 것보다 더 많이 거두는 것이다.
행동을 심으면 습관이 된다.
습관을 심으면 인격이 된다.
인격을 심으면 운명이 된다." -제임스 앨런

Humble Habits+

행복과 성공을 위해서, 아니 가장 멋있는 삶을 위해서는 좋은 습관이 중요하다. 그 중에서도 겸손하는 습관을 들이는 것이 제일 중요하다. 겸손한 사람은 자기 자신이 부족하다고 생각하기 때문에 항상 자기개발에 힘쓰고 새로운 것을 배우려고 한다.

1. 큰 변화는 잊고 작은 습관부터 시작하라

『Forget big change, start with a tiny habit』: BJ Fogg, Stanford University
TINY HABITS by BJ Fogg | Core Message

'Tiny Habits(작은 습관)'는 Stanford University(스탠포드대학)의 행동과학자인 BJ Fogg(BJ포그)가 만든 자조 방법론이다. 개인의 성장과 발전에서 장기적이고 중요한 결과를 달성하기 위해 매일의 습관을 작고 쉽게 바꾸는 데 중점을 둔다.

작은 습관(Tiny Habits)의 기본 전제는 개인이 작고 관리하기 쉬운 습관으로 시작하여 전환점을 구축하고 점진적으로 더 중요

한 변화를 이룰 수 있다는 것이다. 이 방법론은 행동이 동기, 능력 및 방아쇠의 상호 작용에 의해 형성된다는 생각을 포함하여 행동과학의 원칙에 기반을 둔다. 작은 습관 프로세스는 원하는 행동을 작고 구체적이며 수행하기 쉬운 작업으로 나누는 작업이다. 이러한 작업은 기존 습관이나 환경적 요인에 고정되어 일관되게 수행될 가능성이 높아진다.

작은 습관을 지속적으로 실천함으로써 개인은 자기 효능감, 동기부여 및 추진력을 구축하여 시간이 지남에 따라 행동에 더 큰 변화를 가질 수 있다. 작은 습관 방법론은 건강 및 피트니스, 생산성 및 관계를 포함한 개인 성장의 다양한 영역에 적용된다. 단순성과 효율성으로 인해 최근 몇 년 동안 인기를 얻었으며 사람들이 지속적인 변화를 달성하도록 돕는 능력으로 개인과 전문가 모두가 동의한다.

ABC 방법은 닻내림(Anchor), 행동(Behavior), 축하(Celebration)의 세 단계로 구성된다.

닻내림(Anchor)은 새로운 작은 행동을 수행하도록 자신을 상기시키는 데 사용할 수 있는 기존 습관 또는 방아쇠를 말한다. 닻내림(Anchor)는 이를 닦거나 전화를 확인하는 것과 같이 이미 정기적으로 하는 모든 것이 될 수 있다. 새 동작을 앵커에 연결하여 해당 동작을 수행하도록 자동 알림을 만든다.

행동(Behavior)은 만들고자 하는 작은 습관을 말한다. 수행하는 데 30초 미만이 소요되어야 하며, 구체적이고 달성 가능해야 한다. Fogg는 이런 습관은 하기 쉽고 많은 동기나 의지력이 필요하지 않아야 한다고 강조한다.

축하(Celebration)는 작은 습관의 완성을 인정하고 축하하는 행위를 말한다. 작은 성공을 축하하면, 긍정적인 감정이 생기고 행동이 강화되어 미래에 반복될 가능성이 높아진다.

Fogg는 ABC 방법을 사용하여 목표에 관계없이 새로운 습관을 만들 수 있다고 설명한다. 그는 건강, 생산성 및 관계를 위한 작은 습관을 만드는 방법에 대한 많은 실례를 제공한다.

2. 원자 습관 요약: 작은 습관의 놀라운 힘, 매일 0.1 퍼센트 개선

Atomic Habits: An Easy & Proven Way to Build Good Habits & Break Bad Ones, by James Clear

성공은 일생에 한 번뿐인 변화가 아니라 일상 습관의 산물이다. 현재 결과보다 현재 습관에 훨씬 더 관심을 가져야 한다. 당신의 결과는 당신의 습관에 대한 후행 척도이다.

1. 당신의 순자산은 당신의 재정 습관에 대한 후행 척도다.

2. 체중은 식사 습관의 후행 척도다.

3. 당신의 지식은 당신의 학습 습관에 대한 후행 척도다.

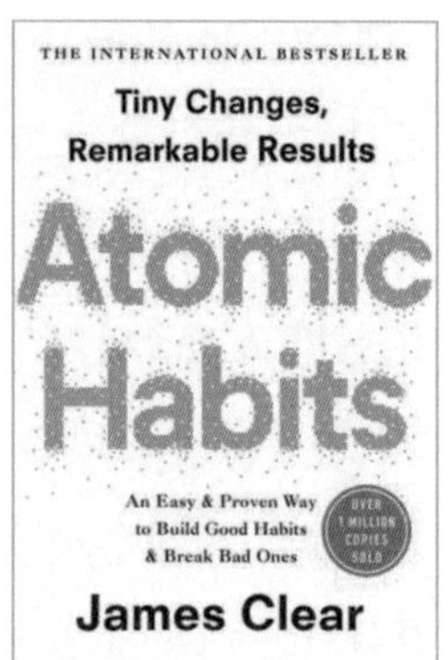

4. 당신의 혼란은 당신의 청소 습관의 뒤처진 척도다.

당신은 당신이 반복하는 것을 얻는다. 시간은 성공과 실패 사이의 경계를 확대한다. 그것은 무엇을 먹여도 번식할 것이다. 좋은 습관은 시간을 당신의 동맹국으로 만든다. 나쁜 습관은 시간을 적으로 만든다.

목표는 달성하고자 하는 결과에 관한 것이다. 시스템은 그러한 결과로 이어지는 과정에 관한 것이다. 인생의 끝이 어디인지 예측하고 싶다면 작은 이익이나 작은 손실의 곡선을 따라가서 매일의 선택이 10년 또는 20년 후에 어떻게 합성될지 보기만 하면 된다.

혁신적인 순간은 종종 주요 변화를 이끌어내는 데 필요한 잠재력을 구축하는 많은 이전 조치의 결과다.

잠재적 잠재력의 고원을 마침내 돌파할 때 사람들은 그것을 하룻

밤 사이에 성공이라고 부를 것이다. 목표를 설정하는 목적은 게임에서 이기는 것이다. 시스템을 구축하는 목적은 게임을 계속 플레이하는 것이다.

진정한 장기적 사고는 목표 없는 사고이다. 어느 한 가지의 성취에 관한 것이 아니다. 끝없는 개선과 지속적인 개선의 사이클에 관한 것이다. 궁극적으로, 진행 상황을 결정하는 것은 프로세스에 대한 당신의 헌신이다.

습관은 자기 계발의 복합된 이익이다. 습관은 양날의 검이다. 그들은 당신을 위해 일할 수도 있고 당신에게 불리하게 작용할 수도 있기 때문에 세부 사항을 이해하는 것이 필수적이다.

1. 원자적 습관은 작고 하기 쉬울 뿐만 아니라 놀라운 힘의 원천이기도 한 규칙적인 습관 또는 일과이며 복합 성장 시스템의 구성 요소이다. 한 번에 한 가지 습관을 고치는 데 초점을 맞추어야 한다. 예를 들어 아침에 걷는 습관을 가지려면 아침에 1분 걷기부터 하면 쉽다.

2. 나쁜 습관은 바꾸고 싶지 않아서가 아니라 잘못된 변화 시스템을 가지고 있기 때문에 반복된다.

3. 처음에는 작고 중요하지 않은 것처럼 보이는 변경 사항이 몇 년 동안 계속 유지한다면 놀라운 결과로 이어질 것이다.

습관의 힘 : 삶과 사업에서 우리가 일을 하는 이유
Charles Duhigg

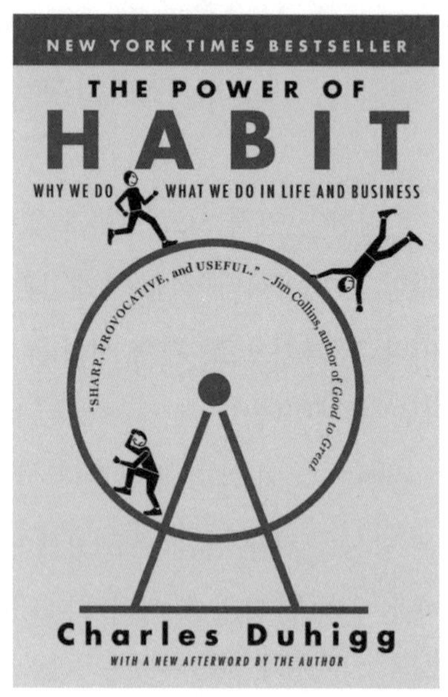

습관의 힘은 습관이 존재하는 이유, 작용 방식 및 습관을 바꿀 수 있는 방법에 대한 소화 가능하고 정보에 입각한 조사이다. 이 책은 성공을 이끄는 새로운 습관을 만들고 삶을 제한하는 오래된 습관을 깨는 데 필요한 기본적인 이해를 제공한다.

습관은 뇌의 노력을 아끼기 위해 존재한다. 과학자들은 뇌가 끊임없이 노력을 절약할 방법을 찾기 때문에 습관이 생긴다고 말한다. 뇌는 자체 장치에 맡겨두면 거의 모든 일과를 습관으로 만들려고 할 것이다. 생물학적으로 우리는 에너지를 절약하기 위해 습관을 형성하므로 정기적으로 하는 모든 일이 습관이 된다.

"욕망은 습관을 이끄는 것이다. 그리고 갈망을 불러일으키는 방법을 알아내면 새로운 습관을 더 쉽게 만들 수 있다."

습관은 단서, 일과, 보상으로 구성된 단순한 행동 고리이다. 예를 들어, 아침에 일어나는 것은 양치 습관을 유도하는 단서가 될 수 있으며,

이를 통해 입안이 깨끗하고 상쾌한 느낌을 받을 수 있다. 습관 고리는 갈망에 의해 움직인다.

예를 들어, 우리는 깨끗하고 상쾌한 입의 느낌을 간절히 원할 수 있으며, 이것은 잠에서 깨라는 신호를 받았을 때 이를 닦는 일과를 반복하도록 한다. 기존 습관을 이해하고 변경하려면 새로운 습관을 만드는 것 외에도 단서, 루틴, 보상 습관 루프를 이해하는 것이 중요하다.

습관을 바꾸는 방법

"오히려 습관을 바꾸려면 이전 신호를 유지하고 이전 보상을 제공하되 새로운 루틴을 삽입해야 한다. 이것이 규칙이다. 동일한 신호를 사용하고 동일한 보상을 제공하면 일상을 바꾸고 습관을 바꿀 수 있다. 단서와 보상이 그대로 유지된다면 거의 모든 행동을 바꿀 수 있다."

핵심 습관

"일부 습관은 연쇄 반응을 시작하는 힘이 있어 조직을 통과하면서 다른 습관을 변화시킨다. 다시 말해서 어떤 습관은 사업과 삶을 재창조하는 데 다른 습관보다 더 중요하다.", "핵심습관은 어려운 결정을 내리거나 불확실한 순간에 잊을 수 있는 가치를 명확히 하는 문화를 만들어 우리를 변화시킨다."

핵심 습관은 우리 삶의 다른 영역에서 습관을 바꾸는 힘이 있는 습관이다. 예를 들어 운동은 중요한 습관이다. 규칙적으로 운동을 시작하면 자연스럽게 다른 건강한 행동을 시작하게 된다. 운동을 잘했다면 치즈버거와 감자튀김 대신 단백질 쉐이크 같은 건강한 간식을 먹을 가능성이 높아진다.

또한 운동으로 방출되는 엔돌핀으로 인해 잠을 더 잘 자고 더 행복해진다. 종합하여 이런 변화는 개인 및 직업 생활에서 우리를 더 성공적으로 만들 것이다. 삶을 개선하고 싶다면 가고자 하는 방향으로 나아가는 핵심 습관을 파악하는 것이 좋은 방법이다.

NIH 장수와 전반적인 건강에 기여할 수 있는 12가지 습관들

1. 신체 활동 유지 : 일주일에 최소 150분의 중간 강도 운동 또는 75분의 격렬한 운동을 목표로 하라.

2. 건강한 식단 섭취 : 과일, 채소, 통곡물, 지방이 적은 단백질, 건강한 지방이 많이 포함된 균형 잡히고 영양가 있는 식단을 따르라.

3. 건강한 체중 유지 : 18.5에서 24.9 사이의 BMI를 목표로 하라.

4. 충분한 수면을 취하라. 성인은 밤에 7~8시간의 수면을 목표로 해야 한다.

5. 스트레스 관리 : 명상, 심호흡 또는 요가와 같은 스트레스 감소

기술을 연습하라.

6. 술, 담배 제한 : 과음하지 말라. 담배를 피우지 말고 간접 흡연도 피하라.

7. 피부 보호 : 보호복을 착용하고 SPF 30 이상의 자외선 차단제를 사용하라.

8. 예방 접종을 최신 상태로 유지 : 질병을 예방하기 위해 권장되는 백신을 맞으라.

9. 정기검진 받기 : 정기검진 및 검사를 위해 의료 제공자에게 문의하라.

10. 안전한 성관계를 실천하라. 보호장치를 사용하여 성병 감염을 예방하라.

11. 독서, 새로운 기술 학습 또는 취미 활동을 통해 정신적으로 활동적인 상태를 유지하라.

12. 삶의 긍정적인 전망과 목적 의식을 유지하라. 장수와 전반적인 웰빙을 촉진하는 데 도움이 된다.

3. 저자의 핵심 습관

인생의 초점과 균형된 삶을 위해서 다음과 같은 습관을 가지고 싶다. 무엇보다 겸손한 사람이 되고 싶다. 겸손한 사람들은 부족한 점이 많고 배워야 할 것이 많다고 생각한다. 겸손한 사람들은 계속 배운다. 나의 초점은, 나의 특기는 배우며 가르치는 것이다.

나의 작은 습관 : 나는 김형석 교수처럼 철저히 규칙 생활을 하려고 한다. 이것이 내 인생의 초점이다. 매일 아침 5시에 일어나서 초백세인처럼 긍정적이며 건강하게 장수하기 위해 차(茶)의 물을 끓이는 동안 일 년 전 내 일기를 한 줄 읽겠다.

한 번에 한 가지씩 작은 습관을 쌓아 올려야 된다.

당신은 어떤 작은 습관을 시작하고 싶은가?

매달 9일 I : 좀 더 존경하는 사람을 흉내 내라(Imitate+)

"역할 모델은 길을 잃었을 때
여러분을 인도하는 터널 끝의 빛과 같다." - Cristina Imre

"겸손: 예수와 소크라테스를 본받으라." -벤자민 프랭클린

Imitate+

1. 김형석 교수의 장수 비결 철저한 규칙 생활, 103세 아직도 일한다.

[#스타다큐마이웨이] 안창호의 제자이자 윤동주의 동창인 김형석, 그가 40년 동안 빠짐없이 한 루틴 대공개! (TV CHOSUN 230122 방송)

김형석 교수는 일제 강점기인 1920년에 태어나 올해 103세다. '국내 최고령 철학자이자 수필가, 교수'라는 3관왕 타이틀을 지니고 있다. 100세를 넘기며 대한민국의 '장수 아이콘'이 된 건강 비결을 '마이웨이'에서 전한다.

그는 새벽에 기상하는 것을 시작으로 동네 뒷산 등산은 물론, 우유와 호박죽, 계란 반숙, 감자 반쪽, 각종 야채의 식단 관리를 철저히 하고 있다. 이러한 꾸준한 관리로 지팡이를 짚지 않을 정도로 건강한 모습을 보여 감탄을 자아낸다.

평소 신체 건강뿐만 아니라 마음·정신 건강을 강조하시는 이유는 무엇일까요.

"건강을 말할 때 신체 건강만 생각하면 잘못이다. 나이를 먹으면 뚜렷하게 달라지는 것이 있다. 정신 건강은 유지되는데 신체 건강이 못 따라온다. 정신 건강이 신체 건강에 지면 곧 죽음이다. 나이 들면 정신 건강과 신체 건강의 균형이 깨진다.

예컨대 서영훈 전 대한적십자사 총재는 96세까지 살았다. 그때까지도 정신 건강은 좋았다. 그런데 신체 건강이 나빠지니까 처음에는 지팡이를 짚더니 곧 휠체어에 의지하다가 나중에는 눕게 됐다. 정신 건강과 신체 건강의 균형이 깨진 것인데, 즉 인간적 건강을 잃어버린 것이다.

이런 사례를 보면서 나는 '마음, 정신 건강과 신체 건강의 균형이 깨지지 않도록 유지한다'고 생각했다.

일정한 습관들이 건강 유지에 얼마나 도움이 된다고 생각하십니까.

"항상 일을 하기 위해 다른 일을 절제해야 한다고 생각한다. 그러다 보니 몇 가지 습관이 생겼다. 정신적 피곤을 푸는 제일 좋은 방법은 잠시 잠을 자는 것이다.

밤 10시부터 오전 6시까지 밤잠을 충분히 자고, 낮에도 약 30분씩 잔다. 점심 먹고 졸리는 시간에 여기 오느라 차 안에서도 잠시 잤다. 강연하러 지방에 갈 때도 비행기에서 잔다.

또 50대 후반이나 60대쯤 되면 오래 계속할 수 있는 가벼운 운동 하나를 가지는 것이 좋다. 요즘은 코로나 19 때문에 못하지만 오래 수

영을 했다. 지방에 다녀온 후 피곤한 때에도 수영을 하면 피곤이 풀린다. 등산도 오래했다.

그러나 머리 쓰는 일은 하지 않는다. 내 친구가 바둑을 권하는데 나는 안 한다. 뇌를 되도록 쉬게 하려고요. 대신 책을 읽는다. 젊을 때부터 책을 읽거나 음악을 들어 감정이 풍부한 사람은 정서적으로 늙지 않는다."

(출처 : 시사저널(http://www.sisajournal.com) 시사저널, 2023-04-15, 1748호)

2. 워렌 버핏- 검소와 장기 투자가

93세에 아직도 회장으로 일한다.

https://youtube.com/shorts/AB8F3uIeQwY?feature=share

워렌 버핏(Warren Buffet)은 인상적인 사업 성공과 개인적 가치 때문에 종종 젊은이들에게 좋은 역할 모델이다. 그는 역사상 가장 성공적인 투자자 중 한 명이며 투자에 대한 규율 있고 장기적인 접근방식을 통해 재산을 축적했다. 그는 또한 검소한 생활 방식과 자선 활동으로 유명하며 대부분의 재산을 자선활동에 기부하겠다고 약속했다.

버핏은 성실성, 정직성 및 강력한 윤리 원칙으로 존경받는다. 그는 가장 수익성이 높거나 대중적인 선택이 아니더라도 옳은 일을 하는 것의 중요성에 대해 목소리를 높였다. 그는 또한 평생학습의 중요성을 강조했으며, 그의 경력 전반에 걸쳐 계속해서 읽고 공부했다.

Warren Edward Buffett(1930년 8월 30일 출생)은 미국의 사업가, 투자자 및 박애주의자이다. 그는 현재 Berkshire Hathaway의 회장 겸 CEO이다. 그는 엄청난 투자 성공의 결과 2023년 3월 현재 1,040억 달러의 순자산을 보유하여 세계에서 다섯 번째로 부유한 사람이 된 세계에서 가장 잘 알려진 기본 투자자 중 한 명이다.

버핏은 또한 주로 Bill & Melinda Gates Foundation을 통해 자신의 재산의 99퍼센트를 자선 활동에 기부하겠다고 약속한 저명한 박애주의자이다. 그는 2010년 빌게이츠(Bill Gates)와 함께 The Giving Pledge를 설립했으며, 이를 통해 억만장자들은 재산의 적어도 절반을 기부하겠다고 약속했다.

그는 7세 때 오마하공립도서관에서 빌린 책인 『천 달러를 버는 천 가지 방법』에서 영감을 받았다. 버핏의 어린 시절의 대부분은 기업가적 벤처로 활기를 띠었다.

그의 첫 번째 사업 벤처 중 하나로 버핏은 껌, 코카콜라 및 주간 잡지를 집집마다 판매했다. 그는 할아버지의 식료품점에서 일했다. 그는 고등학교 때 신문배달, 골프공과 우표 팔기, 자동차 디테일링 등으로 돈을 벌었다.

1947년 버핏은 펜실베이니아대학교 와튼스쿨에 입학했다. 그는 사업 벤처에 집중하는 것을 선호했지만 아버지의 압력으로 등록했다. 버핏은 그곳에서 2년 동안 공부하고 네브래스카대학교로 편입하여 19세에 경영학 학사학위를 취득했다. 하버드 비지니스 스쿨(Harvard Business School)에서 거절당한 후 버핏은 벤자민 그레이엄(Benjamin Graham)을 알게 되어서 콜롬비아대학(Columbia University)의 Columbia Business School에 등록했다. 그는 1951년 콜롬비아대학에서 경제학 석사학위를 받았다.

버핏은 오마하(Omaha)로 돌아와 데일카네기(Dale Carnegie) 대중연설과정을 수강하면서 주식 중개인으로 일했다. 그가 배운 것을 사용하여 그는 네브래스카-오마하대학교에서 '투자 원칙' 야간수업을 가르칠만큼 충분히 자신감을 느꼈다. 학생들의 평균 연령은 그와 두 배 이상이었다.

버핏은 자신의 돈을 관리하는 데 관심이 없거나 시간이 없는 사람들을 위해 인덱스펀드를 후원해왔다. 버핏은 액티브 운용이 장기적으로 시장을 능가할 수 있다는 것은 회의적이며 개인 및 기관 투자자 모두에게 광범위하고 다양한 주식시장 지수를 추적하는 저비용 인덱스펀드로 돈을 옮기라고 조언했다.

버핏은 주주들에게 보낸 편지 중 하나에서 "월스트리트 사람들이 높은 수수료를 부과하여 수조 달러를 관리할 때 일반적으로 엄청난 이익을 거두는 것은 고객이 아니라 관리자가 될 것"이라고 말했다.

2007년 버핏은 단순한 S&P 500 인덱스 펀드는 엄청난 수수료를 부과하는 헤지펀드를 능가할 것이라고 했다. 2017년까지 인덱스 펀드는 버핏에 베팅한 모든 헤지펀드를 능가했다.

벤자민 프랭클린

(1706년 탄생, 84 세 사망, 요즘 나이로는 100세 이상 활동)

"겸손 : 예수와 소크라테스를 본받으라."

벤자민 프랭클린은 종종 그의 많은 업적과 사회에 대한 공헌으로 인해 좋은 역할 모델로 간주된다. 그는 발명가, 작가, 외교관, 과학자이자 미국 건국의 아버지 중 한 사람이다.

그의 주목할 만한 업적 중 일부는 피뢰침 발명, 미국 최초의 공공 도서관 설립, 미국 헌법 초안 작성을 도운 것이다.

그는 또한 많은 사람들이 존경하고 모방하려고 노력하는 근면, 검소함, 자기 계발, 시민의 의무를 소중히 여겼다. 그의 13번째 덕목은 "겸손 : 예수와 소크라테스를 본받으라!"였다. 그는 매일 그의 덕목을 반성했기 때문에 그렇게 큰 사람이 되는데 도움이 되었다.

예수는 전 세계 많은 사람들, 특히 기독교를 따르는 사람들에게 롤 모델로 여겨진다. 그는 종종 사랑, 연민, 용서, 이타심의 상징으로 여겨진다. 예수님의 가르침은 친절, 정직, 겸손, 관대함과 같은 가치를 장려한다. 그는 또한 사람들이 다른 사람들을 존중하고 도움이 필요한 사람들을 돕도록 격려했다.

소크라테스는 서양 철학사에서 가장 중요한 인물 중 하나로 널리 알려져 있다. 그는 종종 소크라테스 방식이라고 불리는 질문 방식으로 유명하다. 그는 지식과 지혜의 추구가 의미 있는 삶의 열쇠라고 믿었다. 젊은이들의 롤모델이라는 측면에서 지적 탐구와 비판적 사고에 대한 소크라테스의 헌신은 본받아야 할 귀중한 특성으로 볼 수 있다. 가정에 의문을 제기하고 대화를 통해 이해를 구하는 것에 대한 그의 강조는 호기심과 분석 정신을 개발하는 데 유용할 수 있다.

3. 저자 이야기

"남과 나를 위해서 건강하고 부유하며 배우며 살아라"
-벤자민 프랭클린

필자는 1. 건강은 김형석 교수를 닮고, 2. 돈 관리는 워렌 버핏을 닮고, 3. 배우는 것은 벤자민 프랭클린을 닮겠다. 세 사람 다 건강하게 장수했고, 경제적으로 부유했고, 평생 공부하며 사회에 유익한 사람으로 멋있게 살았다.

나는 고등학교 때 "적극적 사고방식의 힘" 이라 는 책을 읽고 (The Power of Positive Thinking: Peale, Dr. Norman Vincent) 철저히 예수와 동행하는 삶을 살기로 했다. 그래서 내 운동화 안에 조그마한 차돌을 넣고 길을 걸을 때마다 그 돌맹이가 닿으면 예수의 십자가를 생각하며 걸었다. 아주 병약했지만 일년 후에는 아주 건강해서 등산을 좋아하게 되었다. 학교에서 성적이 바닥을 치던 학생이 일년 반 만에 원하던 대학에 입학했다. 나는 누구를 철저히 닮기 시작하면 큰 변화가 온다는 것을 체험했다.

이제 76세인데 나는 워렌 버핏을 철저히 닮기로 결심했다. 나는 그 사람처럼 철저히 검소하며 장기투자를 하겠다. 그는 금년에 93세인데 세계에서 가장 큰 기업을 운영하고 있다.

1. 워렌 버핏은 어려서 수학을 좋아했다. 나도 수학을 좋아했다. 수학 실력은 비슷하다.

2. 버핏은 어려서 신문도 돌리고 물건도 팔았다. 나도 중학교 때 신문도 돌리고 행상도 했다. 버핏은 부모가 잘 사는 데도 자기가 좋아서 했고, 나는 가난해서 했다.

3. 버핏은 교육 중에서 데일카네기 스피치 코스를 택한 것을 제일 자랑스럽게 생각한다고 했다. 나도 AT&T 있을 때 똑같은 코스

를 택했다. 적극적인 사고방식을 연습하는 코스다.

4. 워렌 버핏은 하버드 경영대학에서 거절당해서 콜럼비아 경영대학원을 나왔다. 나는 뉴저지주립대학 경영대학원을 나왔다. 워렌 버핏이 하는 투자 방식이 이론적으로 어려울 것이 하나도 없다. 하지만 똑같은 콜롬비아 경영대학원을 나온 사람들도 워렌 버핏 근처에 가지 못한다.

그렇다면 워렌 버핏과 다른 경영대학원 출신들과 다른 점은 무엇인가? 버핏은 철저히 검소한 사람이다. 나는 대충 검소하려고 했다. 그는 철저히 안전 최고로 해서 장기 투자를 했다. 나도 안전을 최고로 여기고 장기 투자를 해왔는데 워렌 버핏은 철저히 했지만 나는 대충했다. 바로 그 차이다. 그 사람은 철저히 했고 나는 대충했다. 일년 동안에는 별 차이가 없지만 20년, 40년, 80년 후에는 크게 차이가 난다.

버핏처럼 지금부터 철저히 검소하고 철저히 장기 투자를 하면 나도 그 사람처럼 될 수 있을까? 너무나 예측할 수 없는 변수가 많이 있기 때문에 그 결과는 보장할 수 없다.

하지만 나도 버핏처럼 탭댄스를 하며 일을 시작 할 수 있고 먼 훗날 좋은 곳에 쓰기 위해서 철저히 검소하고 철저히 장기 투자를 하면서 살면 나도 그 사람처럼 행복하고 성공했다고 할 수 있다. 아니 당신도 검소하고 장기적으로 생각하며 살면 그 자체가 행복이요 성공이다.

오늘의 되새김

누구를 본받아 사는 것이 당신에게 가장 도움이 될 수 있는가?

매달 10일 J : 좀 더 다양한 일기를 쓰라 (Journaling+)

"성찰하지 않는 삶은 살 가치가 없다." -소크라테스

"The unexamined life is not worth living." -Socrates

"일기 쓰기가 변혁을 위한 습관이 될 때,
그것은 삶을 변화시킬 뿐만 아니라 삶을 확장시킨다."
-젠 윌리암슨(Jen Williamson)

"매일 새로운 하루는 여러분의 삶의 새로운 백지장 일기다.
성공의 비결은 그 일기를 여러분이 할 수 있는
최고의 이야기로 바꾸는 것이다." -더글러스 파겔스

Journaling+

1. 일기의 종류

인생은 어떤 목적지가 있는 것이 아니다. 긴 여행이다. 그 과정을 일기로 쓰는 습관을 갖는 것이 우리가 행복해지는 한 가지 방법이다. 여기 그 과정을 연구해보자.

1. 감사일기

감사일기를 쓸 때, 인생에서 감사한 것들 또는 행복하게 하거나 만족하게 하는 것들을 적을 수 있다. 때때로 사람들은 하루에 한 번씩 내가 감사하는 다섯 가지를 쓴다. 다른 사람들은 아침저녁으로 글을 쓴다. 당신이 어떤 방법을 선택하든 상관없다. 목적은 겪고 있는 도전을 최소화하는 것이 아니라 뇌가 잠시 동안 초점을 다시 맞추는 것을 돕는 것이다. 감사일기를 쓰면 정신과 육체 건강에 좋고 다른 사람들과의 관계도 좋아진다.

2. 감정일기(Expressive Writing)

'의식의 흐름 일기'는 여러분이 자신에 대해 비판적이거나 완벽주의적인 성향을 가지고 있을 때 특히 도움이 된다.

이런 스타일의 일기에서는 글을 쓰기 시작하고 계속한다. 판단하지 말고 글을 무조건 쓴다. 글씨가 휘갈겨 쓴 글씨로 바뀌더라도, 멈출 준비가 될 때까지 계속한다. 아무리 문법적으로 틀리고, 이해할 수 없다고 생각하더라도 계속 쓴다. '의식의 흐름 일기' 한 페이지를 전체로 매우 빠르게 차지할 수 있기 때문에 더 큰 노트북이 이런 종류의 일기에 편리하다. 하루에 10분 내지 15분씩 쓰면 3~4일 후에는, 나를 가장 괴롭히는 감정(공포, 원한, 우울증 등)에 치유가 일어난다.

3. 비주얼일기

'아트일기'에서, 일기는 단어보다 시각 디자인에 더 초점을 맞춘다. 심지어 말을 예술적인 표현으로 바꿀 수도 있다. 미술 치료 학생들과 상담 학생들은 예술과 단어를 결합한 일기를 만들었다. 두 그룹 모두 시각일기가 스트레스를 줄이는데 도움이 된다는 것을 발견했다. 일기에 연필, 페인트, 종이와 같은 다른 형태의 혼합 미디어를 사용하는 것을 고려해 보라.

4. 직관일기

스트레스를 받을 때 우리는 직관과 접촉하지 않는 경향이 있다. 우리의 직관은 거의 100퍼센트 옳다. 당신은 당신의 직관에 귀를 기울이지 않을 때 자신이 갇힌 상태이거나 기분이 좋지 않은 것을 발견할 수 있다. 당신은 미쳤다는 말을 듣는 가스 라이팅(Gas Lighting)으로 건강에 해로운 관계에 있었을 수 있다. 이제 그 직감에 다시 연결할 때이다. 직관 일기장에서는 대답하고 싶은 질문을 적는다. 그러면 직관이 응답하는 것처럼 응답한다.
예를 들어, "이 관계를 유지할 가치가 있는가?"라고 쓸 수 있다.

직관을 사용하면 "인생은 짧다. 앞으로 나아갈 시간이다"라는 응답을 얻을 수 있다.

5. 멘토일기

나에게 영감을 주는 사람들에 대해 쓴다. 그들은 개인적으로 아는 사람일 수도 있고, 한 번도 만난 적이 없지만 내가 더 나은 사람이 되도록 도움을 준 사람일 수 있다. 이것은 과거를 돌아 보는 것보다 미래 지향적인 경향이 있기 때문에 '보내지 않은 편지' 일기와 약간 다르다.

다시 말해서, 내가 되고 싶은 사람이 되도록 도와주는 사람들에게 편지를 적을 수 있다. 그들은 나를 더 높이 들어 올리는 사람들이다. 무엇이 나에게 영감을 주었는지? 그 원칙을 어떻게 나의 삶에 적용했는지 쓴다. 이러한 유형의 일기는 '상위 자아'와 접촉하게 하고 더 나은 삶을 위한 목표를 만든다.

6. 보내지 않은 편지일기

우리는 누군가에게 하고 싶은 말이 있지만 여러 가지 이유로 그러지 못하고 있다. '보내지 않은 편지' 일기장에는 그 사람에게 하고 싶은 말을 적는다.

이 편지는 어쨌든 보내지 않기 때문에 내가 원하는 무엇이든 쓸 수 있다. 내가 누군가에게 얼마나 감사하는지? 그들이 나를 얼마나 화나게 했는지? 또는 당신이 그들을 용서하기를 원하는지? 또는 원하지 않는지를 말할 수 있다. 보내지 않더라도 누군가에게 편지를 쓰는 것은 카타르시스가 될 수 있다.

카타르시스(그리스어: katharsis)는 그리스어로 '정화'를 의미하며, 마음속에 쌓여 있던 불안, 우울, 긴장 등의 응어리진 감정이 풀리고 마음이 정화되는 것을 말한다.

7. 잘되고 있는 일 일기

이 일기에는 하루 동안 잘 된 일을 기록한다. 우리는 잘 되지 않는 것에 초점을 맞추는 경향이 있으므로 초점을 변경하면 부담을 덜 수 있다. 하루 동안 얼마나 많은 일들이 나에게 유리하게 작용했는지 깨달을 때, 그다지 좋지 않은 것들은 상대적으로 희미해지는 경향이 있다. 이것은 감사일기와 어떻게 다른가? 감사일기는 이미 존재하는 일에 초점을 맞추는 경향이 있는 반면 잘 되고 있는 일기는 일상적인 일에 초점을 맞추는 것이다.

다양한 일기를 만들 수 있다. 하나만 고집해야 한다는 말은 없다. 사실, 일기를 쓰는 방법을 바꾸면 자신에 대한 새로운 통찰력을 얻을 수 있으며, 그것이 바로 일기 쓰기의 전부이다.

2. 가장 유명한 다빈치 일기

경험에서 태어나지 않은 과학이나 발명은 오류들로 가득 차 있다. 평균적인 인간은 봐도 보지 못하고 들어도 듣지 못하며, 만져도 느끼지 못하고, 먹어도 맛보지 못한다. 신체적인 인식 없이 움직이며, 냄새나 향기에 대한 인식 없이 숨을 들이마시고, 아무 생각 없이 말한다.

예술은 결코 완성되지 않고, 단지 끝날 뿐이다. 잘 보낸 하루는 행복한 잠을 가져오듯이 잘 산 삶은 행복한 죽음을 가져온다. 당신이 원하는 것을 다 할 수는 없다. 눈을 멀게 하는 무지는 우리를 오도한다.

오! 불쌍한 인간들아, 눈을 떠라! 이따금씩 가서 좀 쉬어라. 당신이 일을 하러 돌아오면 당신의 판단이 더 확실해질 것이다. 조금 멀리 가보라. 왜냐하면 그 작품은 더 작아보이고, 한눈에 더 많은 것을 볼 수 있고, 조화와 비율의 부족이 더 쉽게 보여지기 때문이다.

하나님은 우리에게 모든 것을 노동의 가격으로 판다. 악에 대항하지 않는 자는 악을 행하라고 명령한다. 이론 없는 연습을 좋아하는 사람은 나침반 없이 배에 올라 어디로 갈지 모르는 선원과 같다. 가장 많이 소유한 자는 손실을 가장 두려워해야 한다. 작은 것을 생각하는 사람은 실수를 많이 한다.

나는 다른 사람들이 잠들어있을 때 일찍 깨어난다. 나는 무언가 해야 하는 긴박감에서 감명을 받는다. 아는 것만으로는 충분하지 않다.

우리는 실천해야 한다. 좋아하는 것만 해서는 충분하지 않다. 우리는 내가 마땅히 해야할 일들을 좋든 싫든 해야만 한다.

내가 오랫동안 관찰해 보면 성취한 사람들은 좀처럼 가만히 앉아서 그들에게 무슨 일이 일어나도록 내버려두지 않았다. 그들은 밖으로 나가서 새로운 일을 시도하였다.

레오나르도 다빈치(Leonardo da Vinci[b], 1452년 4월 15일~1519년 5월 2일)는 화가, 제도가, 엔지니어, 과학자, 이론가, 조각가 및 건축가로 활동한 르네상스 시대의 이탈리아의 천재였다. 그의 명성은 처음에는 화가로서의 그의 업적에 달려 있었지만, 또한 해부학, 천문학, 식물학, 지도 제작, 회화 및 고생물학을 포함한 다양한 주제에 대한 그림과 메모를 작성한 노트로 알려졌다. 르네상스 인본주의는 과학과 예술 사이에 상호 배타적인 양극성을 인정하지 않았으며, 과학과 공학에 대한 레오나르도의 연구는 때때로 그의 예술 작품만큼 인상적이고 혁신적인 것으로 간주된다.

이러한 연구는 예술과 자연 철학(현대 과학의 선구자)을 융합한 13,000 페이지의 메모와 그림으로 기록되었다. 그것들은 레오나르도가 주변 세계를 지속적으로 관찰하면서 매일 만들어지고 유지되었다. 그의 메모와 그림은 엄청난 범위의 관심을 보여 준다.

일부는 식료품과 그에게 빚진 사람들의 목록처럼 평범하고, 일부는 물 위를 걷기 위한 날개와 신발 디자인처럼 흥미롭다. 그림을 위한 작곡, 세부 사항 및 커튼 연구, 얼굴과 감정 연구, 동물, 아기, 해부, 식물 연구, 암석, 소용돌이, 전쟁 기계, 비행 기계 및 건축에 대한 구성이 있다.

2-1 Quotes from Davinci, 다빈치 일기 어록

화가는 모든 캔버스를 검은색으로 시작해야 한다. 왜냐하면 자연의 모든 것은 빛에 노출된 곳을 제외하고는 어둡기 때문이다. 시인은 덧붙일 것이 아무것도 없을 때가 아니라 뺄 것이 아무 것도 없을 때 그가 완벽을 이뤘다는 것을 안다. 모든 지식의 어머니인 일을 만들어 낸다. 처음에 힘들어도 밀어붙이는 것이 마지막에 저항하는 것보다 쉽다. 보는 법을 배워라. 모든 것이 다른 모든 것과 연결된다는 것을 깨달으라.

배움은 마음이 지치고, 두려워하고, 후회하지 않는 유일한 길이다. 배움은 마음을 지치게 하지 않는다. 당신은 당신 자신보다 더 크거나 더 작은 지배력을 가질 수 없을 것이다. 사람의 성공의 높이는 그의 자제력에 의해 측정된다. 이 법은 영원한 정의의 표현이다. 자신을 지배할 수 없는 사람은 다른 사람을 지배할 수 없다.

3. 저자의 일기 이야기(My Diary Story)

나는 결혼하기 전까지 일기를 계속 썼다. 결혼하면서 아내가 내 속을 들여다 보는 것이 싫어서 지나간 일기장 몇 십 권을 다 태워버렸다.

그리고는 일기를 썼다 말았다 했다

나는 초등학교 졸업할 때까지는 비교적 평화롭고 부유한 가정에서 자랐다. 중학교에 들어가서 아버님의 사업이 실패를 하고 파산했다. 내가 고등학교 2학년 1학기를 끝내고 생활고와 가정 불화로 자살을 하려고 심각한 고민을 했다. 공부는 완전히 제쳐놓고 자살하는 방법을 생각하고 있었다.

당시 내가 읽던 책의 영향으로 쇼펜하워의 염세주의에 푹 빠져 있었다. 이 고통스러운 세상을 더 살아야 할 필요성을 찾을 수 없었다. 길에는 거지가 많았다. 좀도둑이 많고 버스에 타면 도둑들이 돈을 훔쳐가던 시절이었다. 나는 내 감정을 종종 일기로 표현했다.

하루는 일기를 써내려 가는데 이런 생각이 들었다.

'내가 오늘 죽으면 이것으로 끝이다. 죽는 것은 누구에게나 오는 것이며 내가 구태여 지금 자살을 서두를 필요가 있을까? 그렇다면 남은 생을 죽기 아니면 살기로 살아보자. 아니 내가 죽었다가 살아났다고 생각해보자. 내 장래가 어떤 것이 남아있는지 보고 죽자.' 그래서 자살을 시도하다가 완전히 죽기 아니면 살기로 열심히 살기로 했다. 학교 성적이 바닥을 치던 나는 그때부터 내가 좋아하는 물리학자가 되기로 마음을 먹고 열심히 공부했다.

1. 일요일-감사일기(Appreciate) : 먼저 내가 가지고 있는 것에 감

사하기 위해서 감사할 것에 대해서 한 두 줄을 쓴다. 제일 먼저 감사할 것은 내가 지난 밤에 숙면한 것에 대해서 쓰게 된다.

2. 월요일-감정일기(Believe in my best) : 두 번째로 나에게 중요한 것과 제일 잘하고 흥미롭게 생각하는 것에 대해서 한 두 줄을 쓴다. 예를 들면 증권을 할 때 중요한 것은 천천히 조금씩 그리고 꾸준히 하는 것이다.

3. 화요일-직관일기(Create) : 세 번째로 중요한 것이 인간과 동물의 차이는 인간은 창조적인 생각을 할 수 있다는 것이다. 그래서 내가 금년에 하고자 하는 것은 책을 쓰는 것이다. 그래서 내가 책을 쓰면서 느끼는 것을 한 줄 일기장에 적는다.

4. 수요일-그림일기(Dream & Deep Work) : 네 번째로 중요한 것은 나의 정신을 산만하게 하는 요소들을 제거한다. 이달에 어떤 습관을 갖게 되는 것에 대해 한 줄 쓰고 싶다. 내 꿈을 성취하기 위해서 많은 지연된 만족이 필요하다

5. 목요일-멘토일기(EQ) : 다섯 번째로 나는 내 감정에 대해서 쓰고 싶다. 내가 특히 기쁠 때, 특히 슬플 때, 누군가 특히 나를 정신적으로 불안하게 한 것에 대해서 한 줄 쓰고 싶다. 만약 벤자민 프랭클린이나 워렌 버핏이라면 어떻게 했을까?

6. 금요일-보내지 않은 편지 일기(Friendship) : 여섯 번째로 내가 가지고 싶은 습관은 남과 좋은 관계를 갖는 것이다. 그래서 먼저 나 자신과 자신과의 관계에 대해서 한 줄을 쓰고, 남과의 관계에 대해서 한 줄 쓰고 싶다.

7. 토요일-잘되고 있는 일기(Growth) : 마지막으로 나는 앞으로 5년 후에 어떤 사람이 될 수 있을까 하는 것에 대해서 쓰고 싶다. 하나는 자신과의 관계이고 또 하나는 남을 위해 무엇을 할 것인가에 대한 소견을 적는다. 대통령 임기가 4~5년 이다. 앞으로 5년 동안 많은 것을 할 수 있다.

다빈치의 노트처럼 내 삶과 생각과 아이디어를 다 담은 일기를 쓰고 싶다. 그래서 매일 한 가지의 사진이나 그림을 일기장에 첨부하고 싶다. 그것 하나만 보면은 그날의 나를 생각할 수 있을 것이다. 일기를 쓰는 것도 내 인생 여정 중에 중요한 부분 중의 하나이다. 나는 일곱 가지의 다양한 형식을 다 시도해 보겠다.

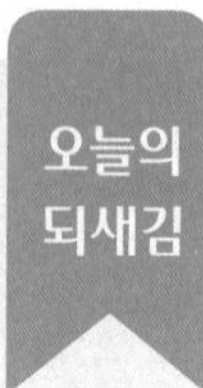

당신은 어떤 일기를 쓰고 싶은가?

매달 11일 K : 좀더 남에게 친절하라 (Kindness+)

"나무는 열매로 알 수 있고,
사람은 행위로 알 수 있다. 선행은 결코 잃지 않는다.
예의를 베푸는 자는 우정을 얻고,
친절을 베푸는 자는 사랑을 거두리라."
–성 바실리오

Kindness+

긍정심리학은 많은 연구결과로 행복하려면 친절해야 되고, 자기 자신과 남에게 친절한 사람이 행복하다고 한다. 행복의 하나의 요소인 '친절'에 대해 알아보자.

1. 책소개 : 친절을 위한 전쟁, 자밀 자키

https://youtu.be/7Y23qQjXmHs

자밀 자키(Jamil Zaki)는 스탠포드대학의 심리학 교수이자 스탠포드 사회신경과학 연구소의 소장이다.

자키 교수의 주장이다 : "내가 친절을 위한 전쟁(The War for Kindness)에서 글을 쓰는 것처럼, 친절과 공감은 고정된 특성이기 보다는 근육을 강화하는 것과 같은 방식으로 우리가 노력하고 구축할 수 있는 기술에 가깝다. 더 친절한 사람이 되도록 훈련하는 방법을 여기에 소개한다.

도전 1 – 황금률 역행

황금률은 우리가 다른 사람들을 우리가 대접받고 싶은 방식으로 대할 것을 요구한다. 하지만, 때때로 우리는 작은 실패에 대해 우리 자신을 비난하거나 비하한다. 비록 우리가 같은 방식으로 실패한 다른 누군가에게 동정심과 이해심을 갖더라도 말이다. 이런 종류의 완벽주의 독성은 불안과 우울증을 유발하고, 다른 사람들과 관계를 맺는 것을 더 어렵게 만들 수 있다.

오늘은 다른 사람을 대하는 것처럼 자신을 대우하는 황금률을 뒤집어보라. 최근의 실패, 또는 당신이 스스로 실망했던 시간을 되돌아보라. 이제 가까운 친구나 가족이 정확히 같은 방법으로 실패했다고 상상해 보라. 당신은 그들에게 무엇을 말하고, 그들에 대해 어떻게 느끼고, 그들이 어떻게 느끼기를 바라는가?

마지막으로, 똑같은 렌즈를 여러분 자신에게 돌려보라. 당신이 사랑하는 누군가에게 줄 수 있는 것과 같은 우아함과 연민을 여러분 자신에게 주려고 노력하라.

도전 2 - 친절을 투자하라.

친절은 내 것을 남에게 주는 것처럼 느껴질 수 있다. 한 사람이 다른 사람을 돕기 위해 돈, 에너지, 감정적 노동을 사용할 수도 있다. 이렇게 보면 도움이 사치스럽게 보일 수도 있다. 현금이나 시간이 부족할 때 나눠줄 여유가 없다. 우리가 스트레스를 받거나 지칠 때 다른 사람과 공감하기 위해 멈추는 것은 감정적으로 감당할 수 없는 일인 것 같다.

연구에 따르면 이것은 완전히 거꾸로 된 것이다. 사람들은 이기적이지 않고 관대하게 행동한 후에 더 행복하고 스트레스를 덜 받는다.

시간을 주는 것은 시간을 더 많이 가졌다고 느끼게 만들기도 한다.

오늘, 다른 사람을 위한 비용 지출을 선택하라. 이것은 돈이 될 수 있지만(누군가 점심이나 커피를 사거나) 꼭 그럴 필요는 없다. 바쁘더라도 친구의 이야기를 들으며 시간을 보낼 수 있다. 아는 사람이 화가 난 것 같다는 것을 알아차리고 하루 일과를 하는 대신 멈춰서 이유를 물어볼 수 있다.

도전 3 - 상반된 의견을 교환하는 방법

정치는 미국의 감정이입의 블랙홀이 되었다. 좌파와 우파의 개인들은 점점 더 서로를 두려움과 혐오의 대상으로 여기고 있다. 이 틈을 가로질러 감정이입은 시간 낭비처럼 보일 수도 있다. 더 나쁜 것은 우리 자신의 이념 부족에 대한 배신처럼 보일 수도 있다.

하지만 감정이입은 누군가의 믿음을 묵인하는 것과 같지 않다. 그것은 단지 그들을 더 잘 이해하려는 노력을 수반할 뿐이다.

그렇게 하는 한 가지 방법은 의견을 넘어 그 아래에 있는 사람, 즉 그들이 믿는 것을 형성하는 두려움, 희망, 그리고 기억을 이해하려고 노력하는 것이다.

오늘, 여러분과 의견이 다른 사람을 찾아서 이야기해보라. 각자 입장을 밝히는 것부터 시작하라. 하지만, 당신의 견해를 토론하는 대신 어떻게 당신이 애초에 그것을 갖게 되었는지 서로 대화하라. 즉시 그들을 판단하기보다는 이 사람에 대한 호기심을 배양하고 나타내도록 노력하라.

도전 4 - 친절의 기술(Technology)

기술, 특히 소셜 미디어는 21세기의 가장 악명 높은 공감 킬러이다. 이러한 플랫폼은 풍부한 인간 대 인간의 만남을 텍스트 및 선별된 이미지 문자열로 줄이고 진정한 연결보다 자기애와 분노를 선호한다.

그러나 온라인 기술은 본질적으로 반사회적이지 않다. 최근 연구에 따르면 인간의 공감능력을 높일 수 있다. 비결은 오프라인 상호작용을 대체하는 것이 아니라 향상시키는 데 사용하는 것이다.

오늘은 온라인에서 시간을 사용하는 방법에 대해 의도적으로 알아보자. 인정을 구하거나 남을 부끄럽게하기 보다는 한동안 연락이 닿지 않은 사람을 찾아 메시지를 보내거나 어려움을 겪고 있는 사람을 찾아 응원의 목소리를 보내보자. 긍정적인 메시지를 보내자.

도전 5 - 문화 구축자가 되라.

사람들은 자기 주변의 사람들이 잔인함과 무관심을 보일 경우 자기도 그렇게 될 가능성이 더 높다. 한편 다른 사람들이 친절과 공감을 발휘할때 주위 사람들도 그렇게 될 가능성이 높다.

우리가 냉담함과 친절함을 장려할 때, 우리는 그들에게 사회적 추진력을 준다. 고인이 된 소설가 아모스 오즈는 증오와 싸우는 것을 불을 끄는 것과 비슷하다고 했다.

"물동이를 가져와 불 위에 던지고, 물동이가 없으면 컵을 가져오고, 잔이 없다면 티스푼을 사용한다면 모든 사람이 티스푼만 있으면 된다. 그리고 나의 티스푼이 작고 불은 크다는 것을 알지만 수백만의 사람들이 작은 티스푼을 가지고 합치면 불을 끌 수 있다."

오늘날, 다른 사람들의 행동을 강화하거나 도전함으로써 사회 규범의 선을 향상할 수 있다. 만약 여러분이 친절하거나 감정이입으로 행동하는 사람을 본다면, 그것을 인식하고 보상해보라. 잔인하거나 무관심하게 행동하는 사람을 본다면, 그들에게 도전해보라. 좀 더 친절한 사회가 되기 위해서 당신도 오늘 작은 친절을 행동에 옮겨 보라.

2. 자비 명상에 대한 한 연구결과를 소개한다

https://www.dbpia.co.kr/Journal/articleDetail?nodeId=NODE06368943

본 연구는 긍정심리를 증진시키기 위한 중재법의 하나인 자애명상이 성인 여성들에게 미치는 영향을 알아본다.

수도권에서 비영리 공익활동에 종사하는 여성들을 모집하여 실험집단 참여자들에게 자애명상을 실시하였으며, 최종 분석에 포함된 참여자는 실험집단 15명, 통제집단 14명이다.

본 연구의 조사도구로는 자기 자비, 인지적, 정서적 마음 챙김, 자아 존중감, 긍정적, 부정적 정서, 지각된 스트레스 척도를 사용하였다. 프로그램 실시 전과 4주 후, 8주 후, 3차례에 걸쳐 측정하였다.

연구 결과, 자애명상집단은 8주 후 통제 집단에 비해 자기 자비 및 인지적, 정서적 마음 챙김이 현저하게 증가하였고, 부정적 정서 및 지각된 스트레스는 현저하게 감소하였다.

반면 주 3회 미만을 수련한 명상 집단은 모든 변인에서 긍정적인 변화가 있었으나 그 변화는 통제 집단에 비해 뚜렷하지 않았다.

본 연구는 자애명상이 자기 자비를 증진시키는 데 매우 효과적 임을 나타낸다. 또한 자애명상을 통해 마음 챙김이 증진되며, 주 3회 이상 명상을 지속할 때 자애명상의 다양한 효과가 있음을 보여준 연구라는 점에서 의의가 있다.

끝으로 과학적으로 자비명상이 우리가 좀 더 남에게 친절한 사람이 되게 한다. 한글과 영어로 자비명상 유튜브를 소개한다. 미국 학교나 병원에서 많이 가르치고 있다. 내가 불안하고, 억울하고 분한 일이 있을 때 특히 효과가 있다. 필자가 지난 몇 년간 가르친 명상 중 하나다.

한글 자비명상 : 100번을 들어도 좋은 자비 명상 MBSR
https://www.youtube.com/watch?v=hAHWdWB67Ts
영어 자비명상 : Loving Kindness Meditation,
https://youtu.be/sz7cpV7ERsM

3. 친절에 대한 저자의 도전

도전 1 - 황금률을 거꾸로 보라.

긍정심리학은 남에게 친절하게 하는 것이 결국은 나 자신한테 돌아오며 서로를 건강하고 행복하게 하는 길이라고 한다. 하지만 우리는 많은 경우에 다른 사람을 선대하지만 자신에게 박약한 사람들이 많다.

그 좋은 예가 자녀들에게는 정한 시간에 자고 정한 시간에 일어나라고 부모들이 훈련시킨다. 그런데 본인 자신은 잠이 부족한 경우가 많다. 자신에게 친절한 것은 무엇인가? 자신이 육체적으로 정신적으로 건강하게 사는 것이다.

어떻게 자신에게 친절을 베풀어 수 있을까? 가장 좋은 방법은 규칙생활을 하며 좋은 습관을 하나씩 길러가는 것이다. 그것은 곧 자신에게 가장 큰 친절을 베푸는 것이다.

도전 2 - 친절에 투자하라.

결국 가장 이기적이고 현명한 사람이 남에게 친절한 것이다. 걷는 것을 좋아하는 나는 동네를 많이 걷는다. 종종 길을 건너야 할 경우가 많다. 그럴 경우에 웬만하면 차를 먼저 보내고 길을 걷는다. 또 길을 걸을 때 내가 걷는다는 것을 분명히 하기 위해서 손으로 오는 차를 손짓을 하면서 걷는다. 이것은 타인에게 베푸는 조그만 친절이다.

그런데 그렇게 하고 나면 내 기분이 좋다. 큰 친절이 아니고 조그만 친절을 보였을 뿐인데 좋다. 시간을 내어 다른 사람을 위해 운전을 해 주는 것도 친절에 속한다. 주위에는 남편을 잃고 혼자된 여자분들도 있다. 내 친구는 이 세상을 떠났지만 내가 그 혼자된 아내에게 도움을 줄 수 있는 기회가 주어진 것은 특권이라고 생각한다. 행복은 내가 남에게 베푼 만큼 나에게 돌아온다.

도전 3 - 다른 의견을 교환하는 방법을 배우자.

내게 가장 큰 도전이 있다. 나와 의견이 다른 사람과, 내게 화내는 사람을 서로 잘 이해할 수 있도록 하는 것이다. 나는 이 점에서 취약하다.

등산클럽 회원 가운데 처음에 참여한 후 불참하는 사람들은 두 부류이다. 첫 번째는 체력이 모자라서 못 따라온다. 그런 사람들은 대부분 참여했다가 쉽게 포기한다.

그 다음으로 등산클럽에 나왔다가 결국 인간관계가 좋지 않아 다른 사람에게 화를 내면서 그만두는 사람들이 있다. 내가 완전하지 않은 것처럼 상대방도 완전하지 않다는 것을 인정해야 된다. 남의 실수를 받아들일 줄 알고 내 실수도 용서해 줄 수 있어야 한다. 상대방을 용서 못한다는 것은 자기 자신을 용서 못하는 것이다. 결국 상대방을 용서하는 것이 자기 자신을 용서하는 것이다.

도전 4 - 좀 더 친절한 사회가 되기 위해서 자비명상을 저녁 8시에 내 전화에서 자동적으로 나오도록 해놓고 자주 좀 더 많은 사람들과 나누고 싶다.

오늘의 되새김

당신은 좀 더 친절한 사람이 되기 위해 무엇을 하겠는가?

매달 12일

L : 좀 더 실패하는 것을 배우라 (Learn to Fail+)

"계속 배우는 사람은 항상 젊다." -헨리 포드

"배우지 않으면 자기 잠재력에 도달하지 못한다." -짐 론

Learn to Fail+

1. 빨리 실패하고 자주 실패하라 패배가 승리에 도움이 되는 방법

라이언 바비노와 존 크럼볼츠(2014)

"더 많이 실패할수록 더 많이 살 수 있고 멋진 삶을 누릴 자격이 있다! 오늘부터 당신이 좋아하는 일을 하기 위해 하루에 5분을 할애하라. 당신이 하려고 했던 일을 찾아 잘 되지 않고 혹은 실패할 가능성이 있어도 즉시 해볼 권한을 스스로에게 부여하라."

라이언 바미노(Ryan Babineaux)와 존 크럼볼츠(John Krumboltz)는 "빠른 실패, 자주 실패"라는 매우 인기 있는 스탠포드대학 심리학 과정의 창시자이며 교수다. 초점은 성공한 사람들이 어떻게 더 나은 삶을 영위하는지 분석하는 것이다.

행복하고 성공적인 사람들은 보통 사람들보다 계획하는 데 시간을 덜 쓰고 행동하는 데 더 많은 시간을 쓰는 경향이 있다. 그들은 세상에 나가서 새로운 것을 시도하고, 처음에는 실수하고 실패하며, 그렇게 함으로써 미래의 성공을 위한 기반을 마련한다. 무엇이 효과가 없는지 먼저 스스로 찾아내어 무엇이 효과가 있는지 배울 뿐만 아니라 예상치 못한 경험과 기회를 통해 이익을 얻는다.

1. 재미있다고 생각하는 일을 더 많이 해야 행복해진다. 어떤 기준

을 충족할 때만 재미있을 것이라고 가정하지 말라. 오늘 나가서 즐거운 시간을 보내고 계속해서 그렇게 하라. 이것이 행복해지는 방법이다.

2. 빨리 실패하고 자주 실패하는 것을 목표로 시도하라. 가능한 한 빨리 조치를 취하고 요령을 배우는 동안 실패할 것을 예상하라. 자신의 한계가 무엇인지 알 수 있도록 자신을 밀어붙일 수 있는 기회를 찾으라.

3. 무엇이든 모든 것에 호기심을 가져라. 장기적인 약속에 대해 걱정하지 않고 물건을 탐색하고 재미있게 보내라. 사물이 어떻게 작동하는지에 대해 만족할 줄 모르는 호기심을 가지라.

4. 크게 생각하고 꿈을 꾸되 작게 행동하는 방법을 찾으라. 큰 꿈은 훌륭하다. 꿈꾸는 것을 제한하지 말고 앞으로 나아가기 위해 지금 여기에서 해야 할 일을 파악하라. 매일 작은 성과를 창출하는 데 집중하라.

5. 당신의 삶과 세상에 가치를 더하기 위해 혁신하라. 매일 다른 일을 함으로써 가치를 더할 수 있는 기회를 제공한다. 열정을 가지고 그 기회를 잡으라. 즐길 수 있는 새로운 경험을 찾아보라.

2. 가능성의 예술 (Art of Possibility)

Rosamund Stone Zander와 Benjamin Zande

Tchaikovsky: Violin Concerto - 1st movement
(Benjamin Zander - Interpretation Class)
The Art of Possibility: Interview with Benjamin & Rosamund Zander
Ben Zander teaches the Art of Possibility

로자먼드 스톤 잔더(Rosamund Stone Zander)는 가족 시스템 치료사, 리더십 코치 및 영감을 주는 연사이다. 벤자민 잔더(Benjamin Zander)는 지휘자, 음악가 및 동기 부여 연사이다. 그는 보스턴 필하모닉 오케스트라의 지휘자이며 전 세계 오케스트라를 지휘했다. 그는 또한 리더십과 개인계발에 대한 인기있는 연사이며, 세계경제포럼 및 TED에서 강연했다.

인생의 모든 것은 창조되는 것이다. 인생을 새로운 방식으로 보기로 선택하면 갑자기 문제가 사라진다. 이를 수행하는 가장 좋은 방법 중 하나는 자신의 삶을 측정하고 다른 사람과 비교하는 기본 모드에 빠지기보다는 어떤 상황에서든 자신을 둘러싼 가능성에 집중하는 것이다.

1. 가능성 사고 방식을 채택하면 도전에 접근하는 방식이 바뀔 수 있다.

가능성에 초점을 맞추면 새로운 기회와 창의적인 솔루션에 자신을 열 수 있다.

2. 실패를 두려워하지 말고 그것을 배우고 성장할 수 있는 기회로 받아들이라.

이를 통해 장애물을 극복하고 더 많은 위험을 감수할 수 있다.

3. 당신이 사용하는 언어는 당신의 인식과 믿음을 형성할 수 있다.

부정적인 진술을 긍정적인 가능성으로 재구성함으로써 사고방식을 바꾸고 새로운 사고방식을 열 수 있다.

4. 성공을 위해서는 연결과 협업이 필수적이다.

관계를 구축하고 함께 일하면 혼자 할 수 있는 것보다 더 많은 것을 성취할 수 있다.

5. 모든 사람은 창의성과 혁신을 위한 역량을 가지고 있다.

새로운 아이디어와 관점을 탐색함으로써 자신의 창의적 잠재력을 활용할 수 있다.

6. 선입견과 편견을 기꺼이 버리라.

새로운 경험과 관점에 열린 자세를 유지함으로써 세계관을 확장하고 한 인간으로서 성장할 수 있다.

7. 긍정적인 것에 집중하고 목표를 적극적으로 추구함으로써 세상을 변화시킬 수 있다.

가능성을 받아들이고 행동함으로써 당신의 삶과 다른 사람들의 삶에 긍정적인 변화를 일으킬 수 있다.

세계 최고령 박사과정 학생

루치오 치키토 : "아침을 잃는 자는 하루를 잃고, 하루를 잃는 자는 그의 삶을 잃는 것이다"
https://www.bbc.com/reel/video/p090s793/advice-from-a-104-year-old-phd-student

2020년 10월에 박사학위 논문을 제출한 모범적인 104세 청년은 엔지니어로서 평생의 성공적인 커리어를 쌓고도 마지막으로 박사학위를 추진하기로 했다.

콜롬비아 메데인 출신의 이 남자는 루치오 치키토라는 이름으로 알려져 있다. 치키토는 콜롬비아 최대 에너지 회사의 공동창업자로 사장까지 지냈으며, 박사학위가 필요한 사람은 절대 아니다. 치키토에 따르면 자기는 지금까지 일을 그만둔 적이 없고 평생 일과 공부를 했다.(출처 : BBC 릴)

활력이 넘치는 이 남자는 엔지니어로서의 경력 내내 직면했던 문제를 해결하고자 논문연구와 박사학위 취득을 위하여 수년을 보냈다. COVID-19 기간 동안 치키토는 더 열심히 공부하며 성장했다. 그가 평생 일하면서 강과 하천에 대한 연구와 관련하여 고민해 온 것에 대한 해결책을 제시하는 것이 그의 논문의 주제였다. 어떻게 하면 강에서 물을 가장 효율적으로 추출할 수 있는지를 알아내는 것이었다. 그는 박사논문이 수력발전과 관개에서 효율적인 물 사용에 기여할 수 있기를 바라고 있다.

치키토는 어떻게 그렇게 오랫동안 살아왔는지, 건강 상태가 좋은지 묻자 소박하고 가슴 벅찬 조언을 아끼지 않았다. "저는 과일을 많이 먹는다." 그는 BBC 릴 비디오에서 "나는 찬물로 샤워 한다."며 손가락으로 구김이 없는 얼굴을 부드럽게 만졌다.

그의 일상 생활의 일부는 활동적으로 지내는 것과 아침에 기도한 후에 반성하기 위해 강을 걷고 조용히 쉬는 것을 포함한다. 치키토는 책을 읽지 않을 때는 공부하든가 연구 리포트를 쓴다고 했다.

치키토는 메데인에 살고 있고 5년 전에 아내를 잃었지만 자식들, 손자 손녀 그리고 증손자 가족들의 가정에 둘러싸여 살고 있다. 그는 자신의 가톨릭 신앙을 언급하는데, 신앙심이 즐겁고 활기찬 삶의 원천이라고 표현했다.

3. 저자 이야기

나의 어머님은 1925년에 태어나셨다. 어머님은 초등학교만 졸업했다. 그 당시에는 대부분의 여자들은 그 이상 공부하지 못했다. 한문은 못쓰지만 한글은 읽고 쓰실 수 있었다. 그러다가 50세가 되어 미국으로 이민 오셨다.

어머님은 이민 온 한달 후부터 샌프란시스코 차이나타운에 가서 영어를 배우기 시작하셨다. 매일 저녁에 20분씩 버스를 타고 또 걸어 가서 영어를 배웠다. 처음 ABC부터 배우셨는데 글씨는 발로 그린 것처럼 ABC를 시작하셨다. 그래도 계속 1~2년 다니다 보니 영어가 꽤 많이 늘었다. 그때부터 꾸준히 조금씩 영어공부를 계속 하셨다.

70세부터 본격적으로 영어 공부를 시작하셨다.

어머님은 달라스(Dallas) 근처에 있는 미국 양로원에 들어가신 첫날부터 대환영을 받았다. 우선 영어가 조금 통하니 직원들이 좋아했다. 그 다음 날부터 그곳에 있는 한국 할머님 다섯 분하고 할아버지 한 분이 영어가 안 통하니 문제만 있으면 직원들이 어머님을 모시러 왔다. 모르는 단어가 있으면 사전을 찾아가며 통역을 하셨다. 그러니 휠체어를 타고 이 방 저 방으로 다니게 되어, 운동도 많이 하시게 되었다.

일요일에는 꼭 교회에 출석하셨다. 그런데 양로원에서 영어예배가 있었다. 70세부터 영어예배에 참석하셨다. 매주 빙고게임이 있었다. 다른 한국분들은 참석하지 않았지만 참석하여 상을 많이 타셨다. 상은 주로 장식품이었다. 증손자 증손녀가 올 때 나누어 주면서 좋아하셨다. 하루 종일 미국 사람들하고 같이 생활하며 아침, 점심, 저녁시간에는 한국 사람들과 같이 한 식탁에 앉아서 식사하며 식사 주문할 때 통역하셨다. 그래서 한국 사람이 많이 거주하는 양로원 반장이 되셨고 통역관이 되셨다.

양로원에 들어가시고 1~2년 후 영어실력이 눈에 띄게 향상되었다. 영어에 불편이 없기 때문에 증손자 손녀들과 대화에 불편하지 않았고, 미국 며느리와 자유롭게 대화하셨다.

어느 날 내가 어머님을 방문했을 때 일이다.

아침 10시가 되자 어머님은 예배 드리는 시간이라고 하면서 정장을 입으셨다. TV에서 나오는 영어 아침예배 프로그램에 참석하셨다. 그래서 "어머님 저렇게 힘든 영어가 귀에 다 들어오세요?"하고 여쭈어 보았다. 어머님은 이렇게 말씀하셨다. "이야기는 못 알아들어도 성경 구절 들어 보면 대충 다 알아듣는다."고 하셨다. 그리고 몇 년 더 지내니까 아예 영어 뉴스와 미국 프로그램을 듣는데 전혀 불편이 없었다.

그래서 우리 어머니는 양로원에 들어가셔서 성경책과 영어사전을 끼고 사셨다. 물론 영어 프로그램을 수십 년 들으니까 듣는데 전혀 불편이 없었다. 대부분의 한국 사람들은 양로원에 들어 오면 별로 할 것이 없기 때문에 몇 년 못되어 돌아가셨다. 그러나 어머님은 23년을 양로원에서 지내신 후 93세에 돌아가셨다.

최장수 104세 박사학위 학생 루치오 치키토의 이야기를 읽고 난 후 달라진 것이 있다. 저녁에 뜨거운 물로 샤워를 한 후 꼭 냉수마찰을 한 5~10분씩 한다. 냉수마찰을 하면 혈액 순환도 잘되고 기분이 좋다. 나도 104세 나이에 얼굴 피부가 그렇게 젊게 보이기를 바란다. 나도 루치오 치키토처럼 건강하게 평생 일하고, 공부하며 오래 살고 싶다. 치키토씨가 과일을 좋아한다고 해서 나도 아침마다. 과일 ABC 세 가지를 먹는다(사과, 바나나, 귤: Apple, Banana, Clementine).

나는 어머님처럼 끝까지 공부하다 죽고 싶다. 지금 76세이지만 책을 출판하려고 매일 오전은 가능한 글 쓰고 공부하고 있다.

당신은 어떤 새로운 일과 공부를 하고 싶은가?

매달 13일

M : 좀 더 보람있는 삶을 살자 (Meaningful Life+)

"살아야 할 '이유'가 있는 사람은 거의 모든 '어떻게'(어려움)를 견딜 수 있다." –빅터 프랭클

"진실, 사랑, 아름다움, 자연에 대한 숭배를 추구하면서 창조하는 것으로 의미 있는 삶을 만들수 있다."
–킬로이 J. 올드스터, Dead Toad Scrolls

1. 목표의 힘

Jennifer Aaker: 스탠포드 경영대학원 교수
Jennifer Aaker: What Makes Us Happy?

당신은 왜 일을 하는가? 무엇이 당신에게 목적의식을 만들어 주는가? 그게 효과가 있는가? 봉사활동을 하는가? 가족을 위해 사는가? 이것들은 사소한 질문이 아니다. 과학적인 연구 결과는 강한 목적의식이 삶에 더 많은 의미를 만든다는 것을 보여준다. 건강을 개선하고 업무 만족도를 높인다. 목적은 의도가 필요하다. 안정적이고 멀리 도달하는 목표를 가지고 있어야 한다.

우리가 목적을 추구할 때, 우리는 우리의 삶이 더 의미 있다고 느낀다. 이제까지는 삶의 의미는 추상적인 개념이었다. 하지만 최근 행동 과학자들은 그것을 더 잘 이해하고 심지어 측정하기까지 진전을 이루었다.

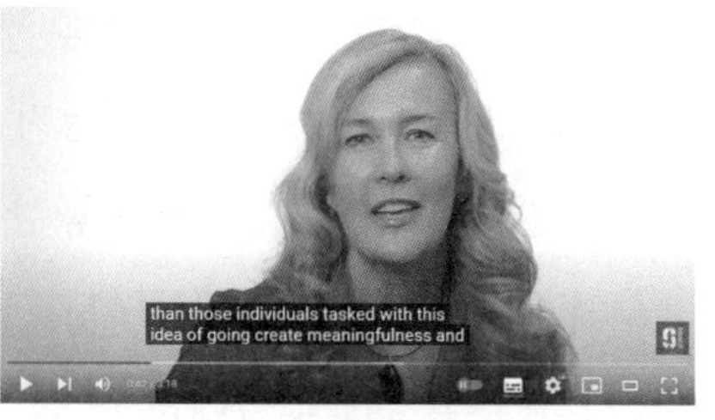

최근에 로이 바우미스터, 캐슬린 보, 그리고 에밀리 가빈스키와 함께 연구를 진행했다. 여기서 우리는 성인들에게 자신의 삶이 의미 있는지 7점 만점으로 평가해 달라고 부탁했다.

우리는 또한 그들의 신념, 행동, 선택에 대해 물었다. 자신의 삶을 가장 의미 있게 여기는 이들은 남에게 가장 많이 베푸는 사람들이었다. 바로 이 사람들이 이곳과 지금만이 아니라 과거와 미래에도 가장 강하게 연결돼 있다고 느꼈다. 그들은 자신들이 어디에서 왔는지에 대한 강한 의식을 가지고 있었고, 똑같이 그들이 어디로 가고 있는지에 대한 강한 의식, 목적을 가지고 있었다. 그래서 우리가 다른 사람들과 연결되고 우리 자신보다 더 큰 것을 느낄 때 의미에 대한 느낌이 커진다.

우리가 과거에 시작해서 미래에 잘 마무리되는 이야기의 일부라고 느낄 때, 삶의 의미는 여러분이 가지고 있거나 가지고 있지 않은 것이 아니다. 그것은 당신의 마음가짐이 더 중요하다. 개개인이 의미 있는 사고방식을 채택할 때 그들은 매우 다른 방식으로 행동한다.

한 연구에서 베로니카 후타와 리처드 라이언이라는 두 명의 연구자는 피실험자의 절반이 의미를 창조하기 위해 매일 한 가지 일을 하도록 요청함으로써 의미 있는 생각을 채택하도록 했다. 사회적 연결을 강화하거나, 탁월함을 추구하거나, 다른 사람을 돕는 것과 같은 이러한 활동들은 종종 노력을 필요로 했다.

그러나 3개월 후, 이 실험 대상자들은 부정적인 기분을 덜 느끼고 그들의 사회적 관계에 대해 더 긍정적인 감정을 느낀다고 보고했다.

삶의 의미가 스트레스를 줄이고 장기적으로 복지를 증진시킬 수 있다. 사람들이 그들의 삶에서 더 많은 의미를 찾을수록, 그들은 또한 건강해지는 경향이 있다.

심리학자 캐롤 리프(Carol Ryff)와 동료들은 시간이 지남에 따라 수천 명의 사람들을 추적한 연구에서도 이것을 증명했다. 나름대로 더 의미 있는 삶을 사는 사람들은 삶의 의미를 갖지 못하는 사람들보다 좋은 콜레스테롤 수치가 늘어나고 더 건강한 체중을 갖게 되고 잠도 더 잘잤다. 그들은 타액의 스트레스 호르몬인 코티솔의 수치가 더 낮았다. 그리고 심혈관 질환과 알츠하이머병의 위험이 낮았다. 그런 사람들이 또한 더 오래 장수한다.

2.『의미에 대한 인간의 탐구』(Man's Search for Mean)

빅토르 프랭클이 1946년에 쓴 책으로, 제 2차 세계대전 중 나치강제수용소에서 포로생활을 한 경험을 기록하고, 삶의 긍정적 목적을 파악하고 그 결과를 몰입하여 상상하는 심리치료법을 기술했다.

플랭클에 따르면, 죄수가 미래를 보는 방식이 그의 수명에 영향을 미쳤다. 이 책은 '일반 죄수의 마음속에 반영된 포로수용소에서의 일상은 어떤가'라는 질문에 답하려는 의도이다.

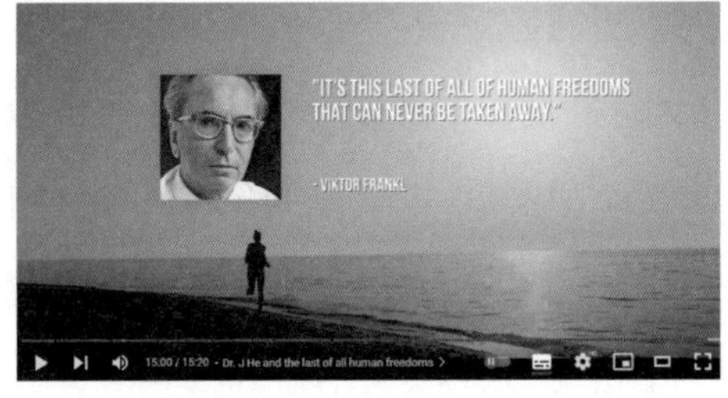

프랭클은 삶의 의미가 삶의 모든 순간에서 발견된다고 결론을 짓는다. 빵을 몰래 훔쳐 먹은 동료 수감자를 당국이 처벌하기

위해서 모든 사람들에게 음식을 주지 않고 그 동료 이름을 밝힐 때까지 강제단식을 시켰다. 동료를 살리기 위해서 프랭클은 모든 사람들에게 실망하지 않고 버티도록 우리의 친구, 가족, 심지어 신이 우리를 내려다보고 있으니 아무리 힘들어도 우리가 참고 견뎌야 된다고 했다.

프랭클은 죄수의 심리적 반응은 단지 삶의 조건 때문만이 아니라 극심한 고통 속에서도 늘 가지고 있는 선택의 자유에서 비롯된 것이라고 결론짓는다. 죄수가 가지고 있는 영적 자아는 삶의 의미를 찾고 미래의 희망을 갖는 것에 달려 있으며, 죄수는 그 희망을 잃으면 죽는다는 것이다.

프랭클은 이 세상에는 또한 두 종족만이 있다고 결론짓는다. 어느 사회도 그들로부터 자유로울 수 없다. 따라서 나치대원들 중에도 몰래 죄수들을 도운 좋은 사람들이 있었고 같은 죄수들 중에도 자기의 이익을 도모하기 위해서 동료 죄수들을 고문하고 학대하는 '무단한' 죄수들이 있었다.

그가 마무리하는 대목은 **세 단계**로 나뉜 수용자들의 해방감에 대한 심리적인 반응을 묘사하고 있다.

첫 번째는 수감자가 점차 세상으로 돌아오는 재조정 기간이다. 처음에 해방된 죄수들은 자유가 무엇을 의미하는지, 또는 자유에 감정적으로 반응할 수 없을 정도로 무감각하다.

그들 중 일부는 그들에게서 빼앗길 환상이나 꿈이라고 믿는다. 이전 감옥을 벗어난 첫 출장에서 죄수들은 기쁨을 이해할 수 없다는 것을 깨달았다. 꽃과 그들이 수년 동안 꿈꿔왔던 자유의 현실은 모두 초현실적이었다. 그들의 적응력 속에서 파악될 수 없었다.

몸은 이 단계를 벗어나기 위한 **첫 번째 요소**이며, 먹고 더 많은 잠을 원하는 큰 식욕에 반응한다. 육체를 부분적으로 보충한 후에야 비로소 정신은 '갑자기 그것을 억제했던 이상한 질곡들을 뚫고 나온 느낌'으로 반응할 수 있다. 이것은 변형 위험이 있는 **두 번째 단계**를 시작한다. 마음의 극심한 압박이 해소되면서 정신 건강이 위태로워질 수 있다.

프랭클은 그의 압력실에서 갑자기 방출된 다이버의 비유를 사용한다. 그는 자신에게 가했던 가해자들을 판단해 곧바로 같은 폭력을 행사하는 데 집착하게 된 친구의 이야기를 이야기한다. 집으로 돌아온 죄수들은 그들의 정신 건강을 해칠 수 있는 두 가지 근본적인 경험, 즉 쓰라림과 환멸과 싸워야 했다.

마지막 단계는 바깥 세상의 반응 부족에 대한 쓴맛이다. "초월함과 부족한 느낌, 너무 역겨워서 결국 구덩이에 빠져 더 이상 듣지도 보고 싶지도 않다." 더 나쁜 것은 환멸이었다. 그런 고통은 끝나지 않고 갈망하는 행복은 오지 않을 것이라는 발견이었다.

이것은 프랭클처럼 집에 돌아와 아무도 그들을 기다리지 않는다는 것을 알게 된 사람들의 경험이었다. 포로 수용소 생활 내내 그들을 지탱했던 희망은 이제 사라졌다. 프랭클은 이 경험을 극복하기 가장 어려운 경험으로 꼽는다.

그러나 시간이 흐르면서 수용소에서의 경험은 마침내 기억되는 악몽에 불과해졌다. 하지만 과거의 악몽에서 다시 내가 살아야 되는 이유와 의미를 찾은 사람들은 이 세상에서 하나님 외에는 더 이상 두려워할 것이 없다고 믿게 된다. 삶의 의미를 찾는 것이 이런 절망에서 승리의 삶으로 가는 방법이다.

『Ikigai : The Japanese Secret to a Long and Happy Life』

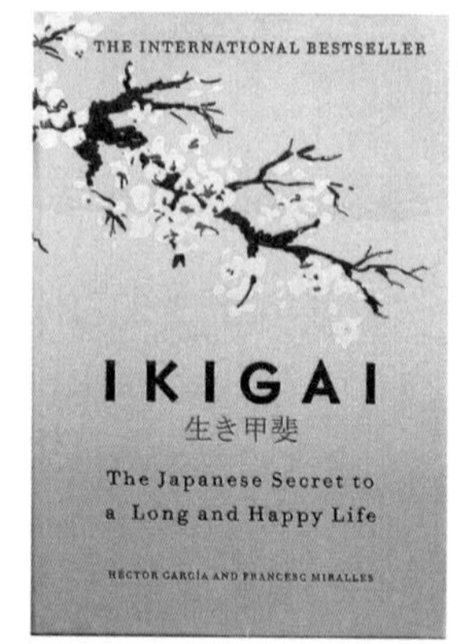

헥터 가르시아와 프란체스크 미랄레스가 쓴 책으로, 일본 문화에서 '존재 이유' 또는 '인생 목적'을 의미하는 이키가이 개념을 탐구한다. 이 책은 일본의 전통적인 지혜, 현대과학, 일본인들과의 인터뷰 등을 활용하여 삶을 충실히 살고 행복을 느끼는 다양한 요소를 살펴본다.

첫 번째 부분에서, 저자는 이키가이의 개념과 일본 문화에서의 중요성에 대한 개요를 제공한다. 이키가이는 일, 인간관계, 취미 등 삶에 의미를 부여하는 다양한 요소들의 조합이라는 것을 설명하며, 강한 이키가이의 느낌이 가져다주는 증가된 행복감, 장수, 목적감 등의 이점에 대해서도 논의한다.

두 번째 부분에서, 저자들은 이키가이의 원칙에 기초하여 충실하게 살기 위한 열 가지 규칙을 제시한다. 이 규칙에는 활발한 생활, 좋은 인간관계 유지, 열정적인 취미 즐기기 등이 포함된다.

저자는 이러한 규칙을 일상적인 삶에서 적용하는 방법을 예시와 함께 제시한다. 자연에서 산책하기, 감사의 실천, 개인적인 성장 기회 찾기 등이 이에 해당된다.

제2장에서 제시된 10가지 이키가이 원칙은 다음과 같다.

1. 활동적으로 생활하기
2. 좋은 인간관계 유지하기
3. 자신만의 스타일과 관습 가지기
4. 건강하게 유지하기
5. 열정적인 취미 즐기기
6. 일본의 미인 '도코모리'와 같이 자연과 가까운 곳에서 생활하기
7. 적극적으로 일하기
8. 스트레스를 잘 관리하기
9. 현재의 시간을 즐기기
10. 자신에게 도전하기

세계에서 평균 수명이 가장 높은 나라가 일본이다. 그 중에서도 100세 이상 장수한 사람들이 오키나와 사람들이었다. 그 사람들의 장수 비결 중에 이키가이가 들어있다.

3. 저자 이야기 : 보람 있는 삶

산에 올라갈 때 정상까지 올라가 가는 길은 여러 가지다. 지금까지 ABCD로 해서 12가지 길을 알아보았다.

그런데 내가 생각할 때 정상에 올라가는 지름길이 바로 이 13번째 보람 있게 살자는 것이다.

첫 번째 우리가 가진 것을 감사할 줄 알아야 된다는 것을 이야기했다. 영어로, 어프리시에이트(APPRECIATE), 내가 가진 것을 중요시하고 고마워해야 된다. 맞는 이야기이다. 하지만, 인생을 사는데 있어서 가장 멋있는 삶을 산 사람들은 항상 내가 어떻게 보람된 삶을 살 수 있을까를 생각해 온 사람들이다.

예를 들어서 큰 배가 침몰하기 직전에 선장이 '내가 어떻게 하면 행복하게 오래 살아야 될까' 생각하면 세월호 선장처럼 먼저 뛰어내려야 된다. 하지만 '내가 어떻게 보람있게 살아야 될까?', '내가 어떻게 보람있게 죽어야 될까?' 이런 생각을 하게 되면은 내가 먼저 도망하는 것이 아니고 남들을 먼저 살려야 한다. 결국 이렇게 보람된 삶을 사는 사람들이 가장 건강하고 행복하고 또 오래 산다고 한다.

세종대왕이나 이순신 장군은 '내가 어떻게 하면 행복한 삶을 살 수 있을까' 하는 것이 그 사람들의 생에 중심이 아니었다. 그 사람들의 중심은 '내가 어떻게 하면 보람있게 살다가 보람있게 죽느냐' 하는 것이었다. 과학적으로 '내가 어떻게 행복하게 살겠느냐' 생각하는 사람들보다 '내가 어떻게 보람 있게 살겠느냐'하고 생각하는 사람들이 더 건강하고 행복하고, 남과 잘 어울리며, 더 오래 산다는 연구 보고서가 여러 대학에서 나왔다.

우리 옛날 말에 '여자가 시집가면 신랑 밥 얻어 먹는다'는 이야기가 있다. 여자가 혼자 살 때는 귀찮으니까 대충 아무렇게나 먹고, 경우에 따라서는 라면으로 배를 채울 때도 있다. 그러나 결혼을 하면 여자가 신랑을 위해서 정성껏 저녁상을 차려서 같이 맛있게 먹는다. 바로 이것이 보람 있게 살아야 된다는 기본 원리(Logotherapy)다. 남을 위해서 무엇을 할 때 힘이 나고, 더 정성껏 하게 되며 결국에는 상대방도 자기도 행복해지고 건강해진다는 것이다.

내가 왜 살아야 되는지, 내가 누구를 위해 살아야 되는지 모르면 우울증에 걸리고 나중에는 자살까지 하게 된다. 그 좋은 예가 대통령까지 하고 자살한 노무현 대통령이다. 소위 남들이 부러워하는 대통령, 의사, 변호사, 박사들도 내가 왜 살아야 되는지 모르면 우울증에 빠져 자살하게 된다.

사회적 연결을 강화하거나, 탁월함을 추구하거나, 다른 사람을 돕는 것과 같은 이러한 활동들은 종종 노력을 필요로 하고 삶의 의미를 부여한다. 이번 한주 동안 스스로 생각해 보라.

1. 내가 어떻게 사회적 연결을 강화할 수 있을까?

2. 내가 어떻게 탁월함(Excellence)을 추구할 수 있을까?

3. 내가 어떻게 다른 사람을 도울 수 있을까?

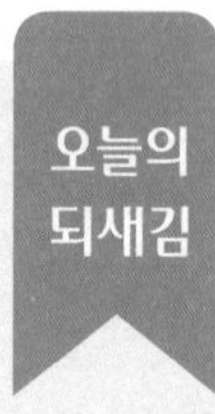

나는 왜 살아야 하는가? 누구를 위해 살아야 하는가?

매달 14일

N : 넛지, 좀 더 넌지시 도와주라 (Nudge+)

What is a Behavioral Nudge?

"넛지를 통해 유도된 행동이
그 영향을 받은 사람들의 삶을
더 낫게 만든다고 믿을 만한 충분한 근거가 있어야 한다."
-리처드 탈러

Nudge+

1. 넛지가 무엇인가?

《옥스포드 사전》에 의하면 넛지(Nudge) 는 두 가지 의미가 있다.

1. 주의를 끌기 위해 특히 팔꿈치로 누군가를 부드럽게 밀다.
2. 누군가 무언가를 특정 방향으로 부드럽게 또는 점차적으로 밀다.

하지만 '넛지'가 유명한 것은 『넛지(Nudge)』라는 책이 출판되면서 이 책이 백악관에서, 또 청와대에서 대통령이 읽고 주위 사람들에게 읽으라고 추천을 해서 유명해졌다. 저자가 노벨경제학상을 받아 더 유명해졌다. 한국어에는 적합한 단어가 없어서 그 책을 번역한 사람이 발음한대로 '넛지'라고 번역했다. '넛지'가 이제는 우리말이 되었다. 시카고대학의 경제학자와 법대 교수가 합작으로 이 책을 저술했다.

리처드 H. 탈러(1945년 9월 12일 ~)는 미국의 경제학자이다. 시카고 부스경영대학원의 월그린 행동과학 및 경제학 교수이며, 2015년 탈러는 미국 경제협회의 회장이 되었다. 탈러는 행동경제학의 이론가로 다니엘 카너먼, 아모스 트베르스키 등과 함께 그 분야를 발전시켰다. 2018년에는 미국국립과학원 회원으로 선출되었다. 2017년에는 행동경제학에 기여한 공로로 노벨경제학상을 수상했다.

캐스 로버트 선스타인(1954년 9월 21일 ~)은 미국의 법학자이다. 그는 또한 『The World According To Star Wars』(2016)와 『Nudge』(2008)의 베스트셀러 작가이기도 하다. 2009년부터 2012년까지 오바마 행정부에서 백악관 정보규제실장을 지냈다. 27년 동안 시카고대학교 법학대학원의 교수로서, 그는 다른 주제들 중에서 규제와 헌법의 영향력 있는 작품들을 썼다. 백악관을 떠난 이후 선스타인은 하버드 로스쿨의 로버트웜슬리대학교 교수로 재직하고 있다. 2014년 법률 출판물에 대한 연구에 따르면 그가 쓴 논문이 가장 많이 인용된 미국 법률학자였다.

자유민주주의시대에 정부가 강제적인 정책을 내세우면 반발심이 커지고 효과가 감소하기 때문에 선택 설계자들이 나서서 개입하는 것이 효과적이라는 것이 저자의 논지다.

'합리적 인간'이라는 것은 그저 이상향에 불과하며, 인간을 호모 이코노미쿠스의 약자인 '이콘'으로 호칭한다. 이콘은 항상 합리적인 생각을 하려고 노력하지만, 실제로 우리가 생각하는 '합리적 인간'은 인공지능에 가깝고, 평범한 인간은 호모 이코노미쿠스에 가장 가까운 존재로 보고 있다. 그런 인간은 두 가지 사고방식 시스템을 가지고 있는데, 하나는 본능에 따르는 자동 시스템이고, 또 다른 하나는 의식을 따르는 숙고 시스템이다. 문제는, 인간이 어떤 중요한 결정을 할 때 반시 숙고 시스템을 사용하여 점검하지만, 종종 생각해 보지도 않고 자동 시스템이 제공하는 답을 따른다는 것이다.

좋은 넛지, 나쁜 넛지
(New York Times, 12/13/2015), By Richard H. Thaler

여기에 넛지의 저자 리차드 탈러가 뉴욕 타임스에 쓴 기사를 요약한다.

인간의 행동에 큰 영향을 끼칠 수 있는 작은 변화, '넛지'가 주목받고 있다. 행동과학의 통찰력을 바탕으로 하는 넛지의 기술은 윤리적인 원칙에 따라 잘 활용하면 매우 유용할 수 있다. 하지만 사람들이 나중에 후회할 만한 나쁜 결정을 내리도록 유도하는데 넛지가 잘못 쓰이지 않도록 단단히 주의해야 한다.

하버드 로스쿨의 캐스 선스타인 교수와 함께 쓴 나의 책 『넛지』에 누군가 사인을 요청할 때마다 나는 '좋은 목적을 위해 넛지해 주세요(Nudge for good).'라는 말을 덧붙인다. 불행히도 이 말은 책의 저자로서의 기대보다 간곡한 요청에 가깝다. 넛지 사용에서 다음 세 가지 원칙은 꼭 지켜져야 한다.

1. 모든 넛지는 투명해야 하고, 절대로 상대방을 오도해서는 안 된다.

2. 넛지에 참여하고 싶지 않다면 쉽게 빠져나올 수 있어야 한다. 마우스 클릭 한 번만으로 그렇게 할 수 있다면 가장 좋다.

3. 넛지를 통해 유도된 행동이 그 영향을 받은 사람들의 삶을 더 낫게 만든다고 믿을만한 충분한 근거가 있어야 한다.

"내가 아는 한, 영국과 미국 정부에서 넛지의 원리를 이용해 정책을 만드는 이들은 이러한 원칙을 세심하게 지키고 있다. 하지만 민간 분야로 눈을 돌려보면 이야기가 달라진다. 넛지라는 이름 아래 이뤄지는 기업 활동 가운데는 잘못된 정책, 옳지 못한 상술이 종종 눈에 띈다.

지난 봄, 나는 내가 쓴 새 책에 관한 첫 번째 권위있는 서평이 나왔다는 이메일을 받았다. 영국 런던에 본사를 둔 일간지 〈더 타임즈〉에서 보낸 이메일이었다. 서평을 읽고 싶다는 마음에 이메일에 있던 링크를 눌렀더니 바로 구독 신청 페이지로 연결되었다. 첫 한 달은 1파운드만 내면 시험 구독을 할 수 있다는 제의에 나는 마음이 솔깃했다.

신문 콘텐츠의 생산자이자 소비자로서 기사 유료화 자체에 대한 불만은 전혀 없다.

하지만 시험 구독 신청 전에 이용 약관을 찬찬히 읽어봤더니, 예상대로 신용카드 정보를 제공해야 했고, 시험 구독 기간이 끝나면 자동으로 정기 구독자로 전환된다는 내용이 깨알 같은 글씨로 쓰여 있었다. 구독료는 한 달에 26파운드(약 4만5천 원)였다. 사실 이 액수는 별로 중요하지 않았다. 나는 정기 구독자가 될 생각이 없었고, 그저 내 책에 관한 서평이 보고 싶었을 뿐이었다."

2. 넛지 이야기 : 국가 사회 차원에서

영국에서는 선택을 개선하기 위해 행동경제학을 사용하도록 행동인사이트국(Behavioral Insights Unit)이 설립되었다. 시민이 공공 서비스를 보다 비용면에서 효율적이고 쉽게 사용할 수 있도록 한다. 보다 현실적인 인간행동모델을 정책에 도입하여 결과를 개선하고 가능한 사람들이 자신을 위해 더 나은 선택을 할 수 있도록 한다. 행동 인사이트 유닛은 좋은 넛지를 정부 차원에서 개발하는 기구이다.

1. 제품 배치 : 건강한 식생활을 장려하기 위해 건강에 좋은 선택을 더 쉽게 사용할 수 있다.
   예를 들어, 학교 급식을 주의 깊게 모니터링하여 건강에 해로운 선택의 수를 줄일 수 있다. 이것은 상품이 다른 방식으로 제시되면 사람들의 소비를 원하는 옵션으로 '넛지'하는데 도움이 될 수 있다는 아이디어인 '선택의 청사진' 개념과 관련이 있다.

2. 기본 옵션 : '바람직한 옵션'의 채택률을 높이는 방법은 원하는 결과를 기본 옵션으로 설정하는 것이다.
   예를 들어, 현재 사람들은 신체의 장기 기증자가 되려면 '선택'해야 한다. 이것은 사람들이 카드를 휴대하고 싶어하지 않기 때문에 낮은 비율의 장기 기증으로 이어진다.
   그러나 다른 방법은 규칙을 변경하여 신체 장기 기증을 '기부'해야 하는 것이다. 이렇게 하면 신체 장기 기부율이 아주 높아지게 된다.

내일을 위해 좀 더 저축을(Save more Tomorrow)한다. 경제학자 리차드 탈러(Richard Thaler)와 슐로모 베나치(Shlomo Benartzi)는 'Save More Tomorrow'라는 프로그램을 개발했다. 아이디어는 행동경제학을 사용하여 사람들이 사적연금계획을 사용하도록 유도하는 것이다. 그것은 연금제도에 사람들을 등록하는 기본 선택을 사용하며, 추가된 조건으로 그들은 적은 기여금만 내기 시작한다. 급여가 인상되면 기여금이 자동으로 증가한다. 그것을 사용하는 회사에서 회사원들의 장기적금 금액이 4배로 늘어나는 것을 보았다. 설계 방식이 이 계획을 매우 매력적으로 만들고 제안을 거부하는 사람은 거의 없었다.

3. 칼로리와 설탕 지수 : 건강에 해로운 식사를 방지하기 위해 설탕의 양을 포장지에 눈에 띄게 표시하여 소비자가 구매에 대해 다시 생각하게 할 수 있다. 머핀이 450칼로리로 표시되어 있다면 머핀을 사려고 하는 사람들이 줄어든다.

넛지 캠페인의 사례로는 스웨덴 스톡홀름에 있는 피아노 계단을 들 수 있다. 자동차 회사 폭스바겐은 에너지 절약의 일환으로 에스컬레이터 옆에 피아노 계단을 설치했다.

이 계단은 사람들이 오를 때마다 아름다운 피아노 소리가 나와서 관심을 자극한다. 이에 많은 사람이 에스컬레이터 대신 피아노 계단을 이용하였고 계단 이용은 이전에 비해 대폭 늘어났다. 시민의 건강증진은 물론 청각적인 즐거움까지 선사하면서 현재는 스톡홀름의 명물이 되었다.

3. 저자 이야기 : 가족과 친구 차원에서

내가 다른 사람의 집에 가서 너무 늦게 있던가, 남들 앞에서 말을 너무 많이 하든가, 듣기 거북한 이야기를 하면 아내가 내 옆구리를 콕콕 찌른다. 아내가 남들 앞에서 "여보 우리 너무 늦었으니 집에 갑시다"고 하든가 "당신 말을 너무 많이 했으니 이제 그만하세요" 라고 남들 앞에서 핀잔을 주는 것보다 훨씬 부드럽다.

실제로 여러 사람들 앞에서 부부끼리 핀잔을 주던가, 언성을 높여 싸우는 경우도 가끔 본다. 넛지의 개념을 사용하면 남과의 관계도, 자식과의 관계도, 부부 사이의 관계도 더 좋아질 수 있다.

내가 아직 40대 때였다. 친구 집에 가면 여러 명이 늦게까지 마시고 놀다가 돌아올 때는 다른 식구들은 다 자고 혼자 운전을 하면 잠이 쏟아져 졸곤 했다.

어느 날 우리 작은 아들이 열 살 정도 되던 때였다. 밤이 깊어 집에 갈 때가 되자, 아들이 내 옆구리를 쿡쿡 찌르며 말을 걸었다. 눈 감고 좀 자는 것이 좋겠다고 제안했다. 10~15분 자고 나서 운전을 하니 졸지 않고 집에까지 안전하게 도착할 수 있었다.

그 이후는 매번 다른 사람의 집에 가서 늦게까지 있을 때, 우리 아들이 내 옆구리를 쿡쿡 찌른다. 그러면 다른 사람들이 놀고 있는 시간에 구석에 가서 눈을 감고 자던 것이 생각이 난다.

넛지의 개념은 남에게 강요하지 않으면서 서로 더 건강하고 더 부유해지고 더 행복해질 수 있는 방법을 생각하는 것이다.

미국 미네소타대학교 연구팀은 10대 청소년의 비만과 관련해 예민한 청소년기의 아이들에게 살을 빼라고 잔소리를 할 경우와 환경을 바꾸는 경우로 나누어 실험 연구를 했다. 자연스럽게 과일과 채소를 많이 먹을 수 있게 하고, TV 시청 대신 운동을 할 수 있게 가족 전체가 노력하자 청소년들도 자연스럽게 살을 뺄 수 있었다. 이처럼 '넛지 효과'는 자신도 눈치채지 못한 사이에 긍정적으로 변해갈 수 있게 하는 것이다.

이와 같은 또 하나의 넛지 효과 실례로 차도 가까이 서면 위험하다고 잔소리하는 대신 차도와 1미터 정도 떨어져 노란 발자국을 설치함으로써 자연스럽게 거리를 유지할 수 있도록 한 것이 있다. 잔소리와 간섭은 자녀를 사랑하는 마음에 자신도 모르게 나온다. 자녀에게 약이 되지 않고 스트레스로 작용한다면 하고서도 '아차'하는 마음이

들 것이다. 공부와 숙제를 더 열심히 하고, 청소도 스스로 하고, 스마트폰도 적당히 하길 바란다면 자녀 스스로 그렇게 할 수 있도록 주변 환경에 변화를 주는 것은 어떨까? 넛지 효과가 가져올 긍정적 변화를 믿어보자.

넛지 마케팅을 개인 차원에서 사용해보자. 비만증이나 당뇨병을 유발하기 쉬운 과자나 음식은 눈에 잘 보이지 않는 곳에 감추어 둔다. 물을 많이 마셔야 좋으니 물컵을 항상 책상 위에 두는 것도 좋은 넛지에 속한다.

나의 가장 좋은 넛지는 핸드폰에 있는 알람 클락(Alarm Clock Beyond)이다. 오전 5시 30분에 내가 좋아하는 나나 무스 쿠리의 "Amazing Grace" 라는 음악이 아주 조용하게 나온다. 이 음악은 우리 등반 가족이 올린 음악이라 더 마음에 든다. 그러면 기분 좋게 일어난다. 6시 정각에는 알람 클락에서 누워서 하는 15분 요가 프로그램이 나온다. 요즈음 전화에 들어있는 알람 클락을 좋은 넛지로 잘 사용하면 더 건강하고 행복하고 경제적으로도 여유를 누리게 된다. 잘 때도 마찬가지이다.

유튜브에 있는 모든 음악과 강의를 내가 원하는 시간에 핸드폰에서 나오게 할 수 있다. 이 기능을 잘 사용하면 규칙적으로 더 건강하고 행복한 삶을 사는데 좋은 넛지로 사용할 수 있다.

자기가 좋아하는 음악이나 성경구절을 들으며 기분 좋게 잠들고 아침에 일어나고 싶지 않은가? 원하는 사람이 있다면 토요일 등산을 마치고 커피숍에서 개인적으로 도와주고 싶다. 그렇게 하면 도와주는 사람과 도움을 받는 사람의 긍정지능지수(Positive Intelligence) PQ+ 가 올라 갈 것이다.

오늘의
되새김

당신은 어떻게 넌지시 주위사람에게 도움을 줄 수 있는가?

매달 15일

O : 단 한 가지(The One Thing)

"지금 이 순간에
당신에게 가장 중요한 '단 한 가지'는 무엇인가?
바로 이 질문을 하며 우리는 살아야한다." -켈러 윌리엄

The One Thing

1. 단 한 가지 이야기, 한 번에 하나씩

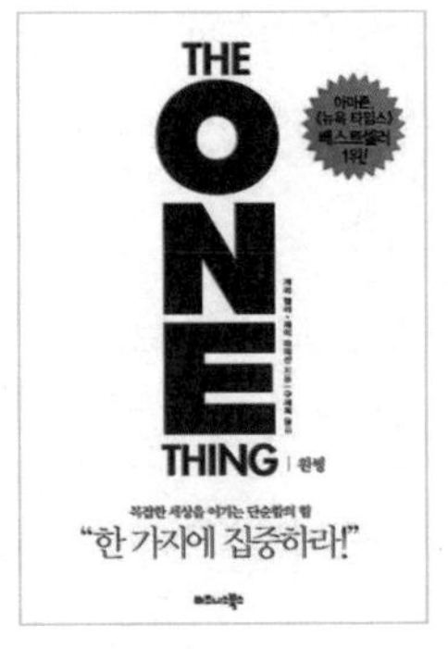

'켈러 윌리엄스 복덕방(부동산)'은 (일반적으로 Keller Williams Realty) 미국 텍사스주 오스틴에 본사를 둔 기술 및 국제 부동산 프랜차이즈다. 2018년과 2019년 중개업소 수와 분양 물량에서 부동산업 프랜차이즈 1위를 차지했다.

1983년 게리 컬러(Gary Keller)와 조 윌리엄스(Joe Williams)에 의해 설립된 이 회사는 텍사스 오스틴에 있는 단일 사무실에서 2018년 5월 현재 전 세계에 180,000명 이상의 직원을 둔 약 940개 이상의 사무소로 성장했다.

이 회사는 Inc. 5000의 회사로 〈Entrepreneur〉와 포브스(Forbes)를 포함한 수많은 출판물로부터 가장 높은 평가를 받은 부동산 회사 중 하나로 인정받고 있다. 2018년에는 〈Career Bliss〉가 선정한 '가장 일하기 좋은 회사' 중 하나로 선정되었다.

켈러가 평범한 부동산 세일즈맨으로 시작해서 자기 사무실을 한 개 차린 후 현재는 세계에서 가장 큰 복덕방 프랜차이즈를 만든 과정을 이 책에서 소개하고 있다. 항상 내게 가장 중요한 그 '단 한 가지'가 무엇인가를 묻고 실행한 것이 큰 성공의 비결이라고 했다. 긍정심리학에서도 마음을 한곳에 집중하면 평안과 행복이 오고 마음을 산만하게 하면 머리 아파진다. 여기 그 책의 골자를 소개한다.

1. 당신에게 가장 중요한 '단 하나'는 무엇인가?

1991년에 히트친 영화 〈굿바이 뉴욕 굿모닝 내사랑, 씨티 슬리커스〉(City Slickers)에 나오는 장면에서 켈러는 큰 감명을 받았다. 카우보이 '컬리'와 소몰이에 대해서는 아무것도 모르는 도시 출신의 '미치'는 목장을 탈출한 소떼를 찾기 위해 이 길을 떠난다. 갑자기 말을 멈춰 세운 컬리는 안장 위에 앉은 채로 미치를 향해 질문을 던진다.

컬리 : 자네, 인생에서 성공하는 비결이 뭔지 아나?
미치 : 아니요. 모르겠는데요. 뭔데요?
컬리 : 바로 이거지(손가락 하나를 들어올린다).
미치 : 손가락이요?
컬리 : 하나. 단 하나(One thing, Just one thing). 그 하나만 끈질기게 해나가면 다른 모든 일은 별로 의미가 없어지거든.
미치 : 그거 참 대단하군요. 근데 그 '단 하나'가 대체 뭔데요?
컬리 : 그건 자네가 직접 알아내야지.

나도 1991년에 이 영화를 보고 감명을 받았다. 그래서 이 대목은 지금도 기억난다. 나는 이 책 첫장 첫줄에 이 영화를 본 소감을 "1991년 6월 7일, 지구가 112분 동안 흔들렸다"라고 썼다. 그래서 게리 켈러는 이 세상에서 가장 크고 좋은 복덕방을 만들어왔다. 나도 오늘부터 내게 가장 중요한 단 한 가지를 가지고 살아야겠다.

2. 도미노 효과

도미노 효과란 줄지어 서있는 도미노가 첫번째 것이 넘어지면 줄지어 다 넘어진다는 것이다. 미국 물리학 잡지에서 화이트헤드는 도미노 효과는 줄지어 있는 같은 크기의 도미노만 넘어지는 것이 아니라 그보다 1.5배 되는 큰 것도 넘어뜨릴 수 있는 힘을 가지고 있다고 설명했다. 첫 번째 도미노는 5센티미터에 불과하지만 1.5배 큰것이 쓰러지면 23번째 도미노는 에펠탑보다 더 클 것이고, 31번째 도미노는 에베레스트산보다 더 높고, 57번째 도미노는 말 그대로 지구에서 달까지 도달한다고 한다.

남다른 성과를 얻으려면 도미노 효과를 생각해서 제일 첫 번째 일을 넘어트리고, 그 다음에는 그보다 좀 더 큰 것을 넘어트리고, 이렇게 계속해서 달나라까지 갈 수 있다는 꿈을 가져야 된다. 실제로 켈러는 한 개의 복덕방에서 이 단 한 가지의 방법을 사용해서 세계에서 가장 큰 부동산 거래업체를 만들었다.

항상 내 앞에 있는 가장 중요한 이 한 가지에 집중하고 넘어트려야 한다. 이 일이 매일 반복될 때 큰 성과가 일어난다. 하지만 현실적으로는 내가 해야할 일들이 일렬로 서 있는 것이 아니다. 따라서 매일 내가 해야할 일들 중에 가장 중요하고 먼저 해야 되는 일들을 우선 순위대로 나열해 놓는다. 그런

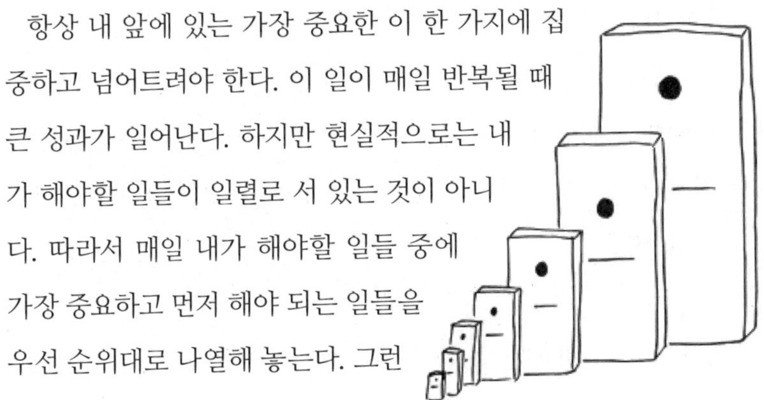

다음 그 첫 번째 것을 완성하기 위해 에너지를 집중해야 된다.

저자는 이렇게 이야기하고 있다. "핵심은 오랜 시간이다. 성공은 연속하여 쌓인다. 그러나 한 번에 하나씩 헤쳐 나가는 것이다."

3. 성공은 반드시 단서를 남긴다.

저자는 이 장에서 단 하나의 중요성을 이렇게 이야기 하고 있다.

"미국의 가장 위대한 인상파 화가 중 한명인 팻 매튜스는 매일 한 장씩 그림을 그림으로써 그림을 향한 일정을 기술로, 그리고 마침내는 직업으로 바꾸었다.

무언가를 향한 열정은 곧 어마어마한 양의 연습이나 노력으로 이어 진다. 그렇게 쓰인 시간은 기술로 축적되고, 기술이 나아지면 결과 역시 나아진다. 더 나은 결과는 보통 더 많은 즐거움을 불러오고, 그러면 더 많은 열정과 시간이 투자된다.

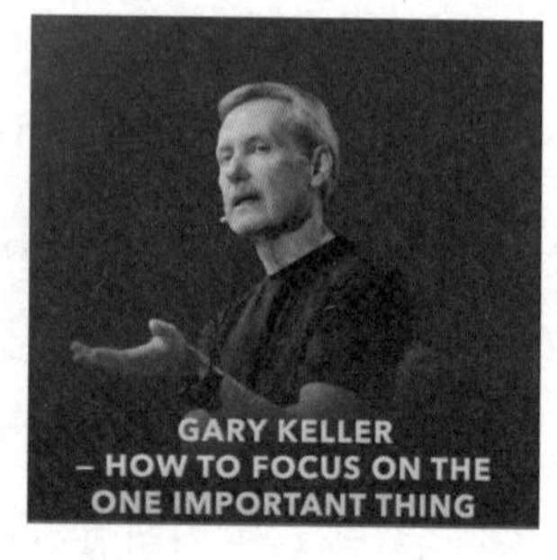

성공한 사람들의 삶에 '단 하나'의 정신이 계속해서 나타나는 것이다. 그 누구도 부인할 수 없는 근본적인 진실이기 때문이다. 그것은 간절히 원하는 사람에게도 나타날 수 있다. '단 하나'를 자신의 일과 삶에 적용시키는 것은 성공을 위해 당신이 할 수 있는 가장 단순하고 현명한 일이다."

행복과 성공의 비결은 굉장히 단순하다. 목표와 일의 우선순위를 정해 놓고 한 번에 하나씩 해나가는 것이다. 우선 대부분의 사람들이 행복하지 못하고 성공하지 못하는 이유를 알아보자. 저자는 크게 몇 가지 이유로 사람들이 행복하지 못하고 성공하지 못한다고 지적한다.

2. 행복과 성공에 방해가 되는 요소들

1. "모든 일이 다 중요하다"는 것은 잘못된 생각이다.

선생님이 어떤 식으로 점수를 매기든 똑같은 실력을 가진 두 명의 학생은 존재할 수 없다. 항상 시합의 결과는 평등할 수 없다. 아무리 뛰어난 재능을 가진 사람들을 찾아봐도 똑같은 재능을 가진 사람은 없다. 성과의 세상에서 모든 것이 똑같이 중요할 수 없다.

우리가 어릴 때는 부모나 선생님이 하라는 대로 하기만 하면 된다. 하지만 어른 이 되면서는 내가 어떤 선택을 하느냐에 따라 나의 행복과 성공이 결정된다. 모든 일이 다 똑같이 중요한 것이 아니다. 바로 " 무엇이 가장 중요한 그 하나인가?"를 계속 물으며 살아야 된다.

2. 멀티태스킹은 곧 능력이 아니다.

가장 중요한 일을 하는 것이 가장 중요하다면 왜 당신은 여러 가지 일을 한 번에 하려고 노력을 하는가? 스탠포드대학 교수 나스는 262명의 학생들에게 멀티태스킹을(한 번에 한 개 이상 여러 가지를 할 수 있는 능력) 잘 한다고 생각하는 학생들과 그렇지 못하다고 생각하는 학생 두 그룹으로 나누었다. 그리고 조사를 해보니 한 번에 두가지 이상 하려고 하는 학생들은 자주 쓸데없는 곳에 몰두하고 한 번에 한 개씩 하는 학생들에 비해 일을 엉망으로 한다는 조사가 나왔다. 즉, 두 마리 새를 잡으려 하다가 다 놓치고 만다. 멀티태스킹은 허상이라고 저자는 이야기한다.

그 좋은 예로 운전 중에 문자 메시지를 보내다가 큰 사고를 내는 경우가 많다. 집중력이 흐려지면 결과가 나빠진다. 한 번에 너무 많은 일을 하려고 하면 결국 아무것도 잘하지 못하게 된다.

3. 성공은 철저한 자기관리에서 오는 것이 아니다.

성공한 사람들은 '자기 관리가 철저한 삶'을 사는 사람들처럼 보이며 '절대 자신과 타협 하지 않는 사람'이라고 생각한다. 하지만 그건 사실이 아니다. 행복하고 성공하기 위해서는 사실 우리가 이미 가지고 있는 자기 통제력, 즉 의지력 외에 더 많은 것이 필요하지 않다.

심리학자들은 각자가 가지고 있는 의지력은 모든 사람들이 다 비슷하다고 한다. 대부분의 우리 행동은 무의식적으로 하기 마련이며 단지 아주 작은 면만 우리가 의식적으로 하도록 되어 있기 때문이다. 마치 빙하처럼 대부분의 우리 의식구조는 물 밑에 있는 얼음(90퍼센트)처럼 무의식으로 행동하며 물 위에 보이는 조그마한 빙하(10퍼센트)처럼 오로지 아주 작은 행동만 의식적으로 하게 된다.

4. 크게 벌이는 일은 위험하다.

저자는 여기서 보통 사람들이 일을 크게 벌리면 위험하다고 생각하지만 실제 성공한 사람은 일을 크게 벌인다.

크게 생각하라. '다음 번에는 무엇을 할까'하는 정신적인 사고를 한다. 그렇게 하면 잘해봐야 성공으로 가는 느린 차선을 타게 된다. 심하게는 아예 그 길에서 벗어나게 될 것이다. 더 큰 질문을 던져라. 어찌해야 할지 모를 때는 어디를 가든 가능성을 두 배로 높여라. 당신의 목표가 열이라면 '스물까지 어떻게 도달할 수 있을까'라고 물어라.

당신이 원하는 것보다 훨씬 더 높은 목표를 잡으라. 그러면 당신의 본래 목표를 달성하고 남는 길을 가게 될 것이다. 큰 질문을 하고 크게 일을 벌려야 한다.

실패를 두려워하지 마라. 실패는 남다른 성과를 향해 가는 여정의 일부다. 성장하는 사고방식을 갖고 그 사고방식이 자신을 어떤 목적지에 데려다 줄지 겁내지 말라.

3. 저자 이야기

지금 이 순간에 당신에게 가장 중요한 '단 한 가지'는 무엇인가? 바로 이 질문을 하며 우리는 살아야 한다. 바로 이것이 이 책의 골자이다. 그래서 이 개념을 한 번 실험해 보기로 했다.

우리는 살던 집을 팔고 교통이 편하고 한인타운이 가까운 곳으로 이사를 계획했다. 그런데 우리 집을 팔기로 계약을 한 복덕방이 집이 넓게 보이게 하기 위해서 거실에 있는 가구들을 치워 달라고 했다. 제일 큰 책장을 옮기기로 했다. 오늘의 '단 한 가지'는 바로 이 책장을 차에다 실어서 작은 아들이 사는 보스턴으로 가져갈 계획이다. 물론 사람을 써서 돈을 주고 옮기면 제일 간단하다. 하지만 나는 '이 단 한 가지'를 실험해보고 싶었다.

아내에게 내가 이 책장을 옮기는 것이 오늘의 '단 한 가지'라고 말했다. 길이가 12피트, 높이가 8피트나 되는 거대한 책장을 어떻게 옮길 수 있겠는가? '지금 단 한 가지'는 우선 책장에 있는 책을 다 끌어내는 것이다. 그래서 책을 다 끌어내어 다른 벽에다 쌓아 놓았다.

그 다음의 '단 한 가지'는 길이가 12피트나 되는 책장을 3등분 했다. 그 다음 '단 한 가지'는 이 책장을 눕히는 것이다. 이런 과정을 통해서 차가 가득 차도록 거대한 책장을 실었다.

그런 다음 한 주 후에 차를 몰고 아내와 함께 보스턴에 갔다. 함께 등산하는 목사님이 자기 아들에게 음식을 전해달라고 요청했다. 보스턴에 도착했더니 그 막내가 음식을 받으러 왔다. 우리 아들과 목사님 아들이 둘 다 운동을 좋아해 가슴 근육이 있고 힘이 좋다. 두 사람이 땀을 흘리며 책장 3개를 집 안으로 운반했다.

일이 끝나자, 아들이 이렇게 무거운 책장을 어떻게 차에다 실었냐고 물었다. 그래서 '엄마하고 조금씩 실었다'고 대답했다. 그랬더니 마흔 살 먹은 아들이 75세 된 아버지한테 다음에는 다시 이렇게 위험한 일을 하지 말라고 야단을 쳤다. 그런데 속으로 '지금 단 한 가지'를 계속하면 참 크고 힘든 일도 할 수 있다는 경험을 해서 흐뭇했다.

나의 단 한 가지는 이 책을 중부 뉴져지 중부한인봉사센터 10주년 기념일까지 출판한다. 그러기 위해서 매일 아침 저녁으로 30분씩 글을 쓰고 교정한다.

오늘의 되새김

당신이 금년에 꼭 하고 싶은 단 '한 가지'는 무인인가?

매달 16일

P : 좀 더 절정의 경험을 하라 (Peak Experience+)

"절정의 경험에서 감정적인 반응은
특별한 놀라움, 경외, 경의, 겸손,
그리고 위대한 무언가에 대한 항복을 가지고 있다."
-에이브러햄 매슬로

"절정의 경험을 한 사람은 자신이 다른 때보다
더 많은 '자유 의지'를 가지고
자신의 운명의 주인이자 대리인이며, 전적으로 책임감 있고,
완전히 의지적인 자신의 보스라고 느낀다."
-에이브러햄 매슬로

Peak Experience

절정의 경험

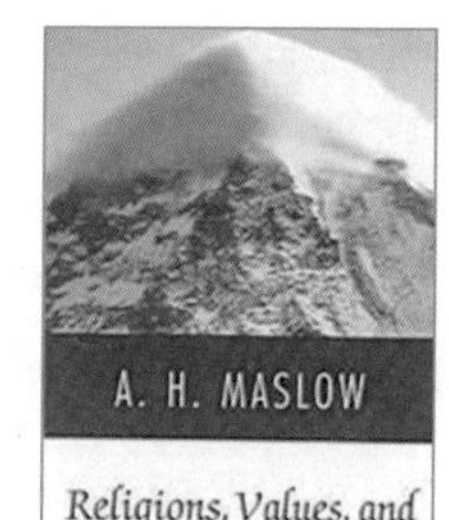

긍정심리학 창시자 심리학자 에이브러햄 매슬로에 의하면 우리가 최상의 경험, 곧 절정의 경험을 하는 경우가 있다. 바로 그런 경험이 우리에게 가장 긍정적인 경험이다. 그 경험을 살리면서 우리가 사는 것이 바람직하다.

에이브러햄 매슬로는 『종교, 가치와 절정 경험』(Religions, Values and Peak Experiences, 1964)에서 절정 경험을 최고의 행복과 성취의 순간이라고 했다. 즉, 시간이 멈추고 압도적인 감정을 느끼며 인간의 욕구가 충족되는 그러한 경험이다.

절정 경험이라는 용어는 에이브러햄 매슬로의 심리학 이론에서 만들어졌다. 매슬로는 절정 경험의 중요성을 깨닫고 인간 경험에서 가장 높은 성취 상태와 심리학과의 관계에 대해 연구했다.

매슬로의 연구는 이정표의 중요성을 강조하며 자기 성취에 도달하기 위해 일련의 욕구를 충족시키는 사람들에 관한 것이기도 하다. 매슬로는 자기 성취의 더 강렬하고 일시적인 순간을 절정 경험이라고 불렀다.

또한 절정 경험은 신비로운 측면이 있으며 시간대별로 분산되어 있다. 계속 절정 경험을 연구한 매슬로는 이러한 경험이 강렬한 사랑의 감정, 예술, 음악 및 아름다움에 의해 촉발될 수 있고, 또한 해방 행위의 절정이 될 수 있다는 데 동의했다. 절정 경험을 연구한 사람은 매슬로만이 아니다. 다른 심리학자들도 절정 경험을 연구하며 매슬로의 이론을 보완했는데 다음에서 절정 경험의 특징을 살펴본다.

우리는 자주 내게 있었던 과거의 절정 경험을 되살리며 그것이 창의적이며 지속적으로 나타나도록 노력해야 한다. 매슬로는 말년에, 이 개념에 점점 더 깊은 인상을 받았기 때문에, 그는 '인지적 재창조'라고 불러야 한다고 주장했다. 그는 이 활동이 그가 고원 경험이라고 부르는 초월적 평온의 연장된 시간을 유지하는 데 도움이 될 수 있다고 말했다.

그는 또한 사랑하는 사람에 대한 무기력증을 극복하기 위해 상쾌함을 유지하는 것이 중요하다고 생각했다. 그렇게 하려면 이 사람을 죽기 전에 마지막으로 보고 있다고 상상하는 것이 도움이 된다고 조언했다.

"오늘이 내 마지막 등산이다. 오늘 내가 내 아들을 내 딸을 마지막으로 본다. 오늘 내가 내 친구를 마지막으로 본다. 오늘 내가 내 아내를, 내 남편을 마지막으로 본다."고 가끔, 아니 자주 그렇게 생각하면 내 인생이 더 알차게 된다. 자신이 겪었던 최상의 경험, 절정의 경험을 지금 써보라. 당신의 인생에 활기가 넘치게 될 것이다.

1. 저자가 중학교 때 겪은 최상의 경험

첫번째, 나는 중학교 2학년이 되었을 때 자연과 하나되는 절정의 경험을 했다. 최상의 경험을 맛본 것은 내가 열세 살 때쯤 되었을 때 산에서 방황할 때였다. 그때까지는 우리 집안이 비교적 잘 사는 편이었다. 아버님께서 가방을 만드는 공장을 운영하셨다. 경제적으로 별 어려움 없이 중학교 1학년까지 보냈다.

그러다가 중학교 2학년 때 아버님께서 하시던 사업이 부도가 나게 되었다. 그때부터 나에게 큰 변화와 태풍이 몰아닥쳤다. 어떤 때는 음식도 걱정하게 되었다.

중간 시험을 보는 날 학교에 갔더니, 아침에 담임 선생님이 나와 몇 명의 학생들 이름을 거명하며 해당 학생들은 회계 선생님 사무실로 가보라고 했다. 회계 선생님 사무실에 들어갔다. 아직 등록금을 못 냈으니 집으로 갔다가 등록금이 되면 학교로 돌아 올 수 있다고 말했다. 학교에서 나를 쫓아냈다. 집으로 돌아왔다.

어머님은 "오늘 왜 이렇게 일찍 집으로 왔냐?"고 물으셨다. 그래서 나는 사실대로 회계 선생님의 말을 전했다. 그러자 어머님은 흐느끼며 말없이 우셨다. 며칠 집에 있다가 어머님이 여기저기에서 돈을 빌려서 등록금을 마련해 주셔서 학교로 돌아갈 수 있었다.

그러나 여전히 아버님은 사업 실패에서 일어나지를 못했다. 그 다음 등록금 낼 때도 등록금을 납부하지 못해 시험 보는 날 아침에 또

쫓겨났다. 지난번처럼, 학교에서는 나왔는데 집으로 돌아가면 분명히 어머님이 또 우실 것이 뻔했다.

그래서 동네에 있는 뒷동산에 올라갔다. 뒷동산에 올라가서 많이 울었다. 학교가 끝나고 학생들이 집에 갈 시간 쯤 되어서 집으로 갔다.

어머님은 내가 정상적으로 학교에 갔다 돌아온 줄로 아셨다. 학교 잘 갔다 왔냐고 해서 학교는 잘 갔다 왔지만, 등록금 가져오라는 경고를 받았다고 했다.

등록금이 될 때까지 어머님의 마음을 상하지 않기 위해서 학교에 갈 시간에 책가방 들고 도시락을 가지고 학교 가는척하며 학교 방향으로 갔다. 내가 갈 곳은 또 뒷동산뿐이었다. 산속에서 놀고 소설책 보는 날이 점점 많아지고 그 시간이 점점 좋아지게 되었다.

전화위복으로 나는 중학교 2학년, 3학년 때 세계 문학 전집을 많이 읽게 되었고 등산에 맛을 들였다. 내가 평생 동안 산에 다니며 책 읽으며 사는 것이 그 당시의 꿈이었다. 나는 평생 그렇게 산에서 혼자 놀면서 책을 보면서 영원히 살고 싶었다.

그래서 산악회를 만들어서 매주 토요일마다 산을 타는데 COVID-19 기간에도 중지하지 않고 9년째 계속하고 있다. 산은 내 친구며 항상 나를 반겨준다. 지금 이 책을 쓰는 것도 아침에 산에 올라갔다 와서 쓰는 것이다. 산에 올라갔다 오면 기가 생기고 활력이 생기고 인생이 살맛이 난다.

2. 저자가 고등학교 때 겪은 절정의 순간

내가 열일곱 살, 고등학교 2학년 때 종교적으로 하나님과 함께 되는 절정의 경험을 했다. 가난이 죄다. 초등학교와 중학교 일학년 때까지는 참 화목하고 경제적으로 어려움이 없는 가정에서 자랐기 때문에 명랑했다. 내가 가장 사랑하고 존경하는 사람이 어머님과 아버지였다. 아버님은 내 별명을 '까불이'라고 하셨다.

그러다가 경제적인 어려움으로 음식을 걱정하고 학비를 정한 시간에 납부하지 못하자 가정 불화가 심해졌다. 고등학교 때 집에 들어가면 부모님이 싸우니 집에 들어가기 싫었다. 등교하면 등록금 때문에 자주 쫓겨나 학교가 싫어졌다.

이런 생활을 중학교 2학년 때부터 고등학교 2학년 때까지 3년을 하고 나자, 명랑하던 내 성격은 우울하게 되었다. 우울하게 되자 다른 사람들과 함께하는 것을 회피하며 혼자 지냈다. 이 세상에 왜 살아야 되는지 알 수가 없었다.

그래서 자연히 심한 우울증에 걸리게 되고, 심한 위장병과 축농증도 생기고 몸과 마음이 망가지고 있었다. 후에는 자살까지 결심하게 되었다. 학교 숙제와 성적은 전혀 상관하지 않고 죽을 길만 찾았다.

그 당시에는 해적판 책을 버스 안에 가지고 들어와서 파는 행상도 있었다. 길거리에 책을 펼쳐 놓고 파는 것도 있었다.

그런데 눈에 띄는 게 『적극적 사고방식의 힘』이라는 책을 보게 되었다. 내일 모레 죽으려고 하던 사람이 그 책을 샀다. 그 책을 사고 나서 읽기 시작했다. 그 책의 내용은 간단하다. 예수님을 생각하 고, 예수님과 동행하고, 예수님을 흉내 내며 사는 삶은 행복하며, 이 세상에 못할 것이 없다는 내용이었다.

『적극적 사고방식의 힘』

The Power of Positive Thinking – by Norman Vincent Peale

Norman Vincent Peale

Peale in 1966

Born	May 31, 1898 Bowersville, Ohio
Died	December 24, 1993 (aged 95) Pawling, New York
Occupation	Author, speaker, Reformed minister

그 책을 읽고 난 순간부터, 나의 삶은 180도 변했다. 우울하고 부정적으로만 보이던 이 세상이 밝고 희망찬 세상으로 보였다. '그럼 내가 어떻게 하면, 예수 님과 동행할 수 있을까'를 생각하게 되었다.

그래서 고안해 낸 것이 작고 부드러운 돌멩이 한 개를 내 운동화 안에 넣고 다니기로 했다. 걸을 때마다 내 발이 그 돌멩이를 느꼈다. 그때마다 예수님의 십자가를 생각하며 걷었다. 말 그대로 예수와 동행하는 삶이었다.

전화위복으로 나는 이 체험을 통해서 예수를 믿는다는 것이 "네 이웃을 네 몸과 같이 사랑하라"는 말씀이고, 성경의 골자라고 알게 되었다. 그래서 기회가 주어질 때마다 이웃과 함께 그리고 이웃을 위해서 사는 사람이 되려고 노력하고 있다.

학교에서는 성적이 바닥이요 자살하려던 고등학생이 열심히 공부하게 되었다. 드디어 일년 반 만에 그토록 원하던 연세대학교 물리학과에 들어 갈 수 있었다. 그것은 바로 내가 읽은 책, 『적극적인 사고방식의 힘』의 영향이고, 하나님의 놀라운 은혜였다.

3. 저자가 대학교 때 겪은 최상의 경험

고등학교 때는 우울하여 어리석은 자라는 인상을 주었다. 대학에 입학한 후에는 자신을 탈바꿈 하기로 작정했다. 그 당시, 대부분의 고등학교가 남자학교와 여자학교로 나누어져 있었다.

그래서 남녀 학생들이 만날 기회가 별로 없었다. 같은 과 학생들이 이화여대 학생들과 미팅을 제안했다. 종교적인 절정의 경험을 한 후 예수와 함께 하면 불가능이 없다고 생각하여 담대하게 미팅을 계획했다. 교회에서 피아노 반주를 하는 여대생이 있었다. 거절당하면 어떻게 될까? 가슴이 두근거리며 그 여학생에게 말을 건넸다. '우리 대학교 학생들과 미팅을 하면 어떻겠는가?" 말을 했지만 거절하면 난감했다. 그런데 놀라운 일이 생겼다. 즉시 승낙(OK)을 받았다.

다음날 학교에 와서 친구들에게 옆 여대생들과 미팅을 하기로 했다고 했더니 모두 좋아했다. 첫 번 미팅을 주선하고, 사회를 보고 난 후부터 친구들은 일년에 서너 번씩 미팅을 하자고 요구했다. 대학 4년 동안 미팅을 많이 주관하게 되었다.

졸업 직전 연말, 마지막 미팅은 아주 의미가 있었다. 참석한 모든 친구들과 여학생들도 너무 좋아했다. 그 미팅이 끝난 후 찻집에 들어가 앉아 차를 마셨는데 황홀한 순간이 계속되기를 간절히 바라고 있었다. 이 황홀했던 경험은 타인을 즐겁게 하는 것이 가장 즐겁고 보람된 일이라는 것을 깨닫게 된 계기가 되었다.

4. 성인이 되어 저자가 체험한 최상의 절정 경험

네 번째로 서른살이 되었을 때 사랑에 대한 절정의 경험을 한 적이 있다. 아내가 처음으로 우리 큰 아들을 해산하려고 병원 분만실에 들어갔다. 아내의 해산하는 고통, 첫째 아들이 출생할 때 신비와 황홀함을 체험했다. 이 세상에 태어나 경험한 모든 경험 중에 최고의 절정 경험이었다.

나는 새로 태어난 이 생명을 위해서 즐거이 나의 모든 것을 바쳐도 좋다는 생각이 들었다. 아내는 해산하는 그 고통을 순간적으로 다 잊고서 흐뭇해 하던 표정을 잊을 수 없다. 아내가 너무 소중하고 아름답고 귀하게 느껴졌다. 내가 이런 경험을 할 수 있었다는 것이 너무나 자랑스럽고 기뻤다. 자신의 첫 아이가 탄생하는 것을 못 본 남자들은 아주 귀중한 경험을 놓친 것이다.

지금도 가끔 아내와 싸우고 미워질 때가 있다. 그때마다 아내가 첫 아이를 해산할 때를 생각한다. 그러면 그 미운 감정이 고마움과 사랑으로 변한다.

어떻게 살아야 하는가? 질문에는 여러 가지 답을 할 수 있다. 나는 지난 날의 절정의 경험들을 생각하며 그때 그 감정을 자주 반복하는 것이 즐겁다. 이러한 절정 경험은 보람차게 살아갈 길과 목표를 제시해 준다. 계속 과거에 경험했던 절정의 경험을 기초로 살고 싶다.

1. 산을 더 즐기며 책을 더 좋아하며 살겠다.
2. 벤자민 프랭클린처럼 긍정적인 삶을 강의하고 실천하며 살겠다.
3. 기쁜 마음으로 남에게 봉사하며 살겠다.
4. 아내와 화목한 가정을 유지하며, 두 자녀들의 가족과 좋은 관계를 유지하며 살겠다.

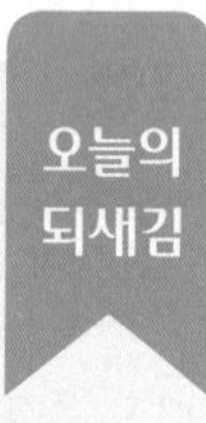

자신이 겪었던 절정의 경험을 일기장에 기록해보라.

그런 경험을 자주 생각하며 더 많이 반복하도록 노력하자.

이것은 우리 생활에 큰 도움이 될 것이다.

매달 17일

Q : 좀 더 아름다운 질문을 하라 (Beautiful Questions+)

"대답보다 질문으로 사람을 판단하라." —볼테르

"Judge a man by his questions rather than by his answers."

Beautiful Questions+

질문이 답변보다 중요한 이유는 무엇인가?
(Chat GPT가 한 답변)

질문이 답변보다 중요한 이유는 무엇인가? 질문은 배우고 이해하기 위한 시작점이기 때문이다. 질문 없이는 답변도 없고, 답변 없이는 진전이 없다. 질문을 하는 것은 학습과 이해의 필수 과정이다. 질문을 통해 정보를 수집하고 가정에 도전하며 새로운 아이디어를 탐색할 수 있다. 질문하는 과정은 비판적 사고력을 발전시키고 주변 세상을 깊이 이해하는 데 도움을 준다.

질문은 새로운 발견과 혁신으로 이어질 수 있다. 예를 들어 많은 과학적 발견은 연구자들이 질문을 던지고 답을 찾아 나가는 과정에서 이루어졌다. 질문을 하지 않았다면 이러한 발견은 일어나지 않았을 수도 있다.

뿐만 아니라, 질문은 주제에 대한 이해를 명확하게 하고 정제하는 데 도움을 줄 수 있다. 질문을 통해 지식의 빈 곳을 파악하고 그것을 채울 수 있다. 질문을 통해 주제에 대한 보다 포괄적이고 정확한 이해를 얻을 수 있다. 답변도 중요하지만, 질문은 학습, 이해 및 발견의 시작점이므로 종종 답변보다 더 중요하다.

1. 좀 더 아름다운 질문을 하라

워런 버거(1958년 10월 20일 ~)는 미국의 언론인이다. 그의 최신 책은 『아름다운 질문』과 『더 아름다운 질문』이다. 『A More Beautiful Question』은 어떻게 더 많은 질문을 하고, 더 나은 질문을 던질 수 있을까 하는 것이다. 올바른 질문이 당신의 삶을 더 나은 방향으로 변화시키는 힘을 보여줄 것이다.

1. 질문하는 것은 우리를 더 창의적이고 지능적으로 만들지만 학교는 어린 나이에 이것을 빼앗아간다.

2. '왜?'라는 질문은 좋은데 "왜 안 돼?"라고 물으면 숨겨진 문을 열고 문제에 대한 해결책을 찾는다.

3. "만약에?"라는 질문은 아이디어를 결합하여 더 나은 아이디어를 형성하는 데 도움이 되며 "어떻게?"라는 질문은 행동을 시작하는 데 도움이 된다. 생각의 모자를 쓰고 훌륭한 질문을 하는 방법을 배워보자.

수업 1 : 우리는 호기심이라는 중요하고 유용한 특성을 가지고 태어났지만, 학교에 가면 이 기술의 대부분을 잃는다. 질문은 인간을 지구상의 다른 종과 구별한다. 그 뿐만 아니라 우리의 생존과 성공에 매우 중요한 것이다. 우리 주변 세계를 조사할 때 우리는 창의적으로 삶을 개선하는 새로운 아이디어를 생각하는 법을 배울 수 있다. 모르는 것이 무엇인지 아는 것이 중요하지만 물어보기 전에는 절대 알 수 없으므로 질문을 통해서 더 많은 것을 배울 수 있다. 우리가 이런 특성을 가지고 태어난 것은 행운이다.

최근에 아이들과 함께 지낸 적이 있다면 아이들이 얼마나 많은 질문을 하는지 알 수 있다. 추정에 따르면 2~4세 어린이가 하루에 질문하는 숫자는 40,000개나 된다. 아이들은 관심을 끌기만 하는 것은 아니다. 그들은 진정으로 주변 세계에 대해 알고 싶어한다.

수업 2 : "왜?"라는 질문을 해야한다. 더 똑똑해 지려면 "왜 안 돼?"라고 묻는 법을 배워야 한다. 보다 혁신적인 사상가가 되기 위해 처음 두 질문부터 시작해보자. 우리는 "왜?"로 시작한다. 이것은 순진한 질문으로 알려져 있다.

그 이유는 그것이 나타내는 순수하고 어린아이 같은 경이로움 때문이다. 복잡한 문제를 분해하고 이해하는 데 도움이 되기 때문에 일이 특정한 방식으로 된 이유를 궁금해하는 것이 좋다.

예를 들어 정치인에게 '왜 나라가 돈이 없는가?' 묻는다면 그들은 직설적으로 대답해야 한다. 그 이유를 알면 심각한 재정 상황을 개선하는 데 도움이 될 수 있다. "왜?"라는 질문에는 한계가 있다. "왜 안

돼?”라고 물으면 당신은 혁신적인 마음의 힘을 발휘할 수 있다. 이러한 생각은 삶과 우리의 전 세계를 변화시킨다.

수업 3 : 더 창의적이고 싶다면 “만약에?”를 시도해보라. 질문을 하고 조치를 취하는 데 도움이 필요하면 “어떻게?”를 사용하라.

몇 년 전에 나는 “만약에?”(What If?)라는 책을 받았다. 그것은 가장 이상한 "만약에?"에 대한 터무니없는 과학적 대답의 모음이다. 대부분 유머러스하지만 매우 중요한 포인트가 있다. “만약에?”라고 묻는다면, 세상을 개선할 수 있는 사고방식을 바꿀 수 있는 힘이 있다.

2. 훌륭한 리더는 훌륭한 질문을 한다.

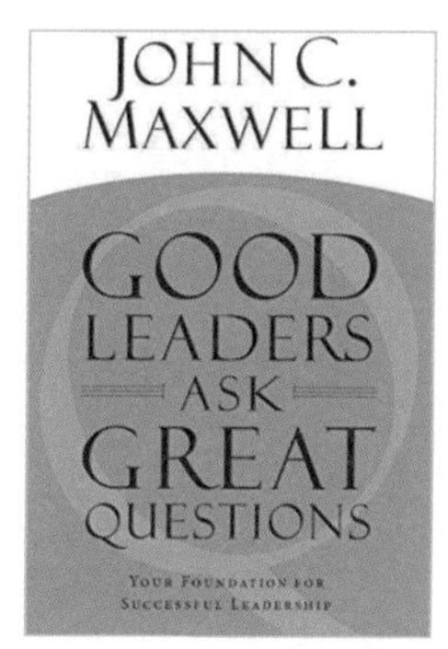

존 캘빈 맥스웰(John Calvin Maxwell, 1947년 2월 20일 ~)은 주로 리더십에 초점을 맞춘 많은 책을 저술한 미국 작가, 연사 및 목사이다. 『리더십의 21가지 반박할 수 없는 법칙』과 『21가지 리더의 필수 자질』등이 포함되어 있다. 그의 책은 수백만 부 판매되었으며 일부는 뉴욕타임즈(New York Times) 베스트셀러 목록에 들어있다.

1. 질문이 왜 그렇게 중요한가?

질문은 잠금을 해제하고 그렇지 않으면 닫혀 있는 문을 연다. 질문은 사람들을 연결하는 가장 효과적인 수단이다. 질문을 통해 더 나은 아이디어를 만들 수 있다. 질문은 우리에게 다른 관점을 제공한다.

2. 지도자로서 나 자신에게 어떤 질문을 해야 하는가?

우리는 모두 다 지도자다. 나는 나 자신에게 투자하고 있는가? 나는 진정으로 다른 사람에게 관심이 있는가? 내가 지도자라는 근거는 무엇인가? 리더로서 당신의 목표는 다른 사람들을 높이는 것이다.

나는 그 이유를 찾았을 때 내가 걸어야 할 길을 발견했다. 내가 그 이유를 찾았을 때 내 의지를 찾았다. 내가 그 이유를 찾았을 때 날개를 찾았다.

우리가 어느 단체에 속해있을 때, 나는 우리 팀에 가치를 더하고 있는가? 오늘 50퍼센트를 주면 내일 150퍼센트를 줄 수 없다. 나는 오늘 나의 100퍼센트를 다 주어야한다.

하나님은 우리가 다른 방법으로는 배울 수 없는 교훈을 가르치기 위해 삶의 낮은 지점을 경험하게 한다. 모든 사람은 자신이 갖지 못한 자질을 과시하기 위해 인생의 일부를 낭비한다. 나의 강점에 집중해야 한다. 이런 질문을 할 수 있는가? 나는 적절한 사람들과 시간을 투자하고 있는가? 검증되지 않은 지도자는 따를 가치가 없다.

3. 팀원들에게 어떤 질문을 해야 되는가?

당신은 얼마나 경청하는가? 충분히 오래 경청하면 일반적으로 적절한 해결책을 제시할 수 있다. 어떤 생각을 하고 있는가? 결정은 항상 가능한 문제에 가깝게 내려야 한다.

내가 어떻게 당신을 섬길 수 있는가? 소통하려면 무엇이 필요한가? 우리는 기대를 초과했는가? 나는 무엇을 배웠는가? 나는 가치를 더했는가? 이 경험을 극대화하려면 어떻게 해야 하는가? 내가 알아야 할 것은 무엇인가? 숫자는 어떤가? 계속 아름다운 질문을 하면 발전한다.

3. 가장 훌륭한 질문

나는 세상에서 가장 멋있고 훌륭한 삶을 산 사람 중에 한 사람이 벤자민 프랭클린이라고 생각한다.

미국 100불짜리 화폐에 그 얼굴이 그려져 있다. 초등학교도 졸업하지 못하고 또 돈도 없이 인쇄소를 시작했다.

그러나 그는 미국의 출판사와 신문왕이 되어 큰 부자가 되었다. 당대 세계에서 가장 유명한 발명가와 과학자 중의 한 사람이었다. 미국 독립의 선구자였다.

그의 자서전에 의하면 그는 20세에 매일 두 가지 큰 질문을 했다. 그 두 가지 질문이 그를 그렇게 훌륭한 사람으로 만들었다.

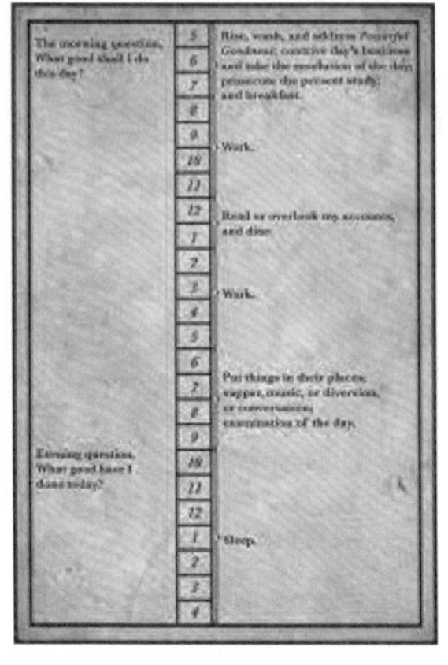

The morning question, What good shall I do this day?	5	Rise, wash, and address Powerful Goodness; contrive day's business and take the resolution of the day; prosecute the present study; and breakfast.
	6	
	7	
	8	Work.
	9	
	10	
	11	
	12	Read or overlook my accounts, and dine.
	1	
	2	Work.
	3	
	4	
	5	
	6	Put things in their places, supper, music, or diversion, or conversation; examination of the day.
	7	
	8	
	9	
Evening question, What good have I done today?	10	Sleep.
	11	
	12	
	1	
	2	
	3	
	4	

왼쪽에 보면 아침 5시에 일어나서 "내가 오늘 얼마나 유익한 일을 할 것인가?" 하는 질문을 했다. 저녁 10시에 자기 전에 "내가 오늘 얼마나 유익한 일을 했느냐?" 하고 질문을 하고 사색을 했다. 벤자민 프랭클린은 그때부터 긍정적인 질문을 했다.

나도 그 나이에 일기를 썼다. '나는 오늘 무슨 일을 잘못했으며, 어떻게 하면 내일 좀 더 나은 생활을 할 수 있을까?' 일기를 썼었다. 벤자민 프랭클린은 반대로 '내가 무슨 좋은 일을 했는가?'라는 것을 묻고 사색했다. 아주 긍정적인 사람이었다. 나는 내 잘못에 초점을 두었고, 벤자민 프랭클린은 자기가 잘한 것에 초점을 맞추었다.

그러면 구체적으로 무슨 일이 잘한 일이냐 하는 것을 알아볼 필요가 있다. 벤자민 프랭클린은 "우리가 좋은 삶을 산다는 것은 '남과 나를 위해서, 건강하게, 부유하게, 현명하게' 살아야 된다"고 했다.

구글을 검색해 보면 "건강하고, 부유하고, 현명하게" 사는 방법에 대해서 여러 글들이 나와 있다.

그런데 보통 사람과 큰 인물의 차이는 이것이다. 우리는 어떻게 하면 항상 잘 살 수 있는가 고민한다. 그러나 큰 인물은 항상 '남과 나를 위해서'이다. 즉, 상대방을 우선 순위에 두고 있다. 벤자민 프랭클린의 13가지 덕목 중, 제 2번, 5번, 그리고 13번째를 살펴보자.

○ 2번째 덕목 - 침묵(Silence) : 타인과 자신에게 유익하지 않은 말은 하지 말라. 쓸데없는 대화를 피하라.

○ 5번째 덕목 - 절약(Frugality) : 타인과 자신을 이롭게 하는 것 외에는 지출을 삼가고, 낭비하지 말라.

○ 13번째 덕목 - 겸손(Humility) : 예수와 소크라테스를 본받으라. 예수님은 남을 위해서 산 사람이다. "네 이웃을 네 몸과 같이 사랑하라."는 교훈이 예수의 핵심 가르침이다. 그래서 그는 항상 '어떻게 예수님처럼 많은 사람들에게 이익이 될 수 있을까?' 질문을 하고 살았다.

소크라테스는 우리는 모르는 것들이 많으니 계속 질문하며 배우라고 했다. 그 사람이 그렇게 훌륭하고 큰 사람이 된 것은 항상 내가 '어떻게 남에게 유익한 사람이 될 것이냐?'에 초점을 맞추고 살았기 때문이다.

4. 저자 자신을 향한 질문

내게 가장 큰 질문은 이것이다. 봉사하고 있는 '뉴저지 에디슨 센터가 어떻게 하면 경제적으로 독립할 수 있는가?', '회장과 내가 죽은 후에도 계속 자체적으로 운영될 수 있을까?' 하는 것이다. 지금까지는 린다 강 회장이 개관 초부터 거의 100퍼센트의 경제적인 부담을 했다. 나에게는 두가지 질문이 있다.

첫번째 질문은 린다 강을 어떻게 경제적으로 도울 수 있을까 하는 것이 "어떻게"의 질문 이다.

두번째 질문은 다른 한인봉사센터들이 대부분 비영리 단체가 되어 여러 사람들의 후원으로 운영되고 있다. 그런데 '왜 우리는 안돼?' 라는 질문이다.

당신의 인생을 더 좋은 방향으로 인도할 당신의 질문을 적어보라.

매달 18일

R : 좀 더 적절한 휴식을 하라 (Rest+)

"위대한 사람의 최고의 자질은 휴식의 힘이다.
불안, 안절부절, 초조함은 나약함의 표시다."
-JR SEELEY

Rest+

1. 휴식(Rest)

왜 일을 덜 하게 되면 더 많은 일을 할 수 있는가.

알렉스 팡(Alex Pang)은 실리콘 밸리에 기반을 둔 컨설턴트요 작가다. 그의 책, 『휴식(Rest)』: 왜 일을 덜 하면 더 많은 일을 하게 되는가(Basic Books, 2016)와 『주의 산만 중독』(The Distraction Addiction, Little Brown, 2013)은 역사, 심리학, 그리고 신경과학을 혼합하여 창조적인 삶에서 여가와 묵상의 숨겨진 역할을 탐구한다.

알렉스는 기술 예측가, 미래학자이며, 스타트업, 포춘지 선정 100대 기업 및 정부 기관을 위한 프로젝트에 대해 상담하고 있다.

그의 가장 최근 벤처 '휴식하는 회사(The Restful Company)'는 조직이 보다 창의적이고 생산적인 생각과 신중한 휴식을 취할 수 있도록 지원한다. 저자는 펜실베니아대학에서 과학사 및 사회학 박사학위를 받았으며 스탠퍼드대학교의 방문 학자이다.

다음은 생각과 창의성에 도움이 되는 휴식을 사용할 것을 권장하는 몇 가지 방법이다.

1. 규칙적으로 이른 아침 일과 시작 : 일부 작가와 예술가는 한밤

중에 기름을 태우고 집중한다.

다가오는 마감 시간에 의존하거나 사업에 착수하기 전에 영감을 얻을 때까지 기다리지만 역사상 가장 창의적이고 다작의 인물은 다른 방식을 취한다.

때로는 동이 트기 전에 일찍 일을 시작하고, 창의력이 절정에 달할 때 가장 어려운 일에 먼저 집중한다.

그들은 또한 규칙적인 일상 스케줄을 짜놓고 일하는 경향이 있다. 매일 쳇바퀴 돌듯이 만들고 귀중한 창조적 에너지를 소모하는 지력을 낭비하지 않는다.

우리는 규칙적인 일상을 창의성의 반대라고 생각할 수 있다. 그러나 실제로 연구에 따르면 루틴이 이를 향상시킬 수 있다.

한 연구에서 연구자들은 첨단 기술 회사의 수백 명의 근로자를 대상으로 일상 업무가 얼마나 규칙적인지, 직장에서 창의력을 발휘할 수 있는 기회가 얼마나 되는지, 새로운 아이디어를 시도하는 데 얼마나 주도적으로 참여할 수 있는지에 대해 설문조사를 했다.

그런 다음 이 직원들이 관리자에게 얼마나 많은 창의적인 아이디어를 제출했는지 살펴보았다. 그들은 규칙적인 일과가 많은 직원들이 창의적인아이디어를 제출할 가능성이 더 높다는 것을 발견했다. 자신의 일을 더 잘 통제할 수 있는 사람들이 훨씬 더 창조적인 일을 잘했다.

2. 걷기 : 걷기는 창의적인 사고를 촉진하는 간단한 방법이 될 수 있

다. 그것은 운동의 한 형태(뇌에 혈액을 공급함)일 뿐만 아니라 우리의 두뇌가 가벼운 종류의 초점에 참여하도록 돕는다. 또한 더 많이 생각하도록 하여 창의성을 높인다.

스탠포드의 연구원들은 사람들에게 벽돌이나 문고리와 같은 일상용품을 사용하는 새로운 방법을 생각해 내도록 요청하는 발상적 사고 테스트로 측정한 창의성에 대한 걷기의 영향을 조사하는 일련의 실험을 했다. 연구원들은 참가자들의 수행을 네 가지 조건에서 비교했다. 런닝 머신에서 걸을 때, 실내에 앉아 있을 때, 밖에서 걸을 때, 또는 휠체어를 타고 바깥으로 나갈 때를 각각 조사했다. 그 결과는 밖에서 걷는 것이 각각 테스트에서 더 나은 성능으로 이어짐을 보여주었다. 게다가 한 실험에서 연구자들은 창의성을 바탕으로 걷는 유익은 즉시 사라지지 않고 향후 테스트에서 성과로 나타났다.

3. 낮잠 : 오랜 시간 동안 또는 혹독한 환경에서 상상력이 풍부하고 창의적인 작업을 하는 경우 오후 낮잠은 회복력이 있다.

수면 과학자들은 짧은 낮잠도 정신 배터리를 재충전하는 데 효과적일 수 있음을 발견했다. 낮잠의 가장 분명한 이점은 주의력을 높이고 피로를 줄이는 것이다. 약 20분 정도의 짧은 낮잠만으로도 뇌가 고갈된 에너지를 회복할 수 있는 기회를 주어 집중력을 높일 수 있다.

한 연구에서 쎄라 메드릭(Sara Mednick)과 동료들은 주변 시력을 확인하기 위해 수행하는 것과 유사한 지각 과제에 대해 참가자를 테스트한 다음 세 그룹으로 나누었다.

그런 다음 모든 사람들은 저녁에 다시 테스트를 받았다. 낮잠을 자지 않은 사람들은 저녁에 더 나쁜 성과를 보인 반면, 낮잠을 자는 사람들은 동일하거나 더 나은 성과를 보였다. 밤에 잠을 자고 다음날 모든 그룹을 테스트한 결과 여전히 '낮잠을 자는 사람'이 '낮잠을 자지 않는 사람'보다 더 나은 결과를 보여 낮잠이 수면의 긍정적인 효과를 증대시킨다는 것을 보여 주었다.

4. 적절한 시간에 멈추기 : 우리 중 많은 사람들이 오랜 시간 동안 쉬지 않고 일을 하는 것이 생산성을 높이는 가장 좋은 방법이라고 생각할 수 있지만, 과학은 그렇지 않다고 말한다.

사실, 더 오래 일하면 스트레스, 소진, 업무 몰입도 저하, 업무 성과 저하로 이어질 수 있다. 또한 창의성과 혁신을 죽일 수 있다.

직관적인 것이 아니지만 효과적인 형태의 의도적 휴식은 적절한 지점에서 작업을 중단하는 것이다.

헤밍웨이(Ernest Hemingway)는 이 관행의 유명한 옹호자였으며 많은 저명한 작가들은 '다음에 무슨 일이 일어날지 알 때 항상 멈추라'는 그의 조언을 따랐다. 약간의 에너지가 남아 있을 때 중지하면 다음 날 시작하기가 더 쉽다. 그것은 또한 헤밍웨이의 직관이 옳았다는 것을 암시하면서 그동안 작업 문제를 해결하기 위해 잠재의식을 자극하는 것 같다.

이 모든 것은 단락의 마지막 문장을 쓰지 않은 채로 의식적으로 작업을 취소하면 의식적인 자각 없이 계속 생각하도록 마음을 찌르게 될 것임을 시사한다. 그러한 전략은 창의적 작업의 최고점과 최저점을 고르게 하고, 창의성을 북돋우며, 스트레스로부터 완충 작용을 한다.

5. 잠자는 휴식 : 잠자는 것은 궁극적인 휴식의 형태이며 창의적이고 생산적인 삶의 중요한 부분이다. 낮 동안 우리 몸은 주로 생활, 운동, 및 인지 기능에 에너지를 소비하는 일에 몰두한다.

우리가 잠들 때 우리 몸은 유지 모드로 전환되어 에너지 저장, 손상된 세포 수정 또는 교체, 성장에 전념하는 반면, 우리의 두뇌는 독소를 청소하고 하루의 경험을 처리하며 때로는 깨어 있는 문제를 해결한다.

많은 연구자들은 눈이 빨리 움직이는 렘 수면(REM, Rapid Eye Movement)이 일 수행에 특히 중요하다는 것을 발견했다.

예를 들어, 마취과 인턴과 마취과 의사를 대상으로 한 연구에서 연구자들은 2주 동안 야간 근무를 하거나 대기 근무를 하고 나면 업무 성과가 크게 떨어지는 것을 발견했다.

뿐만 아니라 밤에 한시간 미만의 수면 부족은 수면 실험실에서 테스트한 유사한 그룹보다 더 큰 감소를 가져왔다. 이는 과학자들이 실제 세계에서 수면 손실의 결과를 과소평가하고 있음을 시사한다.

모든 연구는 빠르게 변화하는 삶에서 휴식의 중요성을 지적한다. 우리 문화가 24시간 7일 초과 근무를 강요할 수도 있지만, 이는 분명히 우리가 더 생산적이거나 문제에 대한 창의적인 해결점을 찾는 데 도움이 되지 않는다.

2. 존경하는 사람들의 규칙적인 하루 일과

1. 벤자민 프랭클린의 규칙적인 생활

벤자민 프랭클린은 초등학교에서 2년 동안 공부했다. 그러나 그는 당시에 신문왕으로, 출판업으로 부유한 사람이 되었다. 천둥이 전기라는 것을 발견한 과학자였다. 미국 독립에 가장 큰 공을 세워 미국 100불 짜리에 얼굴이 들어있다. 84세까지 장수했다.

어떻게 그렇게 많은 일을 할 수 있었을까? 자서전을 보면 20세부터 스케줄을 세워놓고 규칙적인 생활을 했다. 그 사람의 규칙 생할이 그 많은 일을 성취 하도록 했다.

1. 철학자 칸트와 마찬가지로 밤 10시부터 아침 5시까지 하루에 7시간씩 숙면했다.

2. 하루에 8시간씩 일했다 : 8시부터 12시까지 일하고 12시부터 2시까지 2시간 점심 시간이다. 그리고 나서 오후 2시부터 6시까지 4시간 일했다.

3. 아침에 5시부터 8시까지 3시간, 그리고 저녁 때 4시간, 6시부터 10시까지는 충분한 휴식을 취하며 명상, 생각, 대화, 음악 등을 즐기며 살았다.

규칙적인 생활 (ChatGPT 답변)

규칙적인 생활은 장수에 좋다.

첫째, 규칙적인 생활은 스트레스를 줄이고 안정감을 제공한다. 일정한 루틴을 유지하면 불확실성과 불안감이 줄어들어 심신의 안정을 도모할 수 있다.

둘째, 규칙적인 생활은 건강한 식습관을 형성하는 데 도움이 된다. 건강한 식습관은 건강한 몸과 정신을 유지하는 데 필수적이다. 규칙적으로 식사를 하면 체중을 조절할 수 있고, 식이 섬유질과 영양소를 충분히 섭취할 수 있다. 또한 규칙적인 운동습관을 가지면 신체적인 건강과 더불어 면역력도 향상시킬 수 있다.

셋째, 규칙적인 생활은 생활 패턴을 안정시키고 일관성을 유지하는 데 도움이 된다. 이것은 일상적인 활동을 더욱 쉽게 계획하고 조정할 수 있게 만들어 준다. 일관된 생활 패턴을 가지면 생활의 전반적인 효율성도 향상시킬 수 있다.

마지막으로, 규칙적인 생활은 건강한 사회적 관계를 형성하는 데 도움이 된다. 일정한 생활 패턴을 가진 사람들은 더 많은 시간을 가족, 친구, 동료 등과 함께 보낼 수 있다. 이러한 사회적 관계는 건강하고 행복한 삶을 유지하는 데 중요하다. 따라서 규칙적인 생활은 건강하고 장수할 수 있는 라이프스타일을 만드는 데 중요한 역할을 한다.

규칙적인 생활 습관을 형성하면 건강한 삶과 안정적인 삶을 누릴 수 있을 뿐만 아니라 더 긴 수명을 가질 가능성도 높아진다.

3. 저자 이야기

내가 가장 존경하는 세 사람은 철학자 칸트, 미국 독립의 선구자 프랭클린, 그리고 소설가 무라카미 하루키이다.

이 사람들의 공통된 점은 모두 철저히 규칙적인 생활을 하였다. 보통 사람들보다 더 많은 시간 동안 일하지 않고 충분한 휴식을 취하며 자기 분야에서 최정상까지 올랐다.

나도 그 사람들처럼 살려고 노력하고 있는데 상당한 효과가 있다. 나는 75세지만, 한인봉사센터에서 명상 시간, 요가, 컴퓨터, 긍정심리학을 가르치고 있다. 토요일에는 등산클럽을 시작해서 9년째 계속하고 있다.

1. 규칙적으로 이른 아침 일과 시작 : 나는 아침 5시에 일어난다. 벤자민 프랭클린의 아침 루틴대로 일어나서 바로 프랭클린의 기도, "오 전능하시고 선한 신이여"를 외운다. 그리고 물을 마시고 세수

를 한 다음에 내가 쓴 3개월 전 일기를 읽고 오늘 할 일을 계획한다. 그 다음에 내가 쓰는 책 한 장을 읽고 아침 요가를 한다.

2. 걷기 : '걷기가 가장 좋은 휴식' 이라는 것에 동의 한다. 아침 7시 반에 30분 걸으며 하루를 시작한다. 하루에 일하면서 그리고 공부하면서 자주 거의 매시간 10분씩 걷기를 한다. 그러면 하루에 나의 목표량, 약 만보를 걷는다.

3. 낮잠 : 벤자민 프랭클린도 2시간씩 매일 점심 시간을 가졌다. 그래서 나도 점심을 먹은 후 20분씩 자는 것이 이제는 습관이 되었다.

4. 적절한 시간에 멈추기 : 나는 글을 쓰다가 꼭 끝을 내려고 하는 경향이 있다. 헤밍웨이처럼 적당한 시간에, 시간이 되면 끝내려고 노력한다.

5. 잠자는 휴식 : 칸트, 프랭클린, 그리고 무라카미 전부다 하루에 7시간씩 자고 남보다 일을 많이 하지 않고 큰 성과를 본 사람들이다. 하지만 나는 저녁 9시반에서 아침 5시 반까지 하루에 8시간 자려고 노력한다.
세상에서 가장 부유한 사람 중에 하나인 아마존 회사의 창시자 제프 비조스를 본받아 8시간 자려고 노력한다. 제프는 자기가 어떤 판단을 하느냐 하는 것이 가장 중요하기 때문에 충분한 잠을 잔다고 했다.

7시간 자는 스케줄(밤 10시에서 아침 5시)을 한동안 시도해 보았다. 하루에 8시간씩(밤 9시에서 아침 5시) 자고 나면 몸이 더 상쾌하다.

오늘의 되새김

여러분이 원하는 적절한 휴식을 위해서 어떤 습관을 갖고 싶은가?

매달 19일 S : 좀 더 웃으며 살자(Smile+)

일소일소 일노일노(一笑一少 一怒一老)

한 번 웃으면 한 번 젊어진다.

한 번 화내면 하루 일찍 죽는다.

“당신의 미소로 인해

당신은 삶을 더욱 아름답게 만든다.” -틱낫한

Smile+

1. "항상 웃으세요. 그것이 내가 장수하는 비결이다." - 진 칼멘트

(프랑스의 진 칼멘트는 이 세상에서 가장 오래 산 것으로 확인된 사람이며 122세 164일까지 살고 1997년에 죽었다.)

규칙적인 일상 생활

1985년 1월 거의 110세의 나이로 Maison du Lac 요양원에 입원한 후, 칼멘트(Calment)는 처음에 고도로 의식화된 일상을 따랐다.

그녀는 아침 6시 45분에 일어나기를 요청했고, 창가에서 긴 기도를 올리며 하루를 시작했는데, 하느님이 살아계신 것과 시작되는 아름다운 날에 감사했다.

그녀는 때때로 큰소리로 그녀의 장수 이유와 왜 그녀만이 그녀의 가족에서 아직 살아있는지 물었다.

그녀는 팔걸이 의자에 앉아 스테레오 헤드셋을 착용하고 체조를 했다. 그녀의 운동에는 손을 구부리고 뻗는 것, 그리고 다리를 뻗는 것이 포함되었다.

간호사들은 그녀가 30살 어린 다른 거주자들보다 더 빨리 움직였다고 언급했다. 그녀의 아침 식사는 커피와 우유와 러스크 비스킷으로 구성되어 있었다.

그녀는 샤워를 하기보다는 플란넬 천으로 몸을 씻고, 먼저 비누를 바른 다음 올리브 오일과 파우더를 얼굴에 발랐다. 그녀는 점심을 먹기 전에 자신의 컵과 식기를 씻었다. 그녀는 도핑, 찐 소고기를 즐겼다.

그녀는 매 끼니마다 디저트를 먹었고, 선택권이 주어지면 메뉴에 있는 싱거운 음식 대신 튀기고 매운 음식을 먹을 것이라고 말했다. 그녀는 바나나와 오렌지로 매일 과일 샐러드를 만들었다.

그녀는 초콜릿을 즐겼고, 때때로 일주일에 1킬로그램씩 탐닉하기도 했다. 식사 후 그녀는 포트 와인을 소량 마셨다.

오후에는 안락 의자에서 두 시간 동안 낮잠을 잤다. 그리고 나서 그녀가 라디오에서 들은 최근 뉴스에 대해 말하면서 요양원에 있는 그녀의 이웃들을 방문했다.

밤이 되면, 그녀는 재빨리 식사를 하고, 방으로 돌아가 음악을 듣고, 밤 10시에 잠자리에 들곤 했다.

일요일에는 미사를 드리고, 금요일에는 저녁 기도실, 베스퍼스에 가서 정기적으로 하느님께 기도하고 도움을 구하며 사후세계에 대해 궁금해했다. 그녀는 122세까지 살 수 있었던 자기의 장수 비결은 '항상 웃는 것'이라고 했다.

2. 미소의 숨겨진 힘 -론 구트먼

캘리포니아 UC버클리(Berkeley)에서 30년 동안 종단 연구를 통해 오래된 연감에 있는 학생들의 사진을 조사하고 평생 학생들의 성공과 행복을 측정했다.

학생들의 미소를 측정함으로써 연구자들은 피험자의 결혼생활이 얼마나 만족스럽고 오래 지속되는지, 그 사람이 표준 웰빙 테스트에서 얼마나 좋은 점수를 받을지, 그리고 다른 사람들에게 얼마나 영감을 줄지 예측할 수 있었다.

다른 연감에서 오바마 대통령의 사진을 우연히 발견했다. 나는 그의 사진을 처음 봤을 때 그의 초능력이 어디서 나오는지 궁금했다. 하지만 지금은 그 모든 것이 그의 미소에 있었다는 것을 안다.

아하! 그 순간은 메이저리그 선수들의 1950년대 이전 야구카드를 조사한 2010년 웨인주립대(Wayne State University)의 연구 프로젝트에서 나왔다.

연구자들은 선수의 미소가 실제로 그의 수명을 예측할 수 있다는 것을 발견했다.

사진에서 웃지 않은 선수는 평균 72.9년을, 웃는 얼굴을 한 선수는 평균 80년을, 7년을 더 살았다.

좋은 소식은 우리가 실제로 웃는 얼굴로 태어났다는 것이다.

사실, 가장 놀라운 초능력을 가진 사람들은 실제로 하루에 400번이나 웃는 아이들이다. 아이들과 함께 있으면 왜 자주 웃는지 궁금하다.

'종의 기원'에서 진화론을 이론화한 것 외에도 찰스 다윈 (Charles Darwin)은 안면 피드백 반응 이론도 썼다. 그의 이론에 따르면 웃는 행위 자체가 단순히 기분이 좋아서 웃는 것 이 아니라, 웃으면 실제로 기분이 좋아진다고 한다. 미소를 짓는 것이 더 건강하고 더 행복하고 더 오래 사는 비약이다 .

매일 웃어야 하는 10가지 이유

https://www.verywellmind.com/top-reasons-to-smile-every-day-2223755

Stibich 박사, 2021년 4월 2일 업데이트, 의학적으로 Rachel Goldman 박사, FTOS

많은 사람들이 미소를 단순히 기쁨이나 웃음을 불러일으키는 일에 대한 비자발적 반응으로 본다. 이것은 확실한 사실이지만 중요한 점을 간과하고 있다.

미소는 의식적이고 의도적인 선택일 수 있다. 당신의 미소가 진심이건 아니건 간에, 그것은 당신의 건강, 기분, 심지어 주변 사람들의 기분까지 이롭게 하여 다양한 긍정적인 방식으로 당신의 몸과 마음에 작용할 수 있다.

1. 미소는 장수에 도움이 된다.

미소를 짓는 가장 강력한 이유는 아마도 미소가 전체 수명을 연장할 수 있기 때문이다. 2010년 한 연구에 따르면 진지하고 강렬한 미소는 수명 연장과 관련이 있다. 전반적으로 행복한 사람들은 더 나은 건강과 장수를 즐기는 것처럼 보인다.

연구에 따르면 행복은 수명을 몇 년 연장할 수 있다. 행복하고 긍정적인 기분을 유지하는 것이 건강한 생활 방식을 사는 데 중요한 부분이 될 수 있다.

2. 미소는 스트레스를 해소한다.

스트레스는 우리 존재 전체에 침투할 수 있으며 실제로 얼굴에 나타날 수 있다.

미소는 우리가 피곤하고 지치고 압도되는 것을 방지하는 데 도움이 될 뿐만 아니라 실제로 스트레스를 줄이는 데 도움이 될 수 있다.

믿거나 말거나, 미소를 짓는 것은 기분이 좋지 않거나 진짜가 아닌 미소로 위장하더라도 스트레스를 줄일 수 있다.

스트레스를 받을 때 시간을 내어 미소를 지어보자. 당신과 당신의 주변 사람들이 이익을 얻을 것이다.

3. 미소는 기분을 좋게 한다.

기분이 우울할 때 미소를 지어보라. 기분이 좋아질 가능성이 높다. 미소의 물리적 행위는 실제로 감정 상태에 영향을 미치는 뇌의 경로를 활성화한다. 즉, 행복한 표정을 취함으로써 마음을 속여서 행복 상태로 들어갈 수 있다.

진짜 간단한 미소는 신경 통신을 개선하는 신경 펩티드(Peptide)의 방출을 유발할 수 있을 뿐만 아니라 기분을 좋게 할 수 있는 도파민 및 세로토닌과 같은 신경 전달 물질을 방출할 수 있다. 미소를 천연 항우울제처럼 생각하면 된다.

4. 미소는 전염된다.

미소에는 방을 밝게 하는 힘이 있다는 말을 들어 본적이 있는가? 그것은 확실히 아름다운 감정이지만 진실의 암시를 담고 있다.

미소는 기분을 좋게 할 뿐만 아니라 다른 사람의 기분도 더 좋게 바꿀 수 있다. 당신의 뇌는 다른 사람의 표정을 자동으로 알아 차리고 해석하며, 때로는 당신도 그들을 흉내낼 수 있다.

그것은 당신이 다른 사람의 미소를 보고 무의식적으로 자신도 미소를 지을 수 있다는 것을 의미한다.

예로 어린애가 웃는 것을 보든가 옆 사람이 크게 웃으면 나도 미소를 짓게 된다. 미소가 전염된다는 것은 과학적으로 입증되었다.

5. 미소는 면역체계를 강화한다.

미소는 면역체계가 더 효과적으로 기능하도록 도와줌으로써 전반적인 건강을 강화할 수 있다.

웃을 때 (특정 신경전달물질의 방출 덕분에) 긴장이 풀리기 때문에 면역 기능이 향상되는 것으로 생각된다. 감기와 독감 시즌을 앞두고 전반적인 건강을 유지하거나 면역체계를 강화하려고 할 때 미소가 도움이 될 수 있다.

6. 미소는 혈압을 낮출 수 있다.

미소는 혈압에 유익한 영향을 줄 수 있다. 웃음은 특히 초기에 심박수와 호흡을 증가시킨 후 혈압을 낮추는 것으로 보인다.

미소는 스트레스에 직면했을 때 심박수를 낮추는 것으로 나타났다.

집에 혈압계가 있다면 이 아이디어를 직접 테스트해볼 수 있다. 몇 분 동안 앉아서 책을 읽으라. 그런 다음 잠시 미소를 짓고 여전히 웃고 있는 동안 다시 읽으라. 차이점이 보이는가?

7. 웃으면 통증이 감소된다.

연구에 따르면 웃으면 엔돌핀, 기타 천연 진통제 및 세로토닌이 방출된다. 이러한 뇌화학물질은 함께 머리부터 발끝까지 기분을 좋게 만든다. 기분을 좋게할 뿐만 아니라 몸을 이완시키고 육체적인 고통을 줄여준다. 미소는 천연약물이다.

8. 미소는 당신을 매력적으로 만든다.

우리는 자연스럽게 웃는 사람에게 끌린다. 찡그린 표정, 우울한 표정과 같은 더 심각하거나 부정적인 표정은 그 반대의 방식으로 작용하여 효과 적으로 사람들을 밀어내는 반면, 미소는 더 매력적으로 보인다.

그리고 사람들은 당신이 웃을 때 더 긍정적인 성격 특성을 가지고 있다고 생각할 수도 있다. 미소는 당신을 더 매력적으로 보이게 할 뿐만 아니라 더 젊어 보이게 할 수 있다.

웃을 때 사용하는 근육도 얼굴을 들어올려 사람을 젊어 보이게 한다. 따라서 성형 수술을 선택하는 대신 하루 종일 미소를 짓도록 노력해보라. 그러면 더 젊어보이고 기분도 좋아질 것이다.

9. 미소는 성공을 암시 한다.

연구에 따르면 규칙적으로 미소를 짓는 사람들은 더 자신감이 있어 보이고 승진할 가능성이 더 높으며 접근할 가능성이 더 높다고 한다.

회의와 비즈니스 약속에서 미소를 짓도록 노력하라. 사람들이 당신에게 다르게 반응한다는 것을 알 수 있다.

10. 미소는 긍정적인 상태를 유지하는 데 도움이 된다.

이 테스트를 시도하라. 이제 미소를 잃지 않고 부정적인 것을 생각해보라. 어렵다. 미소는 부자연스럽거나 억지로 느껴지더라도 긍정적인 감정에 영향을 줄 수 있다.

당신의 미소가 진짜인지 아닌지에 관계없이 여전히 "인생은 좋다!"라는 메시지를 보낸다. 더 오래, 더 행복하고, 더 건강한 삶을 살기 위한 스마일에 도전하라.

Chat GPT

미소 짓는 것은 스트레스 감소, 면역력 향상, 기분 개선, 사회적 연결 강화 등의 이유로 장수에 긍정적인 영향을 미칠 수 있다.

3. 저자 이야기

1. 필자 집 공부방에 거울이 하나 있다.

그 거울 앞에서 아침 저녁으로 간단한 요가를 한다. 그 거울 꼭대기에 '스마일'이라는 쪽지를 붙여 놓았다. 그리고 웃으며 요가를 한다. 웃으면 7년 더 건강하게 오래 산다고 하는데 한 번 해보자.

2. 워렌 버핏은 탭댄스를 하며 아침에 일을 시작한다고 한다.

그래서 나도 증권공부나 증권거래를 할 때 웃으며 탭댄스를 하며 시작한다.

3. 나는 한인봉사센터에서 요가를 가르치고 있다.

요가 시간은 학생들과 함께 웃으며 시작해서 웃으며 끝낸다.

오늘의
되새김

건강하게 오래 살기 위해서, 매일 한 번 더 웃기 위해서 무엇을 하겠는가?

매달 20일

T : 좀 더 좋은 시간 관리법 (Time Management+)

"바로 삶이란 시간으로 만들어진 것이다.
그렇다면 시간을 낭비하지 마라.
잃어버린 시간은 다시 찾을 수 없다." -벤자민 프랭클린

복습 : 건강하고 행복하고 장수하며 보람된 삶을 사는 길

1. Appreciate : 하루에 한 가지 감사일기를 쓰는 것은 당신의 삶을 더 풍요롭게 한다.
2. Believe : 당신은 당신이 믿는 대로 된다. 당신의 꿈을 믿으라.
3. Create/Change/Choice : 오늘의 선택이 내일의 나를 만든다. 새로운 것을 창조하라.

시간 관리를 잘하는 법

시간관리를 잘 하는 것은 목표를 달성하고 생산성을 극대화하기 위해 사용 가능한 시간을 효과적으로 관리하는 것이다.

우선순위를 설정하고 작업을 관리하는 방법, 작업을 작은 조각으로 나누는 방법, 그리고 미리 일정을 계획하는 것이 중요하다.

아래는 시간 관리를 잘 할 수 있는 몇 가지 핵심 요소이다.

1. 규칙적인 생활이 시간 관리의 가장 효과적 방법이다.

2. 우선순위 설정 : 일의 우선순위를 설정하는 것은 시간관리의 필수다. 어떤 일이 가장 중요한지 판단하고, 그 일에 집중한다.

3. 계획 : 달력과 할 일 목록을 사용하여 미리 일정을 계획한다. 이것은 조직력을 유지하고, 과로하지 않게 한다.

4. 시간 블록 : 시간 블록은 각 작업에 대해 특정 시간 블록을 할당한다. 이렇게 하면 집중력을 유지하고 생산성을 높일 수 있다.

5. 방해물 피하기 : 방해물은 유용한 시간을 낭비시킬 수 있다. 방해물을 최소화하고 제거한다. 예를 들어 휴대폰을 끄거나, 불필요한 창을 닫거나, 조용한 장소에서 작업한다.

6. 적절한 휴식 : 적절한 휴식을 취하는 것은 생산성을 향상시키는 데 도움이 된다. 정기적인 휴식을 취하여 몸과 마음을 휴식한다.

1. "개구리를 잡아먹으라"(Eat That Frog!)

"징그러운 개구리를 먹는 것이 여러분의 일이라면, 아침에 제일 먼저 먹는 것이 가장 좋다. 그리고 개구리 두 마리를 먹어야 한다면, 가장 큰 개구리를 먼저 먹는 것이 좋다."
-마크 트웨인

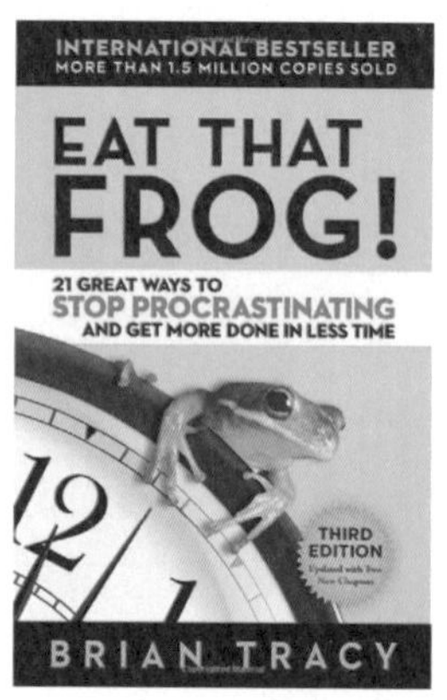

브라이언 트레이시의 "Eat That Frog!"의 뜻은 가장하기 싫고 중요한 것부터 하라는 것이다. 아침에 징그러운 개구리를 잡아먹고 나면 하루가 쉬워진다.

1. 매일 미리 계획하기.

저자는 생산성을 극대화하기 위해 매일 미리 계획해야 한다고 주장한다. 그는 가장 중요한 작업을 먼저 완료하기 위해 할 일 목록을 사용하고 작업의 우선순위를 지정할 것을 제안한다.

2. 80/20 규칙을 모든 것에 적용.

파레토 원리라고 불리는 80/20 규칙은 당신의 노력의 20퍼센트가 당신의 결과의 80퍼센트를 산출한다고 명시한다. 저자는 가장 큰 결과를 내는 20퍼센트의 과제를 식별하고 집중하는 방법을 설명한다.

3. 창의적인 미루기 연습.

저자는 어떤 일은 미루거나 다른 일에 위임할 수 있는 반면, 다른 일은 즉시 해결해야 한다고 제안한다. 지연되거나 위임될 수 있는 태스크를 식별하는 방법과 태스크의 우선순위를 효과적으로 지정하는 방법에 대해 설명한다.

4. 세 가지 법칙 적용.

세 가지 법칙은 작업이 완료시에 사용 가능한 시간을 채우기 위해 확장되는 경향이 있다.
지연을 극복하고 생산성을 높이기 위해 세가지 법칙을 적용하는 방법을 설명한다. 세 가지 법칙이 지연을 극복하고 생산성을 높이기 위해 사용될 수 있다.

세 가지 법칙에 따르면 어떤 작업이든 보다 효율적으로 완료하기 위해 수행할 수 있는 세 가지 작업이 있다.

1. 명확한 마감 시간을 설정한다.
2. 작업을 제시간에 완료하지 못할 경우 명확한 결과를 설정한다.
3. 작업을 완료함으로써 얻을 수 있는 이점을 파악한다.

2. 포모도로 기법(Pomodoro Technigue)

포모도로 기법은 1980년대 후반에 프란체스코 시릴로(Francesco Cirillo)가 개발한 시간관리 방법이다.

주방 타이머를 이용하여 약 25분간 집중해서 일을 한 다음 5분간 휴식하는 방식이다.

시릴로가 대학생 때 토마토 모양의 주방 타이머를 이용하여 25분간 집중 후 휴식을 하는 일처리 방법을 제안하면서 그 이름이 유래했다. 포모도로(pomodoro)는 이탈리아어로 토마토를 뜻한다 .

1. 할 일 선택 : 먼저 25분 간격으로 완료할 수 있는 작업을 선택한다.

2. 타이머 설정 : 25분짜리 '포모도로'로 알려진 시간을 위해 타이머를 설정한다.

3. 작업에 집중 : 25분 동안, 어떤 방해도 없이 작업에 집중한다. 방해가 생기면 나중에 처리할 수 있도록 메모해 둔다.

4. 휴식 시간 : 25분이 지나면, 5분 휴식 시간을 가지며 휴식과 충전을 취한다.

5. 반복 : 25분 동안 작업하고 5분 휴식을 취하는 이 주기를 4회 반복한다.

6. 긴 휴식 : 4번의 포모도로가 끝나면, 15~30분 긴 휴식을 취해 휴식과 충전을 한다.

7. 반복 : 작업을 완료할 때까지 25분 작업과 짧은 휴식을 번갈아 가며 반복한다.

작업을 작은 단위로 나누고, 규칙적인 휴식을 취함으로써 포모도로 기법은 집중력과 생산성을 높이고 과로를 예방하게 된다.

3. 'Getting Things Done'(일을 완수하기)

'Getting Things Done'(GTD)은 데이비드 알렌(David Allen)이

개발한 생산성 방법론이다. 개인과 조직이 업무와 프로젝트를 더욱 효과적으로 관리할 수 있도록 돕는다. GTD 시스템은 다음과 같은 단계로 구성된다.

1. 수집 : 노트북, 앱 또는 인박스와 같은 하나의 장소에 모든 할 일, 아이디어 및 정보를 수집한다.

2. 처리 : 각 항목을 검토하고 처리해야 할 작업, 다음 작업이 무엇인지 및 우선순위가 있는지 또는 위임하거나 연기할 수 있는지를 명확하게 하는 것을 포함한다.

3. 조직 : 맥락, 우선순위 및 마감일에 기초하여 할 일을 목록 및 카테고리로 구성한다.

4. 검토 : 정기적으로 목록과 프로젝트를 검토하여 최신 상태를 유지하고 현재 우선순위를 반영하는지 확인한다.

5. 수행 : 현재 상황과 우선순위에 따라 작업과 프로젝트에 대한 조치를 취한다.

이러한 단계를 따르면 GTD 시스템은 개인과 조직이 업무에 대한 통제와 명확성을 더욱 강화하고 목표를 더욱 효과적으로 달성할 수 있도록 도와준다.

이 시스템은 모든 작업과 아이디어를 캡처하고 이를 실제로 수행 가능한 작업으로 분해하고 개인이 가장 중요한 업무에 집중할 수 있도록 구성하는 것의 중요성을 강조한다.

4. 가장 효율적인 사람들의 '7가지 습관'

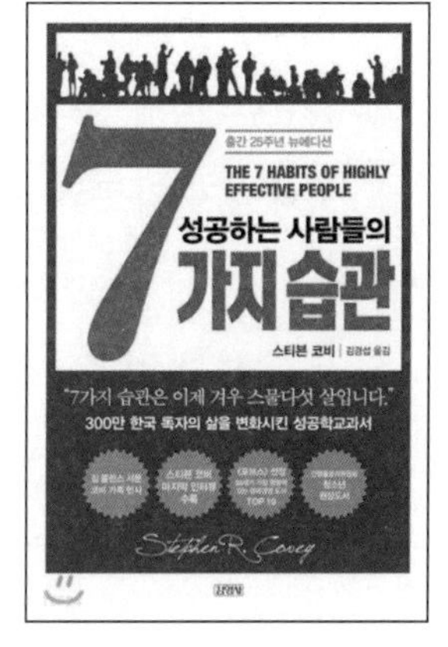

『7가지 습관』은 스티븐 코비에 의해 쓰인 베스트셀러이다. 효과적인 인간으로 성장하기 위한 일곱 가지 습관을 다룬다.

이 책은 '더 나은 삶'을 위해 개인적인 변화와 성장, 그리고 목표 달성에 대한 다양한 전략을 제시한다.

그 중에서도 가장 중요한 것은 '프로액티브한 태도'를 유지하는 것이다. 이는 삶에서 우리가 직접적으로 조절할 수 있는 것과 그렇지 않은 것을 구분하고, 후자의 경우에도 우리가 개입할 수 있는 가능성을 찾아내는 것이다.

이 책은 또한 "상대방을 이해하라"와 "상황을 이해하라"는 중요한 메시지를 전한다. 즉, 다른 사람들과의 관계에서는 이해와 공감이 필수적이며, 문제 상황에서는 상황 전반을 이해하고 해결책을 찾아내야 한다.

1. 적극적으로 행동하기 : 당신의 인생과 선택에 대한 책임을 지라. 외부 상황이나 다른 사람이 당신의 운명을 통제하지 못하도록 하라.

2. 끝을 생각하고 시작하기 : 매일, 각 작업 또는 프로젝트를 명확한 목표와 함께 시작하라. 목표를 설정하고 목적을 가지고 노력하라.

3. 중요한 것을 먼저 하기 : 당신의 시간과 에너지를 인생에서 가장 중요한 일에 집중하라. 중요한 것에 초점을 맞추고 사소한 일에 방해받지 않도록 하라.

4. 서로 생산적인 관점으로 생각하기 : 모든 관계에서 상호이익을 추구하라. 이길 수 있는 게임이나 지는 게임이 아니라 서로에게 도움이 될 수 있는 관점으로 문제를 해결하라.

5. 상대방을 먼저 이해한 후 이해 받기 : 먼저 진지하게 듣고 상대방의 관점을 이해한 후 자신의 의견을 나누라. 이는 좋은 의사소통과 효과적인 문제 해결로 이어진다.

6. 시너지 창출하기 : 다른 사람들과 협력하여 협력 없이는 얻을 수 없는 결과를 얻으라. 서로의 강점을 결합하고 공통의 목표를 향

해 함께 일하라.

7. **개인의 성장과 발전에 투자하기** : 신체적, 정신적, 감정적, 영적으로 자신을 돌보라. 자기 개선과 지속적인 학습에 투자하여 시간이 지나도 효과적으로 일할 수 있도록 유지 및 향상하라.

5. 저자 이야기

1. 책 『개구리를 잡아먹으라』는 내가 가장 하기 싫지만 제일 중요한 것을 아침에 먼저 해치우라는 것에 감동이 된다.

2. 책 『포모도로 테크닉』에서 매 30분마다 쉬라는 것을 배운다. 자주 쉬는 것이 능률을 높인다. 휴식 중 가장 좋은 휴식이 '걷기'라고 한다. 그래서 나는 일을 하면서, 공부를 하면서도, 매 30분마다 걸으며 쉬려고 한다. 걸으면 새로운 아이디어가 떠오를 때가 많다.

3. 책 『GTD 일 완수하기』 방법에서, '해야 할 모든 것을 한 바구니에 다 집어넣고 정리하라'는 교훈이 가장 영향을 주었다.

4. 『가장 효율적인 사람들의 7가지 습관』에서는 프로액티브(Proactive)

한 사람이 되라는 것이다. 일이 떨어질 때까지 기다리지 말고 일을 능동적으로 찾으라는 것이 마음에 남는다. 그 다음에 하루를 계획하는 것도 중요하지만 한 주에 초점을 두고 계획하라는 것이 마음에 울림을 준다.

오늘의 되새김

나는 시간을 좀 더 효과적으로 사용하기 위해서 어떤 습관을 들이고 싶은가?

매달 21일

U : 좀 더 유엔 환경문제를 돕자 (United Nation | Act Now+)

"단 하나뿐인 지구"는
1972년 스톡홀름 회의의 슬로건이었다.
50년이 지난 지금도
이 진실은 여전히 유효하다.

1. 이 행성은 우리의 유일한 집이다

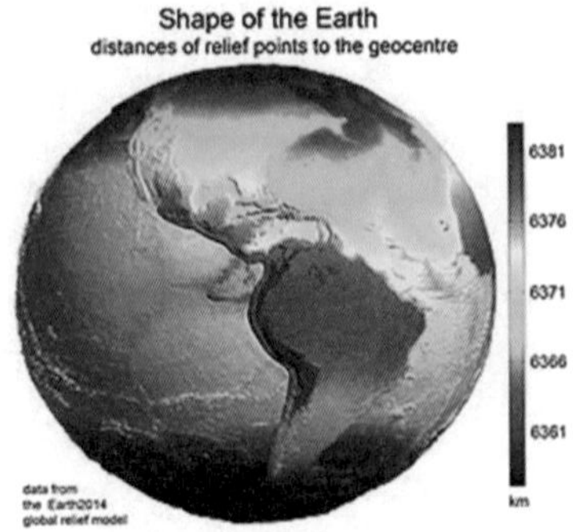

긍정심리학은 100불($)을 나를 위해 쓰는 것보다 남을 위해서 쓰는 사람들이 더 건강하고 행복하다고 한다.

또 장기 계획을 가지고 있는 사람들이 오늘에만 집중하는 사람들보다 건강하고 행복하다고 한다.

그렇다면 어떻게 하면 가장 많은 사람들에게 혜택을 주고 장기적으로 다음세대까지 좋은 영향을 줄 수 있을까 하는 질문을 하고 살아야 된다.

바로 이 질문을 가지고 탄생한 기구가 유엔(United Nation)이다.

유엔 기구에 의하면 우리 인류에게 지금 주어진 가장 크고 시급한 과제가 환경보호 문제이다. 이미 우리가 그 영향을 받고 있다. 다음세대까지 큰 영향을 미친다. 이미 기후 변동이 심해서 극심한 더위와 추위로 피해를 받는 지역과 사람들이 많다.

또 이 지구에는 우리만 사는 것이 아니라 많은 다른 생명체들과 함께 살고 있다. 똑같은 공기와 물을 마시고 살며 고통을 당하고 심지어 멸종되는 생명체들도 많다.

얼마 전만 해도 여러 사람들의 의견이 일치를 못보고, 과학자들 사이에도 정치하는 사람들 사이에도, 서로 다른 의견으로 인해서 환경 개선에 차질을 가져왔다.

이제는 유엔기구를 포함해서 대부분의 나라들과 단체와 과학자들은 "환경문제가 우리에게 가장 큰 문제이며 다급한 문제다."라고 지적한다. 극심한 기후로 인해 산불이 자주 난다.

한 가지 좋은 소식은 이 지구 환경문제는 얼마든지 개선될 수 있으며 이미 많은 전진을 보고 있다. 우리들의 건강과 행복을 위해서 우리도 동참해야 한다.

세계 지도는 해수 온도가 섭씨 0.5도에서 1도 상승하는 것을 보여준다. 육지 온도가 섭씨 1~2도 상승한다. 북극의 온도는 섭씨 4도까지 상승한다. 1956~1976년 평균과 비교한 2011년부터 2021년까지의 평균 지표 기온이 현저한 차이를 보여주고 있다.

1880년부터 2020년까지의 그래프는 약 섭씨 0.3도의 변동을 나타내는 자연적인 동인을 보여준다. 인간의 활동으로 1980년까지 100년 동안 0.3도씩 꾸준히 증가했으며 지난 40년 동안 0.8도 더 급격하게 증가했다.

인간의 활동으로 인해 온도가 상승했으며 자연적인 힘이 약간의 변동성을 추가했다. 현대의 기후 변화는 지구 온난화와 지구의 날씨 패턴에 미치는 영향을 모두 포함한다. 기후 변화의 이전 기간이 있었지만 현재의 변화는 분명히 더 빠르며, 자연적 원인 때문이 아니다.

온실 가스는 주로 이산화탄소(CO_2)와 메탄의 배출로 인해 발생한다. 에너지 생산을 위해 화석 연료를 태우면 이러한 배출량의 대부분이 발생한다. 특정 농업 관행, 산업 과정 및 산림 손실이 추가 원인이다.

온실 가스는 햇빛에 투명하여 지구 표면을 가열한다. 지구가 적외선 복사로 열을 방출할 때 가스가 흡수하여 열을 지구 표면 근처에 가두어 지구 온난화를 일으킨다.

기후 변화로 인해 사막이 확장되고 있으며, 폭염과 산불이 더 흔해지고 있다. 북극의 증가된 온난화는 영구 동토층의 융해, 빙하 퇴각 및 해빙 손실에 기여했다. 더 높은 온도는 또한 더 강한 폭풍, 가뭄 및 기타 극단적인 날씨를 유발한다. 산, 산호초 및 북극의 급격한 환경 변화로 인해 많은 종들이 재배치되거나 멸종되었다.

기후 변화는 식량과 물 부족, 홍수 증가, 극심한 더위, 더 많은 질병 및 경제적 손실로 사람들을 위협한다. 인간 이주와 갈등이 그 결과일 수 있다.

세계 보건 기구(WHO)는 기후 변화를 21세기의 세계 보건에 대한 가장 큰 위협이라고 한다. 미래의 온난화를 최소화하려는 노력이 성공하더라도 일부 영향은 수세기 동안 계속될 것이다. 여기에는 해수면 상승과 더 따뜻하고 산성화된 바다가 포함된다.

이러한 영향의 대부분은 현재 1.2° C(2.2° F) 온난화 수준에서 이미 감지되었다. 온난화를 1.5° C로 제한하려면 2030년까지 배출량을 절반으로 줄이고 2050년까지 순 제로 배출량을 달성해야 한다.

2. 지금 행동 | 유엔

개인 행동을 위한 유엔 캠페인

살기 좋은 기후를 보존하려면 2030년까지 온실 가스 배출량을 절반으로 줄이고 2050년까지 0을 달성해야 한다. 정부와 기업은 과감하고 신속하며 광범위한 조치를 취해야 한다. 그러나 저탄소 세계로의 전환에는 특히 선진 경제에서 시민의 참여가 필요하다.

지금 행동(Act Now)은 기후 변화와 지속 가능성에 대한 개별 행동을 위한 유엔 캠페인이다. 우리 모두는 지구 온난화를 제한하고 지구를 돌보는 데 도움을 줄 수 있다. 환경에 덜 해로운 영향을 미치는 선택을 함으로써 우리는 해결책의 일부가 될 수 있고 변화에 영향을 미칠 수 있다.

우리의 생활방식은 지구에 지대한 영향을 미친다. 우리의 선택이 중요하다. 전 세계 온실 가스 배출량의 약 3분의 2가 개인, 가정과 관련되어 있다. 에너지, 식품 및 운송 부문은 각각 생활방식 배출량의 약 20퍼센트를 기여한다. 우리가 사용하는 전기부터 음식, 여행 하는 방법까지 우리는 변화를 만들 수 있다.

유엔에서 권하는 기후 위기를 해결하는 데 도움이 되는 10가지 행동 사항

1. 집에서 에너지 절약.

필요 없을 때, 필요 없는 장소의 전기 불은 끈다. 필요 없이 냉장고를 여러 개 가질 필요가 없다. 샤워를 가능한 간단히 한다. 집 안 온도를 여름에는 너무 차지 않게 그리고 겨울에는 너무 덥지 않게 온도를 조절한다. 경제적으로도 도움이 된다.

2. 걷기, 자전거 타기, 대중교통 이용.

자동차 사용 횟수와 거리를 줄인다. 가능한 걷고 자전거를 이용하면 건강에도 좋다.

3. 야채를 많이 먹고 필요 이상의 고기를 먹지 않는다.

고기를 많이 먹으려면 많은 동물을 키워야 되기 때문에 공기 오염이 된다.

4. 여행 고려하기.

필요하지 않는 장거리 여행은 삼가한다.

5. 음식을 낭비하지 않는다.

과식을 금하고 소식을 하면 건강에도 좋다. 식당에서 필요 이상의 음식을 시켜서 음식을 많이 낭비하지 않는다.

6. 생활 용품 줄이기, 재사용하기, 수리하기, 재활용.

큰 집 보다는 조금 더 작은 집을, 큰 차보다는 조금 더 작은 차를 구입하며 가능하면 있는 것을 수리해 쓴다.

7. 집의 에너지원 바꾸기.

가능하면 태양열이나 환경적인 에너지를 집에서 사용한다.

8. 전기 자동차 이용.

기름으로 가는 차보다는 기름을 덜 먹는 전기차를 산다.

9. 친환경 제품 선택하기.

물건을 살 때 친환경적인 물품, 예를 들면 재생산한 물건을 산다.

10. 발언한다.

가까운 가족 친척, 친구들에게 되도록 친환경적인 생활을 하도록 모범을 보이고 정치인에게도 환경보호를 이야기한다.

3. 저자 이야기

1. 나는 친환경운동의 하나로 가스(Gas) 소모량을 줄이고 다음부터는 전기차를 타겠다.

2. 일회용 플라스틱 제품 사용을 가능한 줄이겠다.

3. 재활용(Recycle)을 적극적으로 사용하겠다.

오늘의
되새김

본인과 후세를 위해서, 세계 시민으로 살기 위해 친환경적 행동을 위해 당신이 개선할 점은 무엇인가?

매달 22일

V : 좀 더 목표보다 과정을 시각화하라 (Visualize the Steps+)

"처음부터 끝을 시각화 하지 못하면 전진할 수 없다."

–Nabil N. Jamal

"원하는 것을 시각화 하고, 보고, 느끼고, 믿으라.
마음의 청사진을 만들고 구축을 시작하라."

–로버트 콜리어(Robert Collier)

Visualize the Steps+

1. 시각화의 힘

「The Power of Visualization」: Meditation Secrets That Matter the Most

시각화의 개념과 시각화가 삶을 개선하는 데 어떻게 사용될 수 있는지 탐구하는 스티브 리차드(Stephen Richards)의 책이다. 이 책은 시각화 기술을 개발하고 개인적인 목표 달성을 위한 실용적인 기술과 연습을 제공한다.

목표 달성과 관련된 단계에 집중함으로써 자신을 위한 명확한 로드맵을 만들고 행동을 취하려는 동기를 높일 수 있다. 각 단계를 시각화 하면 프로세스에 대해 가질 수 있는 두려움이나 의심을 극복하고 성공할 수 있는 능력에 대한 자신감을 구축하는데 도움이 될 수 있다.

1. 믿음의 힘 : 우리의 믿음이 우리의 현실을 형성하고 우리가 우리의 삶을 변화시키기 위해 믿음의 힘을 사용할 수 있다. 자신을 치유하고 성공을 이끌어내고 역경을 극복하기 위해 믿음의 힘을 사용한 사람들의 예를 제시한다.

2. 시각화의 역할 : 잠재의식의 힘을 활용하기 위한 도구로써 시각화의 중요성을 강조한다. 우리의 목표와 욕망을 시각화하는 기술을 사용하면 우리의 잠재의식을 프로그래밍하여 목표를 달성하기 위해 노력할 수 있다.

3. 확언의 역할 : 또한 잠재의식을 재프로그래밍하기 위한 도구로써 확언의 힘에 대해 논의한다. 그는 생각을 바꾸고 목표를 달성하는 데 사용할 수 있는 긍정적인 확언이 효과가 있다.

4. 부정적인 사고 극복 : 부정적인 사고 패턴을 극복하고 긍정적인 사고 패턴으로 대체하는 것이 중요하다. 그는 부정적인 생각 패턴을 식별하고 변경하는 기술을 배우고 그렇게 하는 것이 우리의 목표를 달성하는데 필수적이다.

2. 목표를 생생하게 상상을 할 것인가?

영상을 마음에 생생히 그려볼 것인가?
어떤 것이 더 효과적인가?

목표를 성취하는 데 성공을 원한다면, 목표를 시각화하는 것보다 그 목표를 향해 취해야 할 단계들을 시각화해야 한다.

연구에 의하면(Taylor, Pham, Rivkin, and Armor(1998)) 목표를 달성한 것을 시각화(결과 시각화)하는 것이 더 좋은지, 목표를 달성하는 데 필요한 과정 또는 단계를 시각화(과정 시각화)하는 것이 더 좋은지 살펴보았다. 그 연구에서, 학생들을 세 그룹으로 나누었다. 그룹 1은 시험 공부의 구체적인 과정(과정 시각화)을 시각화하도록 요청받았다. 이것은 책상에 앉아 각 장을 공부하고, 텔레비전을 끄고, 외출 초대를 거절하는 모습을 상상하는 것을 포함한다.

그룹 2는 성적표가 게시된 게시판 앞에 서 있는 자신을 보고 시험에서 A를 받은 것을 시각화(결과 시각화)하도록 했다.

그룹 3(제어 그룹)은 아무런 지시도 받지 않았다. 그룹 1과 그룹 2는 하루에 5분 동안 시각화를 연습했다. 하루에 불과 5분 동안 시각화를 연습했다.

그 결과 그룹 1, 과정 시각화 그룹은 공부를 일찍 시작했고, 그들은 더 많은 시간을 공부했으며, 시험 성적은 그룹 3(대조군)보다 8점, 그룹 2, 결과 시각화 그룹보다 6점 높았다. 그들은 비슷한 실험을 다른 학생들을 상대로 해보았지만 비슷한 결과가 나왔다.

메시지는 분명하다. 만약 도달하고 싶은 목표가 있다고 하자. 그 목표를 달성하기 위해 필요한 단계를 따르는 자신을 상상하는 것이 그 목표에 도달한 자신을 상상하는 것보다 좋다.

단지 하루에 5분 동안 목표를 시각화한 학생들이 시각화하지 않은 보통 학생들보다 조금 더 성적이 좋아졌다. 공부하는 과정을 똑같이 5분 동안 시각화한 학생들의 성적은 월등히 좋은 효과가 있었다.

시각화를 사용하는 방법

1. 할일 목록(Things To do) 문제 중 하나는 작업이 얼마나 많은 시간을 요구하는 것에 대한 낙관적인 예측이다.

이것은 하루에 너무 많은 계획을 세우는 것으로 이어진다. 그리고 우리가 목록에 있는 모든 것을 완성하지 못했기 때문에 낙담할 수 있다.

목표를 향한 과정이나 단계를 시각화하면 보다 현실적인 계획과 문제 해결 기술을 습득할 수 있다. 그리고 이것은 우리의 스트레스를 줄이고 우리의 동기를 증가시킨다.

2. 생산성을 향상시키기 위해 사용할 수 있는 간단한 전략 중 하나는 일상적인 의식과 습관을 만드는 것이다.

매일 일을 의식화함으로써 더 창의적인 일을 할 수 있도록 마음을 해방시킨다. 목표를 달성하는 데 필요한 단계를 시각화하는 것은 이러한 일상적인 의식과 행동을 정의하는데 도움이 될 수 있다.

3. 시험을 위해 공부하는 학생들처럼, 과정을 시각화하는 것은 여러분이 의식과 습관을 고수하는 것을 도울 수 있다.

4. 모든 사람이 시각적인 사고나 학습자는 아니다. 시각적이든 아니든, 단계를 적는 것은 많은 이점을 가지고 있다. 그것을 적을 때, 자신이 하고 있는 것을 볼 수 있다. 그것은 행동에 대한 요구를 만들어낸다. 그리고 시각적인 사상가는 또 다른 닻을 만들어 낸다.

3. 보는 것이 믿는 것이다: 시각화의 힘

클립 소스 : 보는 것이 믿는 것이다 : 시각화의 힘 | 오늘날의 심리학, 2009년 12월 3일 게시
Clip source: Seeing Is Believing : Psychology Today, A.J.Adams, MAPP

손가락 하나 까딱하지 않고 안락의자에 앉아서 우리가 할 수 있는 놀랍도록 멋지고 효과적인 연습이 있다.

예를 들어, 골프 스윙을 연습하고, 근육을 단련하고, 킬리만자로 산을 오를 준비를 하고, 체스 기술을 연마하고, 내일 수술을 위한 연습을 할 수 있고, 최고의 삶을 준비할 수도 있다.

정신적인 연습은 여러분이 인생에서 원하는 곳에 더 가까워지게 할 수 있고, 그것은 여러분을 성공하도록 준비시킬 수 있다.

예를 들어, 컴퓨터 전문가인 나틴 샤란스키(Natan Sharansky)는 미국을 위해 스파이 활동을 한 혐의로 기소되어 소련에서 9년을 복

역했다.

독방에 감금되어 있는 동안, 그는 '세계 챔피언이 되기 위해 이런 기회를 이용하는 것이 낫겠다!'라고 생각하면서 정신적인 체스에 자신을 훈련시켰다. 그 덕택에 놀랍게도, 1996년에 샤란스키는 세계 체스 챔피언 게리 카스파로프를 이기고 세계 챔피언이 되었다.

역도 선수의 뇌 패턴을 조사한 연구가 있다. 역도 선수가 수백 파운드를 들어 올렸을 때 활성화되는 뇌 패턴이, 그들이 들어올리는 것을 상상했을 때 비슷하게 활성화 된다는 것을 발견했다.

어떤 경우에는 정신적인 연습이 진짜 신체적인 연습과 거의 같은 효과를 가져온다는 연구 결과가 나왔다.

예를 들어 오하이오 클리블랜드 클리닉 재단의 운동심리학자인 광 예(Guang Yue)는 일반인에 대한 연구에서, 신체 운동을 한 사람들의 결과와 그들의 머리 속에서 가상 운동을 한 사람들의 결과를 비교했다.

신체 운동 그룹에서 손가락으로 잡아당기는 외전 강도가 53퍼센트 증가했다. '정신 수축'을 한 그룹에서 손가락 압박 강도가 35퍼센트 증가했다. 그러나 훈련 종료 후 4주가 지나서야 최대치(40퍼센트)가 달성되었다(Ranganathan et al., 2004). 이것은 몸과 근육에 대한 정신의 놀라운 힘을 보여준다.

정신적인 연습은 동기부여를 강화하고, 자신감과 자기효능감을 증가시키며, 운동능력을 향상시키고, 성공을 위해 뇌를 준비시키고, 그리고 흐름의 상태를 증가시킬 수 있다는 것이 밝혀졌다. 이 모든 것은 최고의 삶을 달성하는 것과 관련이 있다.

4. 자신이 되고 싶은 모습을 시각화하고, 그대로 행동하라

"자신이 되고 싶은 모습을 시각화하여 행동하라."(아만딘 시이타) | 『당신의 삶을 의도적으로 살아라』

모든 사람이 무의식적으로 시각화를 사용하지만, 그것을 긍정적으로 사용하는 사람들은 별로 없다. 단순히 시각화를 사용함으로써 우리의 뇌가 목표를 달성하는 것이 가능하다고 믿게 할 수 있다.

자신을 위해 긍정적인 일을 할 수 있어서 행운이라고 생각하는 사람들도 있다. 우리는 무엇이든 시각화할 수 있다. 유일한 한계는 우리 자신의 마음이다.

이미지는 우리의 가장 기본적인 언어이다. 우리는 그림으로 생각한다. 만약 우리가 상상력과 시각화를 올바른 방식으로 사용하는 법을 배운다면 그것은 우리의 모든 관심과 상상력을 그것에 집중함으로써 우리의 삶에서 우리가 원하는 것을 성취할 수 있는 엄청나게 강력한 기술이 될 수 있다.

우리가 시각화 기술을 처음 연습할 때 우리는 검열이나 판단 없이 우리의 삶에서 진정으로 드러내고자 하는 것을 허용하기 위해 우리의 마음과 생각을 연다. 우리가 더 많이 연습할수록 우리의 비전의 세부 사항은 더 명확해진다.

자신에 대한 믿음을 가지는 것은 자신에게 집중하도록 한다. 승리하는 태도는 겉으로 보기에 좋게 보이든 나쁘게 보이든, 모든 경험에서 긍정적인 기회를 보도록 당신의 마음을 훈련시킨다. 내가 꿈꾸는 모든 것이 현실이 되도록 자신을 훈련시킬 필요가 있다.

우리는 집중하는 것을 획득한다. 자신이 되고 싶은 모습을 위해서 시각화하는 것은 무엇인가? 그것은 그렇게 되기 위해 필요한 행동을 하도록 집중력을 제공한다. 무언가에 집중할 때, 실제로 자신의 마음에 명령(여러분이 그것을 알고 있든 없든)을 준다. 그래서 자신의 마음은 자신에게 준 명령을 추출할 방법을 찾고 있는 것이다.

왜 그런가? 우리의 뇌는 그 차이를 모르기 때문에 그것은 여러분이 그것을 일어나도록 만드는 데 집중하도록 할 것이다. 그래서 스스로에게 일이 잘못될 것이라고 말할 때마다, 그것은 실제로 잘못된 일이 일어날 것이라는 것을 알아야 한다.

우리의 마음은 우리가 찾는 경향이 있는 것들을 찾을 것이다.

만약 우리가 부정적으로 생각한다면 우리의 마음은 부정적으로 보일 것이다. 여러분의 마음이 부정적인 생각에 미치는 영향은 긍정적인 생각만큼 강력할 것이라는 것을 이해하는 것이 중요하다.

승리를 축하할 때, 그것은 계속 승리하기 위해 필요한 자신감과 추진력을 만들어 낼 것이다. 아무도 우리를 축하하지 않을 때 자신을 축하하는 법을 배우라. 아무도 당신을 칭찬 하지 않을 때 당신 자신을 칭찬하라.

당신을 격려하는 것은 다른 사람들에게 달려 있지 않고 당신 자신에게 달려 있다. 격려가 내부에서 나와야 한다. 특별 아침 식사를 하든가, 시간을 내서 몸을 풀고, 편안한 마사지를 예약하고, 선물을 사고, 마을을 벗어나고, 영화를 보는 등 자신이 꿈꿔왔던 모든 것이 될 수 있는 것을 경험하라. 여러분은 자신에게 빚진 자이다.

5. 저자의 시각화

몸과 마음과 정성을 다해 이렇게 '멋진 삶'을 꿈꾸며 아침마다 첫 5분간 시각화하겠다. 나는 오늘 어떻게 건강하며, 부유하게, 또 배우며 사회를 위해 살 수 있을까? (Be healthy, wealthy, and wise for me and others?)

1. 건강 관리는 오키나와 사람처럼 하겠다.

나는 세계에서 제일 장수한 일본의 오키나와 사람들처럼 적게 먹고 많이 운동한다.

- **시각화** : 한 숟가락 덜먹고 한 발짝 더 걷겠다.

2. 금전 관리는 워렌 버핏처럼 하겠다.

돈을 모아서 유용한 데 쓰기 위해서 검소하게 살고 저축한다.

- **시각화** : 1불 덜 쓰고 1불 더 투자하겠다.

3. 공부는 나의 어머님처럼 평생학생으로 살겠다.

초등학교만 졸업했지만, 양로원에서 93세까지 통역하신 어머님처럼 평생 배우겠다.

- **시각화** : 한 줄 읽고 한 줄 쓰겠다.

4. 사회봉사는 벤자민 프랭클린처럼 남과 나를 위해서 사회에 유익한 사람이 되기 위해 살겠다.

- **시각화** : 길에서 쓰레기 하나 줍고 불쌍한 어린이 한 명 돕겠다.

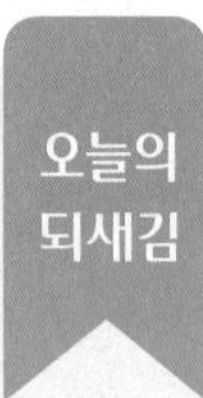

당신은 무엇을 시각화할 것인가?

매달 23일

W : 좀 더 의지력과 자제력을 키우라(Willpower+)

"행복과 성공에 있어서
자제력이 아이큐보다 두배 더 중요하다.
의지력은 강화될 수 있는 근육이다."
-로이 바우마이스터

Willpower+

1. 의지력(Willpower)

『의지력』: 가장 위대한 인간의 힘을 재발견하는 것(로이 바우메이스터와 존 티어니)

이 책은 로이 바우메이스터(플로리다주립대 심리학과 교수)와 존 티어니 (뉴욕타임스 기자)가 공동 저술한 자기통제에 관한 책이다.

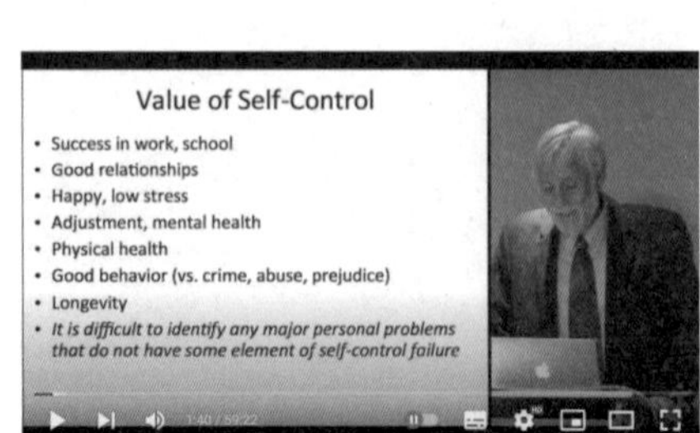

1. 성공을 예측하는 두 가지 특성

어떻게 당신이 성공을 정의하든 - 행복한 가족, 좋은 친구, 만족스러운 경력, 튼튼한 건강, 재정적 안정, 당신의 열정을 추구할 자유 - 그것은 몇 가지 자질을 수반하는 경향이 있다. 심리학자들은 삶에서 '긍정적인 결과'를 예측하는 개인적 자질을 분리할 때 '지능과 자제력'이라는 두 가지 특성을 발견했다.

지금까지 연구자들은 여전히 영구적으로 지능을 높이는 방법을 배우지 못했다. 하지만 그들은 자제력을 향상시키는 방법을 발견했거나 적어도 재발견했다. 의지력을 향상시키는 것이 더 나은 삶을 위한 가장 확실한 방법이다.

자제력은 IQ보다 학업 성공을 예측하는 데 2배 더 효과가 있다. 결론적으로 만약 여러분이 여러분의 삶을 향상시키고 싶다면 자제력을 키우는 것이 시작점이다.

2. 욕망은 정상이다.

연구원들은 사람들이 깨어 있는 시간의 적어도 5분의 1을 욕망에 저항하는 데 보낸다고 결론지었다. 하루에 3~4시간 정도이다.

우리는 의지력을 비상상황에서만 소환될 수 있는 마법의 힘이라고 생각하는 경향이 있다. 하지만 그렇지 않다.

한 연구에서 바우메이스터와 그의 동료들은 200명 이상의 사람들을 관찰했다. 참가자들은 하루에 7번씩 무작위로 울리는 삐삐를 착용해 현재 모종의 욕망을 느끼고 있는지, 아니면 최근에 그런 욕망을 느낀적이 있는지 보고하도록 했다. 모두 합쳐서 1만 건 이상의 순간적인 보고가 기록되었다. 연구원들이 실험실 안팎에서 수천 명의 사람들을 연구한 결과 발견한 것이다.

실험은 두 가지 교훈을 일관되게 보여주었다.

① 당신은 사용할수록 고갈되는 유한한 의지력을 가지고 있다.

② 당신은 모든 종류의 작업에 똑같은 의지력을 사용한다.

3. 연습이 완벽을 만든다.

한 영역에서 자제력을 발휘하는 것은 삶의 모든 영역을 향상시키는 것처럼 보였다.

그들은 담배도 덜 피웠고 술도 덜 마셨다. 그들은 집을 더 깨끗하게 유지했다. 그들은 그릇을 싱크대에 쌓아두는 대신 설거지를 했고, 더 자주 빨래를 했다. 그들은 덜 꾸물거렸다. 그들은 먼저 텔레비전을 보거나 친구들과 어울리는 대신 그들의 일과 집안일을 했다. 그들은 해로운 음식을 덜 먹었고, 그들의 나쁜 식습관을 더 건강한 것으로 대체 했다.

의지력은 다른 것과 같은 기술이다. 만약 여러분이 그것을 더 잘하고 싶다면, 여러분은 연습할 필요가 있다. 그것은 무슨 의미가 있는가? 그것은 당신이 일상생활에서 자제력을 발휘할 필요가 있다는 것을 의미한다. 바우메이스터는 일상생활에서 당신의 의지력을 틈틈이 연마할 수 있는 몇 가지 전략을 언급한다.

① 자세를 조절하라.

당신이 허리를 굽히고 있다는 것을 알게 될 때마다, 똑바로 앉으라. 이것은 자연스럽지 않기 때문에 의지력을 필요로 하고 길러준다.

② 쌍욕을 하지 말라.

욕설을 퍼붓는 당신의 성향에 어긋나는 노력이 필요하기 때문에 이것은 의지력을 필요로 하고 길러준다.

③ 지출을 추적하라.

다시 말하지만, 이것은 우리가 보통 하는 일이 아니기 때문에 그것은 의지력을 필요로 하고 길러준다.

4. 결정 피로 주의.

의지와 의사결정 사이의 연결은 두 가지 방식으로 작동한다. 의사결정은 여러분의 의지력을 고갈시키고, 일단 여러분의 의지력이 고갈되면, 여러분은 결정을 내릴 수 없게 된다.

여러분은 장단점을 고려해야 하고, 책임을 져야 하며, 도덕성에 대해 생각해야 한다. 이런 것들은 에너지 집약적인 과정이다.

불행하게도 결정을 내리는 것은 우리가 자기 통제에 필요한 것과 같은 에너지를 소모한다. 더 많은 결정을 내릴수록 당신에게 남은 의지력은 줄어든다. 좋은 소식은 여러분이 매일 내리는 결정의 양을 줄일 수 있다는 것이다.

따라서 여러분의 소중한 의지력의 일부를 절약할 수 있다는 것이다. 그렇게 하는 몇 가지 방법에는 전날 밤 당신의 하루를 계획하는 것, 사전 약속을 만드는 것, 같은 식사를 반복해서 먹는 것, 또는 당신의 옷장을 최소화하는 것이 포함된다.

5. 의지력을 높이는 또 다른 간단한 방법은 주위를 깔끔하게 유지하는 것이다.

여러분은 침대가 만들어지고 책상이 깨끗한지에 대해 신경쓰지 않을 수도 있지만, 이러한 환경적 단서들은 여러분의 뇌와 행동에 미묘하게 영향을 미쳐 궁극적으로 자기 수양을 유지하는 것을 덜 부담스럽게 만든다.

질서는 전염된다. 한 연구는 당신의 환경이 당신의 자제력에 막대한 영향을 미친다는 것을 보여준다.

6. 방어가 아닌 공격을 하라.

자제력이 좋은 사람들은 응급상황에서 구조하기 위해서가 아니라 학교나 직장에서 효과적인 습관을 기르기 위해서 주로 의지력을 사용한다.

이러한 습관과 일상의 결과는 미국의 또 다른 최근 연구에서 입증되었는데, 이는 높은 자제력을 가진 사람들이 그들의 삶에서 지속적으로 적은 스트레스를 보고한다는 것을 보여준다.

그들은 위기를 헤쳐나가는 것이 아니라 위기를 피하기 위해 자제력을 발휘한다. 그들은 프로젝트를 끝내기 위해 충분한 시간을 준다. 그들은 차가 고장나기 전에 정비소에 간다. 그들은 뷔페를 무제한으로 먹는 것을 멀리한다.

2.『의지력 본능의 교훈』
–켈리 맥고니갈

이 책은 스탠포드대학의 인기 강좌인 〈의지의 과학〉의 강사 켈리 맥고니갈이 쓴 책이다. 의지의 과학적 사실 뿐만

Good, congratulations you've got some willpower.

아니라 그 사실들의 실제적 응용을 모두 담고 있는 매우 잘 짜여진 책이다.

이 책은 생물학적, 신경과학적인 관점에서 의지력을 논하고 나의 욕망적인 행동들을 이해하는 데 도움을 준다.

1. 자기통제는 인간을 다른 동물과 분리시킨다.

이제 자기통제는 인간과 인간을 분리한다. 진화 역사를 통해 인간은 충동을 억제하고 미래를 계획할 수 있는 능력을 가지고 있기 때문에 많은 동물 종에서 두드러진다.

하지만, 인간을 다른 동물들과 구분하는 같은 특성이 이제 인간을 서로 구분한다. 자신의 원시적 본능을 통제할 수 있는 사람들은 자신의 삶을 통제할 가능성이 더 높다.

특히 매일 수많은 유혹이 있는 사회에서, 만약 사람들이 그들의 원초적 본능이 그들을 어디로 이끌든 그저 따라간다면 그들은 결국 나쁜 상황에 처하게 될 것이다.

맥고니갈에 따르면, 식탁에서 본 쿠키를 집어삼키는 것을 막는 '하지 않을 것'의 힘, 매일 지연 만족을 받기 위해 도전하는 '의지'의 힘, 그리고 장기적인 목표인 '원하는'의 힘 등 세 가지 유형이 있다.

세 가지 유형의 힘을 통해 탐색하는 법을 배우는 것이 중요하다. 우리는 결코 원시적인 본능에서 벗어날 수 없다. 의지력의 핵심은 그들이 그것에 맞서 싸우려 하지 않고 여러분을 위해 일하도록 하는 것이다. 통제력을 발휘하기 위해서는 '원하는' 힘을 발휘해 현재보다는 장기적으로 자신이 원하는 것이 무엇인지 고민해야 한다.

2. 피곤하고 스트레스를 많이 받는 두뇌는 나쁜 결정을 내리게 한다.

우리의 자기 제어는 작동하기 위해 에너지가 필요한 전전두엽 피질에 의해 움직인다. 우리가 피곤할 때 에너지가 충분하지 않고, 따라서 우리의 자제력이 박탈된다.

이것은 여러분이 스트레스를 많이 받는 일로 긴 하루를 보낸 후에 초콜릿이나 아이스크림을 더 많이 먹는 이유를 설명해준다.

인간의 뇌는 우리가 스트레스를 받을 때 즉각적인 결과에 집중하도록 설계되었다. 이 특성은 우리의 원시 조상들을 야생에서 살아 있게 해주지만, 우리가 체중 감량이라는 우리의 장기적인 목표를 잊게 한다.

여러분이 후회할 행동을 저지르기 전에 심호흡을 몇 번 하는 것은 여러분의 장기적인 목표를 생각하기 위해 이 자연스러운 반응에 대항하는 한 가지 방법이다.

심호흡을 함으로써 여러분은 스트레스와 직접적으로 관련이 있는 심박수를 낮출 수 있다. 자신에게 좋은 것을 위해 나쁜 것을 보상하지 말아야 한다.

우리가 상반된 욕망을 가질 때 우리는 종종 우리 스스로에게 '도덕적 허가'라고 알려진 나쁜 사람이 되는 것을 허락하도록 이야기한다.

예를 들어, 여러분이 일주일 동안 엄격한 다이어트를 했다고 상상한다. 하지만 주말이 다가오면 여러분은 바삭바삭한 감자튀김을 곁들인 군침이 도는 햄버거로 여러분 자신을 보상하기로 결심하고 밀크쉐이크로 모든 것을 씻어내기로 결심하기 쉽다. 한 끼 식사로 일주일 내내 다이어트를 망쳤지만 그럴 자격이 있다고 생각하기 때문에 그렇게 나쁘게 생각하지 않는다.

이런 일이 일어나지 않도록 하기 위해서, 여러분은 사고방식을 바꾸고 여러분의 진보를 여러분이 목표에 전념하고 있다는 증거로 보아야 한다.

3. 너무 자책하지 마라. 자신에게 관대하라.

많은 사람들이 체중 감량 여행 도중에 그만두는 이유 중 하나는 자기비판이다. 일주일 동안 힘든 다이어트를 한 후 한 번 실패하면 막 먹어주는 폭식에 빠져들게 된다. 불편한 처지에 놓이게 되고 너무 무모하다고 자신을 비난할 수도 있다.

그러나 자기비판은 스트레스로 이어지고, 스트레스는 뇌를 즉각적인 만족 추구 모드로 전환시켜 자기통제력을 더욱 떨어뜨린다.

언젠가 너 자신을 탐닉한다면, 너 자신을 지나치게 비판하지 마라. 앞으로 나아가서 다음 날 습관을 따르도록 하라. 하루는 실수다. 이틀은 습관이다. 당신의 의지력을 단련하라.

4. 미래의 자신을 투자하라.

인간과 다른 동물 사이의 중요한 차이점은 장기적으로 생각하는 능력이다. 사람들은 그들의 월급을 받는 날, 그들의 미래 모습을 염두에 두지 않고 쇼핑을 한다. 이 문제를 해결하는 한 가지 방법은 자신이 하는 모든 것을 자신에 대한 투자로 생각하는 것이다.

예를 들어 만약 여러분이 한 페이지를 더 읽는다면 여러분의 미래의 모습은 조금 더 현명해질 것이다.

만약 여러분이 부정한 식사를 거절한다면 여러분의 미래의 모습은 조금 더 건강해질 것이다. 우리는 우리를 위한 만족 작업을 지연시키기 위해 현재의 자신과 미래의 자신을 연결하는 방법을 찾아야 한다.

5. 명상을 하라.

명상은 의지력을 크게 높일 수 있다. 자기통제의 핵심은 자신이 현재 상황을 통제할 수 있다는 것을 깨닫는 것이다. 하지만, 이것은 쉽지 않다. 명상을 통해 여러분은 환경에 대한 인식을 높일 수 있고, 여러분이 이전에 알지 못했을지도 모르는 매일 내리는 결정을 관찰할 수 있으며 여러분의 장기적인 목표가 무엇인지 여러분 자신에게 상기시킬 수 있다.

이것은 또한 아이러니컬한 반등이나 당신이 억누를 수 없는 생각에 도움이 될 수 있다. 여러분이 그 잊혀지지 않는 생각들의 존재를 인정할 때, 그것들은 보통 덜 산만해진다.

6. 사회적 영향은 개인의 행동을 형성하는 데 중요한 역할을 한다.

의지력은 전염성이 있을 수 있기 때문에 올바른 사람들과 함께 자신을 둘러싸는 것이 중요하다. 연구들은 만약 여러분의 친구나 이웃이 비만이라면 여러분이 비만일 가능성이 더 높다는 것을 보여준다. 그 반대로 만약 당신의 친구가 담배를 끊는다면, 당신도 담배를 끊을 가능성이 높다.

그러므로, 사회적 요소를 활용하기 위해서는 여러분이 가지고 싶은 자질을 가진 자제력이 있고 긍정적인 사람들과 함께 하도록 노력하라.

3. 행복과 성공의 열쇠인 자제심을 키우기 위한 저자의 결심

심리학자들은 자제력이 있는 사람들이 행복하고 성공한다고 말한다. 물론 성공의 정의는 사람에 따라 다르다. 하지만 나의 자제력과 의지를 강화하기 위해 이런 것을 하려고 한다.

1. **목표 관리 :** 나의 자제심을 키우기 위해 매일 한 가지 목표를 정하겠다.

2. **장소 관리 :** 나의 자제심을 키우기 위해 일하기 전 후에 30초씩 정리 정돈을 한다.

3. 시간 관리 : 나의 자제심을 키우기 위해 매 30분, 시간 사용을 기록한다.

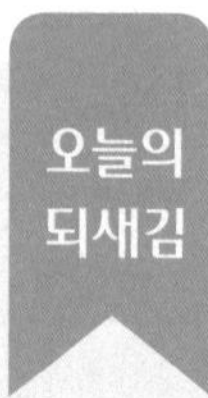

자제심이 당신의 행복과 성공에 가장 중요하다.
당신의 자제심을 키우기 위한 결심은 무엇인가?

매달 24일

X : 좀 더 성공적인 결혼생활과 섹스(X Factors+)

"행복한 결혼은 깊은 우정과 친절에 바탕을 둔다.
여자들은 집안일을 도와주는 남자를 매력 있게 본다.
좋은 결혼생활은 면역체계에 혜택을 주고
건강하고 장수하는데 큰 도움이 된다."

–존고트만(J.Gotteman)

X Factors+

1. 결혼을 성공시키는 7대 원칙

워싱턴 대학의 교수 존 고트의 저서 『결혼을 성공 시키는 7대 원칙』은 결혼생활 개선을 위한 7대 원칙과 이혼으로 가는 결혼의 종말을 예고하는 '4대 호스맨'을 상세히 다루고 있다.

1999년에 출간된 이 책은 고트만이 14년 동안 650쌍 이상의 커플을 관찰한 가족연구실('사랑연구실'로 알려진)의 연구에 바탕을 두고 있다.

고트만 교수는 결혼생활을 파괴하는 ① 비판, ② 방어, ③ 경멸, ④ 돌담 등을 최소화하고 피하는 것이 중요하다고 한다.

그는 이 네 가지 중 경멸이 이혼의 가장 큰 예측 변수라고 경고한다. 즉 "상대방이 나를 우습게 본다"고 느끼면 결혼에 종말이 온다고 한다.

원칙 1 : 기능하는 커플들은 풍부하고 포괄적인 사랑 지도를 가지고 있다.

만약 당신이 기혼자라면 당신은 아마도 배우자에 대한 독점적이고, 민감한 혹은 사적인 세부 사항들에 대해 알게 될 것이다.

하지만, 여러분은 이 세부 사항이 정말로 '사랑 지도'에서 우리의 뇌 속에 남아 있다는 것을 알고 있는가? 뇌 속의 사랑 지도가 발전하면 여러분의 사랑은 더욱 강력해질 것이다. 이혼의 수많은 역사적 사례에서 커플들은 실제로 서로에게 그렇게 말을 잘 하지 않았다.

그들은 그들의 결혼을 위한 적절한 마음의 장소를 약속하지 않았다. 사랑 지도가 없으면 파트너들은 서로를 완전히 이해할 수 없고, 실제로 서로를 이해하지 못할 때 그들을 진정으로 사랑할 수 없다.

사랑 지도는 당신과 당신의 배우자의 목표와 인생관을 가지고 있기 때문에 그것을 아는 것이 중요하다. 하지만, 그것은 바뀔 수 있다. 출산은 여성의 삶의 목표나 경로를 극단적으로 변화시킬 수 있다. 따라서 연애 지도를 바꿀 수 있다.

원칙 2 : 커플은 애정과 감탄 시스템이 있다면 회복할 수 있다.

당신의 결혼생활이 파탄나기 시작할 때 당신은 그것이 고쳐질 수 있는지 어떻게 알 수 있는가? 중요한 것은 두 사람이 과거에 함께 만들었던 좋은 추억들을 기억할 때 여러분의 감정을 좋게 평가하게 되는 것이다.

파트너 중 두 사람이 서로에 대해 존경과 호감을 갖는 구조는 그들의 과거를 보는 방식에 달려있다. 결혼생활에서 아직 호의적인 감정이 남아 있다면, 파트너들은 서로를 처음 본 방식, 즉 첫 데이트 등에 대해 집중적으로 이야기할 것이다.

결혼생활이 힘들 때, 아름다운 순간들을 부부가 함께 기억하는 것은 쉽지 않다. 하지만 여러분의 과거를 연인으로 보는 방식은 중요하다. 96퍼센트의 파트너들은 그들의 약혼을 호의적으로 보는 경우 행복한 미래를 즐길 수 있다.

예를 들면 아내가 혹은 남편이 미워질 때 상대방과의 가장 좋았던 때를 기억하라. 그런 좋았던 경험을 자꾸 되새기면 결혼생활에 큰 도움이 된다.

원칙 3 : 짧고, 겉으로 보기에는 작은 잡담들이 커플들을 서로 가까워지게 한다.

결혼의 중요한 순간들은 여러분의 파트너와 매일의 토론이다. 결혼에서 파트너는 종종 그들의 배우자의 관심, 도움, 유머, 그리고 애정을 위해 '제안'을 한다.

직장에서 일하던 중에 배우자의 걱정에 관심을 갖고 잠시 동안 이렇게 하라. 전화를 하든가 메세지를 보내는 것은 당신이 결혼생활을 지속하는 로맨스를 강화한다는 것을 의미한다.

예를 들어 어느 날 아침, 부인이 남편에게 무엇을 의논하려고 할 때 남편이 "나는 사무실에 가야 합니다. 그것에 대해 지금은 이야기할 시간이 없지만, 오늘 밤에 그것에 대해 이야기해도 좋습니다."라고 말할 때 결혼생활에 도움이 된다.

하지만 남편이 "나 직장에 늦어요"라고 말하며 나가버리고 하루 종일 연락이 없으면, 결혼 관계를 매력으로 강화시키기 힘들다. 연애는 일상생활을 하면서 상대방이 고마움과 관심을 느낀다는 것을 나타낼 때 지속된다.

원칙 4 : 파트너들은 서로의 견해와 감정을 고려함으로써 그들의 선택에 영향을 미칠 수 있도록 허용해야 한다.

우리 모두는 사회에서 평등과 공정성을 중요시한다. 결혼도 마찬가지다. 이러한 능력은 파트너와의 갈등과 대화에 큰 영향을 미친다.

예를 들어, 만약 남자들이 그들의 파트너에게 존경과 명예를 보여주지 않는다면 충돌은 악화될 수 있다. 의견의 차이가 있을 때, 여성들은 남자가 자기 의사를 무시할 때 마음의 상처를 받는다.

이와는 달리 남편은 상대의 의견이 잘못되었다고 밀어부치는 경향이 있다. 확실히, 남편이 아내에게 어떤 권력도 주지 않을 때 결혼이 무너질 확률은 81퍼센트이다. 마찬가지로 여자가 남자가 하려는 것마다 반대하는 것도 문제가 된다. 상대방의 의견을 물을 때 관계는 점점 좋아진다.

원칙 5 : 부부 갈등에는 해결 가능한 문제와 영구적인 문제 두 가지가 있다.

결혼생활에서 해결할 수 있는 문제는 극심한 고통과 긴장감으로 이어질 수 있는 작은 문제들이 많다.

운전하고 어디를 가야 될 경우에 파트너 제이슨이 정말 빨리 운전한다고 믿는 아내 레이첼의 예를 생각해 보자.

남편은 그녀가 나갈 준비를 하는데 너무 많은 시간을 보내기 때문에 과속이 중요하다고 말한다. 아내는 남편이 매일 화장실에서 시간을 오래 보내기 때문에 제 시간에 준비할 수 없다고 주장한다. 그들은 이 시점에서 더 넓은 시야를 가졌을 때 이 갈등이 해결될 수 있다는 것을 깨닫게 될 것이다. 평상시보다 10분 일찍 일어나는 것이 문제를 해결할 수 있을 것이다. 단기적인 문제일 수도 있는 해결 가능한 문제와는 달리 결혼 문제의 대부분은 영구적이며 이것은 그것들이 항상 다시 일어나는 것을 의미한다.

관계의 69퍼센트는 몇 년 동안 지속되는 충돌을 겪는다. 비록 보통 실제적인 해결책은 없지만, 그들은 문제를 계속 파악하고 논의해야만 그것을 해결할 수 있다.

지속적인 문제가 본질적으로 끔찍한 결혼을 의미하는 것은 아니다. 그런 사람들끼리 사는 것이 결혼생활이다.

원칙 6 : 해결할 수 없는 문제로 인해 정체감을 느낄 때, 당신은 그것을 다루는 법을 배울 필요가 있다.

이제 여러분은 어떤 종류의 충돌이 여러분의 결혼생활에 장애물이 될 수 있는지 이해했다. 하지만, 그것이 해결 불가능하고 여러분이 갇혀 있다고 믿을 때 어떻게 해야 할까?

이런 상황에서는 정체 구역을 벗어나야 하는데, 이는 항상 발생하는 정확한 이슈에 갇혀 있다는 느낌을 의미한다. 그것의 목표는 그 문제를 없애는 것이 아니라, 토론으로 바꾸는 것이다.

비록 그 문제가 해결될 수 없을 것 같지만, 여러분은 계속해서 그것에 노력을 기울여야 하고 충돌을 정말로 줄이는 것을 목표로 시도해야 한다. 그래도 같이 살아야 되는 것이 결혼생활이다. 상대방의 의사에 동의 할 수는 없어도 계속 속에 있는 말로 대화를 해야 한다.

원칙 7 : 공유된 의미 만들기

공유된 의미를 만드는 것은 여러분의 목표, 역할, 그리고 의식을 융합하는 것을 포함한다.

여러분은 자신과 파트너가 그들의 필요, 욕구, 꿈을 인정받도록 함으로써 목적을 공유하는 것에서 성취감을 찾을 수 있다. 여러분이 모든 종류의 친밀감을 공유하고 탐구할 때 의미 있는 경험을 만들 수 있다.

예를 들어 어떤 커플들은 한 파트너가 그들의 배우자와 자녀의 이상적인 생일축하를 계획할 때 공통의 의미를 경험할 수 있다. 파트너와 목적을 공유하는 것은 여러분이 더 가깝게 느끼도록 도울 수 있다.

2. 사랑의 해부학

사랑을 지속시키는 것 - 헬렌 엘리자베스 피셔

헬렌 엘리자베스 피셔(1945년 5월 31일 ~)는 미국의 생물학 인류학자이며 럿커스대학교 인류학과의 인류진화연구센터의 회원이다. 또 인디애나대학교 킨제이성연구소의 선임연구원이다.

우리는 사랑에 빠지기 위해 만들어졌다. 장기간 번창하는 일부일처제에 대한 탐구는 헛된 것인가? 역사, 생물학, 진화는 사실 우리가 쌍으로 된 유대감을 만들기 위해 만들어졌다는 것을 보여준다. 우리는 사랑에 빠지기 위해 만들어졌다. 우리의 뇌는 로맨틱한 사랑과 애착의 강렬한 감정을 느끼도록 연결되어 있다. 애착 구조를 지원하는 생물학이 있는 반면 방황하고 바람을 피우는 운동을 지원하는 생물학도 있다. 이러한 개념들을 조화시키기 위해서는 쌍결합이 일부일처제와 다르다는 것을 아는 것이 중요하다. 모든 개인, 커플, 그리고 문화는 낭만적인 사랑의 맥락에서 애착이 무엇을 의미하는지 탐색하는 방법을 찾을 필요가 있다.

일부일처제가 무엇인가? 사냥과 채집 사회에서 연쇄적인 일부일처제는 반드시 부부에 대한 황금 기준이나 기대는 아니었다. 그러나 여성과 남성은 평생 동안 2~3명의 배우자를 갖는 경향이 있었다. 우리는 아마도 우리의 삶을 통해 일련의 파트너십을 가지도록 진화했을 것이다. 문화가 이것을 표현하는 데 큰 역할을 하지만, 우리는 20대와 30대에서 점점 더 많이 일어나는 것을 본다.

결혼하기 이전의 연구에 따르면, 독신 미국인의 50퍼센트 이상이 이성과 하룻밤을 묵거나 혜택을 받은 친구를 가진 적이 있다. 이것은 무모한 것이 아니다. 사실, 그것은 더 건강한 결혼생활을 확립하는 데 도움이 될 수 있다.

현재 미국에서는 관계의 사전 약속 단계가 연장되고 있는 추세이다. 중요한 상대와 함께 동거하는 사람들의 67퍼센트는 이혼이 걱정돼 아직 결혼하지 않았다고 말한다. 그렇긴 하지만 나중에 결혼한 사람들의 81퍼센트는 두 번째 기회가 있다면 같은 사람과 다시 결혼할 것이라고 말한다.

결혼 전 함께 있는 시간이 길어질수록 함께 뭉치려 할 가능성이 높아지며, 이는 이혼율을 급격히 떨어뜨리는 결과를 낳는다. 이것은 사실이다. 왜냐하면 함께 보내는 시간이 여러분이 누구와 결혼하는지 진정으로 알 수 있는 기회를 주고, 관계가 스스로 잘 풀릴 수 있는 시간을 주기 때문이다.

4년이 고비다. 연구 자료는 대부분의 사람들이 결혼 3~4년 경에 이혼할 것을 보여준다. 이것은 우연이 아니다. 유아기까지 아이를 키우는 데 3~4년이 소요된다.

한 번에 한 명의 아이를 갖는 것과 연계된 직렬 쌍결합의 소질을 진화시킨 후, 다른 파트너를 찾아, 아이를 갖는 것이 유전적 다양성을 창출하는 데 있어 진화적으로 유익해 보인다. 우리는 지역 공동체를 잃었기 때문에 우리의 파트너십에 너무 많은 압박과 기대를 걸고 있는지도 모른다.

결혼은 가족과 공동체에 의해 둘러싸여 있고, 자녀양육을 돕기 위해 다른 사람들, 할머니, 할아버지, 형, 누나, 이모, 삼촌 등의 도움에 의존할 수 있었다.

지역 공동체의 상실은 현대 결혼이 직면한 매우 심각한 문제이며, 우리가 이러한 사회적 네트워크를 재구축하는 데 초점을 맞추는 것은 매우 중요하다.

기본 관계의 확장 및 보호로써 친구 관계를 찾고, 만들고, 육성하고, 투자하라.

장기 간에 걸쳐 스스로 행복한 결혼생활을 한 사람들을 대상으로 한 연구 결과는 3개의 뇌 영역에서 활동량이 증가했음을 보여준다.

이 세 가지 영역은 ① 공감, ② 감정 조절, ③ 상대방이 싫어하는 것을 간과하고 좋아하는 것(긍정적 착각)에 집중하는 능력을 높이는 역할을 한다. 이 세 가지 기본적인 뇌 시스템을 모두 살아있게 하기 위해서는 다음과 같은 '마법 콤보'를 하는 것이 중요하다.

새로움으로 로맨스를 살리자. 새로움은 뇌의 도파민을 증가시키고 로맨틱한 사랑의 강렬한 감정을 조장할 수 있다. 잦은 연락을 유지함으로써 깊은 애착의 감정을 유지할 수 있다. 손을 잡고, 소파에 함께 앉고, 팔짱을 끼고 걷고, 서로의 팔에서 잠을 잔다. 당신이 누군가와 기분 좋게 접촉할 때마다 당신은 깊은 애착을 조장하는 옥시토신 수치를 높이고 있다.

섹스를 함으로써 섹스 추진력을 유지하라. 섹스는 신체, 정신, 그리고 관계에 아주 좋다. 쾌적하고 관능적인 자극과 오르가즘은 뇌의 도파민과 옥시토신 수치를 증가시켜 로맨틱한 사랑의 연결과 장기적인 동반자 관계를 유지하는 데 매우 중요한 깊은 애착에 영향을 미친다.

우리의 뇌는 기만하기 위해 아주 잘 만들어졌다. 이것을 당신에게 유리하게 사용해야 된다. 여러분이 집중하는 것과 간과하는 것을 더 잘 통제하기 위해 마음 챙김과 감사 연습을 사용하여 여러분의 뇌를 훈련시키라.

3. 저자 이야기

우리는 금년에 결혼 50주년을 지냈다. 지난 50년 동안 결코 평탄한 결혼생활을 한 것은 아니다. 싸울 때도 있고 아내가 미워질 때도 있었다. 이혼하고 싶은 때도 있었다. 힘든 때도 있었고, 멋있는 때도 있었다.

50년간 긴 여행을 했다. 길고 험한 등산을 할 때는 꼭 등산 지팡이를 두 개로 땅을 짚으며 걷는다. 우리 결혼생활에서 가장 중요한 것 몇가지가 있다.

1. 아내의 참을성이다.

무슨 일이 있어도 헤어지지 않겠다는 아내의 인내심은 우리를 여기까지 인도해왔다.

2. 우리는 자주 옛날 데이트 할 때의 이야기를 나눈다.

내가 학군단 장교로 한국 외지에 있는 마지리에서 소대장으로 근무할 때가 있었다. 그 때 간호원이었던 아내가 자주 면회를 왔다. 아내가 면회를 오면 동네식당으로 갔다. 고기를 주문해서 철판 구이로 함께 먹었다. 아내는 그 이야기를 이미 천 번도 더 들었다고 한다. 앞으로 천 번 더 할 생각이다.

3. 아내와 싸우고 미워질 때는 아내가 첫 애를 낳을 때를 생각한다.

그러면 기쁨이 솟아나고 미운 마음이 안개처럼 사라진다.

4. 내가 명상을 한 후부터, 아내를 더 이상 미워할 수가 없다.

명상을 깊이 배우면 미운 사람이 없어진다.

오늘의 되새김

화목한 가정을 만들기 위한 나의 계획은 무엇인가?

매달 25일 Y : 좀 더 젊게 살자(Young+)

"노화는 잃어버린 젊음이 아니라
기회와 힘의 새로운 단계이다." -베티 프리단

"나이는 육체보다 마음의 문제다." -마크 트웨인

Young+

1. 시계를 거꾸로 돌려라

엘렌 랭어(Ellen Langer)는 사회심리학자이자 하버드대학교 교수이다. 그는 마음의 상태와 정신적 수명 연구로 잘 알려져 있다. 『Counter Clockwise: Mindful Health and the Power of Possibility』와 같은 많은 책과 논문을 써왔다. 랭어 교수는 건강한 노화를 촉진하는 마음의 상태의 영향력을 탐구한다.

랭어 교수의 연구는 긍정심리학에서 큰 영향력을 주었다.

그녀의 업적은 광범위하게 인정받았다. 그녀는 〈타임지〉가 선정한 세계에서 가장 영향력 있는 100인 중 한 명으로 선정되는 등 다양한 상을 수상해왔다.

『Counter Clockwise: Mindful Health and the Power of Possibility』는 엘렌 랭어의 책으로 마음 챙김과 성장 마인드셋이 건강한 노화에 미치는 영향을 다룬다.

랭어는 실험을 통해 생각과 태도가 건강한 노화와 연결된다는 것을 발견하였다. 이 책은 건강한 노화에 대한 새로운 시각과 방법론을 제시하며, 독자들에게 더 긍정적이고 의미 있는 삶을 살아가는 데 도움을 준다.

새로운 사고 방식

랭어는 20대 초반에 많은 사람들이 예상보다 빠르게 늙어가는 것을 관찰하면서 노화에 대한 관심이 생겼다. 그녀는 나이가 단순한 숫자가 아니라 우리의 생각, 감정 및 행동에 영향을 미치는 개념이라는 것을 깨달았다.

랭어의 첫 번째 실험은 1970년대에 진행되었으며 나이 든 남성들을 20년 전으로 돌아간 것처럼 디자인한 수련원에 머무르게 했다. 이들에게 1950년대처럼 활동하고 토론을 하도록 권장했다. 결과적으로 그들은 신체적, 정신적 건강에서 큰 개선을 보인 것으로 나타났다.

랭어는 "카운터클락위즈"에서 나이든 남성들을 대상으로 한 실험에서 8일 동안 여섯 명의 70대 남성들을 근처의 수련원에 모았다. 이들은 모두 정상적인 몸을 가졌지만, 인내력과 유연성 등의 신체 능력은 감소하고 있었다.

실험은 다음과 같이 진행되었다.

참가자들은 측정된 신체 능력을 기반으로 정상적인 일상생활을 하는 것에서 벗어나 자신이 하기 힘든 일들을 시도하도록 했다.

이들은 또한 일상생활에서의 선택권을 더 많이 가지게 되었다. 예를 들어 세탁실에서 자신의 옷을 손으로 빨수 있었다.

또한 참가자들은 느긋하고 적극적인 태도를 취할 수 있었다. 자신들이 직접 운동계획을 세울 수 있었다.

이러한 변화는 참가자들에게 긍정적인 영향을 미쳤다. 실험 후 참가자들은 자신들의 건강 상태가 개선되었다고 생각했다. 그들의 신체 능력도 향상되었으며 자신들이 예전보다 더 많은 것을 할 수 있다고 생각했다.

또한 참가자들은 자신들의 삶이 보다 풍부하고 의미 있는 것으로 느껴졌다.

이 실험은 인간의 능력과 가능성은 나이와 상관 없이 계속해서 발전할 수 있다는 것을 보여주었다. 단지 적극적인 태도와 환경의 변화로도 건강과 삶의 질을 향상시킬 수 있다는 것을 보여준 것이다.

2. 가능성의 심리학

1. '가능성의 심리학'에서는 마인드셋의 개념과 건강 및 복지에 미치는 영향에 대해 탐구한다.

랭어는 가능성의 마인드셋을 채택함으로써 우리가 더 나은 건강 결과를 달성하고 전반적인 삶의 질을 향상시킬 수 있다고 주장한다. 랭어는 긍정적인 생각의 힘을 말한다.

그는 우리의 신념과 태도가 우리의 경험을 형성할 수 있으며 긍정적인 마인드셋을 개선된 건강 결과로 이어질 수 있다고 말한다.

특히 건강 결과를 조절할 수 있다고 믿는 개인들이 그렇지 않은 개인들보다 더 나은 건강을 가지는 경향이 있다는 연구 결과를 인용한다.

랭어는 성장마인드셋의 개념을 도입한다. 이것은 노력과 인내력을 통해 능력을 발전시킬 수 있다는 신념이다. 우리는 성장마인드셋을 채택함으로써 장애물을 극복하고 목표를 달성할 수 있다. 또한 능력이 개발될 수 있다는 신념을 가진 사람들은 능력이 고정된 것으로 믿는 사람들보다 더 견고하고 성공적이다.

2. 결과보다 과정에 초점을 맞추라.

랭어는 현실적인 목표를 설정하고 결과보다 과정에 초점을 맞추는 것의 중요성에 대해 논한다. 그녀는 과정에 집중함으로써 우리는 여정을 즐길 수 있으며, 우리가 원하는 결과를 얻지 못해도 성취감을 느낄 수 있다고 말한다.

또한 학습된 무력감이라는 개념도 탐구한다. 이것은 우리가 환경이나 결과를 제어할 수 없다는 신념이다. 랭어는 학습된 무력감이 건강과 복지에 부정적인 영향을 준다고 한다.

3. '지각의 힘'은 우리 주변의 세상을 경험하는 데 우리의 지각이 어떤 역할을 하는 지에 대해 다룬다.

랑거는 우리의 지각이 객관적이고 고정적이지 않으며, 오히려 우리의 신념, 기대 및 맥락에 영향을 받는다.

예를 들어 호텔 청소부들 중에서 운동이 포함된 일상적인 활동을 하는 것을 모르는 청소부들은 건강상의 이점을 경험하지 못했지만, 건강상 이점을 알고 있는 청소부들은 건강상의 개선을 경험했다는 것 등이 그 예이다.

랭어는 또한 플레시보 효과에 대해 설명하며, 플레시보 효과 약을 복용하고 그것이 진통제라는 것을 알려준 경우 약효를 느끼는 사례를 제시했다. 무의식이란 경험에 주의를 기울이지 않고 자동 조작하는 경향이라고 정의한다.

무의식적으로 우리가 세상을 바라보는 것은 현재 순간과 떨어져 있고, 지루함과 불안감을 일으킬 수 있다. 마음을 다스리고 살아가는 방법 중 하나인 '정신적 기민함'의 중요성을 강조한다. 이를 통해 경험에 주의를 기울이고, 더 열린 마음으로 세상을 바라볼 수 있다.

마음을 다스리고 살아가는 방식을 개선함으로써, 더욱더 풍부하고 의미 있는 삶을 살 수 있다. 경험에 주의를 기울이고, 더욱더 열린 마음으로 세상을 바라보는 태도가 중요하다.

4. '변화의 생물학'은 명상, 운동, 그리고 식생활에 대한 태도와 믿음이 노화에 큰 영향을 미친다는 것을 보여준다.

만성 스트레스와 염증이 세포 손상을 일으켜 노화를 가속화시킨다는 것을 설명한다. 이러한 손상은 심혈관 질환, 암, 알츠하이머병 등의 만성질환으로 나타날 수 있다. 마음의 영향력을 논하는데, 명상이 스트레스 지수를 낮추고 염증을 줄일 수 있다는 것을 설명한다.

예를 들어 명상은 심혈관 건강을 개선시키고 면역 체계를 강화하며, 심지어 세포 수준에서 노화 과정을 늦추는 효과가 있다는 것을 보여준다.

긍정적인 태도를 가진 사람들이 건강한 생활습관을 가지기 때문에 신체 건강, 인지 기능 및 전반적인 웰빙 면에서 부정적인 태도를 가진 사람보다 우수한 결과를 보인다는 연구들이 있다.

운동 및 영양소 섭취와 같은 건강한 생활습관이 중요하다. 랭어는 운동이 염증을 줄이고 심혈관 건강을 개선시킬 수 있으며, 건강한 식습관은 신체가 올바르게 가능하도록 필요한 영양소를 제공할 수 있다.

또한 사회적 관계를 유지하고 강한 사회적 연결성을 유지하는 것이 중요하다. 이러한 요소들이 건강한 노화에 중요한 역할을 한다는 것이 밝혀졌기 때문이다.

5. 노화에 대한 신념과 태도가 우리의 경험에 큰 영향을 미칠 수 있다.

랭어는 새로운 것을 배우거나 새로운 경험을 하는 것이 늦은 나이에도 삶의 만족도와 목적감을 높일 수 있다고 강조한다. 인간의 삶에 대한 의미와 충실감을 찾는 것의 중요성을 강조한다.

그는 노화에 관한 사회적인 기대를 벗어나 삶을 즐기며 살아가는 많은 예를 제시하면서, 개방적이고 호기심 있는 태도를 유지하는 것의 실제적인 조언도 제공한다. 이를 통해 나이에 불문하고 풍부하고 충실한 삶을 살아갈 수 있다는 것을 깨닫게 한다.

6. 멋있게 나이를 먹자.

엘렌 랭어는 '노화의 예술'에서 노화를 긍정적이고 적극적인 마인드셋으로 접근하는 방법을 말한다. 랭어는 인생에서 목적과 의미를 추구하는 것의 중요성과 미술, 음악, 글쓰기 등의 창작활동이 건강한 노화에 기여할 수 있다는 점을 강조한다.

새로운 경험을 시도하고 새로운 것에 열려 있는 것의 가치를 강조하며, 이것이 세상과 호기심과 참여를 유지하는 데 도움이 된다는 것을 보여준다. 랭어는 노화가 개인적인 성장과 변화의 시간이 될 수 있다고 주장하며, 나이와 상관없이 가능성과 기회의 시간으로 여기는 것을 권장 한다.

여기 실용적인 3가지의 예를 제시한다.

1. 랭어는 마음챙김 명상을 통해 현재의 순간에 집중하고, 자신의 감정을 인식하고, 몸과 마음을 이해하고, 깊이 있는 관계를 형성하는 데 도움이 된다고 주장한다.

마음 챙김을 연습하는 한 가지 방법은 매일 몇 분 동안 명상을 하는 것이다. 또 다른 방법은 일상적인 활동을 조금 더 의식적으로 수행하고, 각각의 순간을 경험하는 데 집중하는 것이다.

2. 다음으로, 성장마인드셋을 채택하는 것이 중요하다는 것을 강조한다.

이것은 도전에 대한 긍정적인 태도를 취하고, 실패를 배우는 기회로 받아들이는 것을 의미한다.

성장마인드셋을 갖춘 사람들은 자신의 잠재력을 최대한 발휘하고, 자신의 능력에 대한 고정적인 생각을 벗어나며, 새로운 것을 배우고 성장하는 것을 즐기는 경향이 있다.

3. 마지막으로, 창의성과 예술이 건강한 노화를 촉진하는 데 중요하다고 강조한다.

창의성을 발휘하고 예술을 즐기는 것은 마음과 몸을 활성화시키고, 삶에 새로운 의미와 즐거움을 제공할 수 있다.

그는 독자들에게 창의성을 발휘하고 예술을 즐기는 방법을 찾으라고 조언한다. 이것은 자신이 좋아하는 활동을 찾고, 새로운 것을 시도하며, 지속적으로 배우고 성장하는 것을 의미한다.

3. 저자 이야기

얼마전에 생일을 맞았다. 둘째 아들이 '이제 나이가 어떻게 되는지?' 질문했다. 영어로 "How old are you?" 라고 물었다. 우리 말로 직역을 하면 "얼마나 늙었습니까"이다. 그래서 내가 영어로 답했다. "I am 76 years young" 이라고 대답했다. 직역하면 "나는 76세로 젊다." 고 했다. 나는 육체적으로나 정신적으로 46세인데 호적에 76세로 되어 있다. 이 책 『카운터 클락 와이즈』가 내게 큰 영향을 주었다. 나는 정신적으로 또 육체적으로 30세 젊게 영원히 살 예정이다. 그 목표가 중요한 것이 아니라, 그 과정이 중요하기 때문에 항상 젊게, 새로운 것을 배우며, 새로운 친구를 사귀며 살려고 한다.

이 책에서 권장하는 것을 따라 나는 이렇게 실천하고 있다.

1. 명상이 스트레스에 그리고 젊게 사는데 좋다.

일주일에 두 번씩 명상을 가르친다. 명상은 23년째 하고 있으며, 10년째 가르치고 있다.

2. 운동이 젊게 사는 데 필요하다.

나는 어제 비가 억수로 올 때도 8명의 등산 친구들과 3시간 등산을 했다. 그리고 나는 요가를 10년째 일주일에 두 번씩 가르치고 있다.

3. 젊게 사는데 건강식이 중요하다고 한다.

이 세상에서 제일 오래 사는 일본 사람들 중에서도 가장 오래 산 오키나와 사람들의 다이어트를 한다. 소식을 해서 BMI 21 을 유지하며 주로 채식을 하며 일주일에 몇 번 생선을 먹고 한 달에 한 두번 고기도 먹는다.

4. 젊게 살려면 자꾸 새로운 것을 시도하라고 한다,

그래서 금년에 음악회 가는 모임을 만들었다. 앞으로 30년 동안 할 계획이다. 금년에 'Chat GTP'가 화제를 끌고 있다. 그래서 내 책 중 "매달 25일, 젊어 지자"는 이 "챗 지티피"를 사용했다. 봉사하는 한인봉사센터에서 'Chat GTP' 를 강의하려고 준비하니 힘이 난다.

오늘의 되새김

당신은 만약 10년, 20년, 혹은 30년 젊어진다면 무엇을 하고 싶은가?

매달 26일 Z : 좀 더 잘 죽자(Zero+)

"죽음은 인간의 모든 축복 중
가장 위대한 것일지도 모른다." -소크라테스

"이 세상에서 죽음과 세금 외에는
어떤 것도 확실하다고 말할 수 없다." -벤 프랭클린

Zero+

1. 초백세인

- 슈퍼 센테니언(super-centenarian)

궁정심리학의 창시자 에이브라헴 매슬로는 "오늘이 내 마지막 날이 될지도 모른다고 생각하면, 내 주위 사람들에게 잘하게 된다."고 했다. 가장 끝까지 건강하게 살다 가는 사람들, '초백세인(슈퍼 센테니언(super centenarian))'은 110세 이상의 나이에 도달한 사람을 말한다. 이 사람들은 일반적으로 인간의 최대 수명에 도달하기 직전까지 주요 연령에 따른 질병이 없는 건강한 삶을 산다.

우리의 목표는 초백세인처럼 죽는 날까지 건강하게 사는 것이다. 매주, 나의 마지막 주가 될지 모른다고 생각하며 주위 사람들을 진실하게 대하며 내가 하고 싶은 것을 하면서 멋있게 살다가 가고 싶다.

초백세인이 되는 비결은 다양하며 이는 지역, 문화, 인류학적 배경 등에 따라 차이가 있을 수 있다. 그러나 초백세인들이 사는 지역은 몇 가지 공통적인 특징들이 있다.

1. 건강한 식습관 : 초백세인들은 일반적으로 식습관이 매우 건강하다. 신선하고 영양가 높은 식품, 그리고 과다한 식사를 피하는 것이 중요하다.

2. 활발한 생활 : 초백세인들은 보통 활발한 생활을 하며, 규칙적인

운동과 일상적인 활동을 즐긴다.

3. 긍정적인 태도 : 초백세인들은 긍정적인 태도와 사고방식을 가지고 있다. 스트레스를 관리하고, 사회적으로 연결되어 있으며, 긍정적인 생각과 감정을 가지고 살아간다.

4. 잠과 휴식 : 초백세인들은 일반적으로 충분한 수면을 취하며, 자기의 휴식시간을 가지고 살아간다.

5. 일상적인 명상 : 일상적인 명상은 초백세인들이 가진 비결 중 하나이다. 명상을 통해 스트레스를 관리하고 마음의 안정을 유지한다.

6. 가족과 사회적 연결 : 초백세인들은 가족과 사회적으로 연결되어 있다. 사람들과 교류하며, 상호작용하고 서로에게 지지를 제공하는 것이 건강한 삶을 유지하는 데 매우 중요하다.

이러한 초백세인들의 비결은 우리 모두가 삶의 질을 향상시키는 데 도움이 될 수 있다. 건강한 식습관과 활발한 생활, 긍정적인 태도, 충분한 휴식과 수면, 명상, 가족과 사회적 연결은 우리의 삶을 보다 건강하고 행복하게 만드는 중요한 요소다.

2. 100년의 삶이 여기 있다

- 우리가 준비 되어 있지 않을 뿐이다.

클립 소스 : 새로운 삶의 지도 - 스탠포드 장수센터

당신의 이상적인 죽음은 무엇인가? 죽는 날까지 열심히, 그리고 건강하게 사는 것이 이상적인 죽음을 준비하는 길이다. 스탠포드대학에서 말하는 100세 세대에 대해 알아본다.

미국에서 오늘날 5세 어린이의 절반 정도가 100세까지 살 것으로 예상한다. 그것은 과거에는 달성할 수 없었던 이정표였다. 또한 이것은 2050년까지의 신생아들에게 표준이 될 수 있다.

그러나 이러한 미래 100세 노인을 기다리는 사회제도, 규범 및 정책은 수명이 절반에 불과하고 업데이트가 필요할 때 진화했다.

2018년, 스탠포드 장수센터는 '새로운 삶의 지도'라고 불리는 계획을 시작했다.

인간 경험의 가장 심오한 변화들 중 하나가 모든 단계에서 우리가 이 100년의 삶을 이끄는 방식에 똑같이 중대하고 창조적인 변화를 요구한다.

우리가 지금, 다음과 같은 원칙에 따라 행동한다면 장수에 도전할 수 있다.

1. 100년의 기회를 최대한 활용하라.

2. 큰 수익을 창출하기 위해 미래의 100세 노인에게 투자하라.

3. 수명과 건강 수명이 일치하도록 노력하라.

4. 노화의 미래에 놀랄 준비를 하라.

5. 삶의 전환은 착오가 아니라 기능이다.

6. 평생 동안 배우라.

7. 더 오랫동안(30년 더) 더 많은 유연성과 함께 일하라.

8. 처음부터 금융보안 구축 계획을 세우라.

9. 연령의 다양성은 사회에 긍정적인 요소이다.

10. 장수할 수 있는 커뮤니티를 구축해야 된다.

3. 아름답게 죽음을 준비 하자

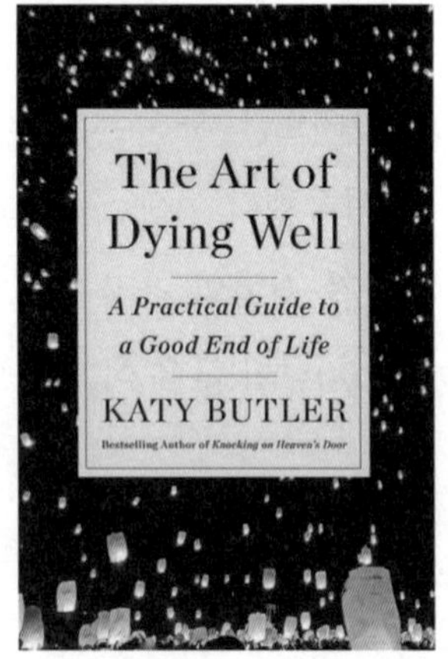

버틀러는 과학 저널리스트로, 수년간의 실제 인생 이야기에 대한 연구를 통해 다음과 같은 사실을 알게 되었다.

자신의 노화, 취약성, 사망을 기꺼이 고려하는 사람들은 그렇지 않은 사람들보다 종종 노년과 질병에서 더 나은 삶을 살고 더 나은 죽음을 경험한다.

1장-탄력성 : 삶의 초기에 회복력 전략을 채택하는 것은 우리가 더 나은 삶의 질을 즐길 수 있고 잘 죽을 준비를 더 잘 할 수 있다는 것을 의미한다.

그러나 회복력 강화는 만년에도 목표로 삼을 수 있다.

버틀러는 79세에 심장마비가 임박해 회복력을 기르기 시작한 한 늙은 홀아비의 실제 이야기를 들려준다.

그는 일상생활에서 더 건강한 습관을 채택했다. 운동, 더 나은 식사, 더 넓은 범위의 친구들, 그리고 개인적인 열정을 추구했다. 이러한 변화들이 그의 나이를 더 젊게 만들지는 못했지만, 그를 더 행복하고, 강하고, 더 기능적으로 유지시켰다.

나이가 들면서 회복력이 무엇을 의미하는지 생각해 보았는가? 당신은 지난날에 대한 반성과 맞이할 죽음의 명상을 매일의 영적 실천에 포함하는가?

2장-속도 저하 (Slowing Down) : 아직 양로원에서 살지 않고 자주 넘어지지 않지만, 댄스를 추고, 자전거를 타는 대신 타이치를 하고, 사진을 찍는 것으로 취미가 변했다면 버틀러가 말하는 '느려지는' 단계에 있을 가능성이 높다.

비록 마자트(93세)는 이 감속단계를 훨씬 지났지만, 그녀의 찬장에 6명의 다른 의사들로부터 처방받은 22개의 약병이 있었다. 그녀가 활동적인 삶에서 속도를 줄였을 때 훨씬 더 일찍 시작되었음을 말한다. 균형 감각이 떨어지고 기억력이 떨어지는 그녀는 결국 '재앙이 일어나기를 기다리는' 사람이 된다.

하지만 노인전문 의사의 상담을 통해 상황이 달라졌다. 1년 동안 전문의는 마자트의 약을 점차 5가지로 줄였다.

마자트는 일주일에 두 번 대신, 5일 동안 수영을 시작했고, 섬유질이 풍부한 음식을 더 많이 먹고(변비와 산 역류 감소), 더 명확하게 생각하고, 어지럼증을 줄이고, 잠을 더 잘 자는 행동을 했다.

3장-적응 : 우리는 우리가 다른 삶의 단계로 넘어가는 단계에서 종종 매우 빠르게 적응해야 된다. 우리가 아끼는 사람들이 언젠가는 우리를 돌볼 것이라는 생각이 든다.

그들은 우리의 생각을 고려하지 않은 채, 우리의 마지막 세월이 어떻게 살아가는지에 대한 결정을 내릴지도 모른다.

당신은 사회의 노련한 구성원으로서 꿈의 환경에 있는 것이 어떨지에 대해 계획을 세우거나 생각해 보았는가?

1. 추가 장애에 대한 재정 계획을 세우라.

2. 여러분의 모든 근육을 운동하라 : 육체적, 정신적, 그리고 영적 운동을 하라.

3. 건강해지는 계획을 지원하는 데 도움을 줄 직업 치료사에게 의뢰하라.

4. 움츠리지 않고 살아가도록 노력하라.

5. 넘어지는 것을 막기 위해 할 수 있는 모든 것을 하라.

타이치나 요가를 공부하고, 낙상 위험을 평가하고, 균형을 개선하기 위해 활동적으로 지내고, 필요할 때 도움을 요청하라. 다른 사람에게만 의존한다면 어떤 교통수단을 부를 수 있겠는가? 우버나 리프트 사용하는 법을 배우라.

4장-사망률에 대한 인식 : 만약 당신이 말기 진단을 받는다면, 당신은 어떻게 할 것인가? 당신의 의사는 그들이 정말로 얼마나 나쁜지, 당신이 다른 곳으로 갈지 두려워하는가? 당신은 말기 상태에서 의사와 환자 사이에 존재할 수 있는 '침묵의 음모'를 어떻게 처리할 수 있는가? 그래서, 어려운 질문들을 해보라.

만약 내 병이 일반적인 과정을 따른다면 어떤 궤적이 될까?(버틀러는 네 가지 가능한 궤적을 설명한다.) 질병과 치료 방법이 내가 느끼고 기능하는 방식에 어떤 영향을 미칠까? 내가 하고 싶은 것과 해야 할 일을 하려면 얼마나 많은 시간이 필요할까? 특정 진단 또는 치료를 거부하는 것은 무엇을 의미할까?

버틀러는 "창의적으로 생각하라"며 "만약 당신이 그것을 잘 지지한다면, 당신의 몸이 당신을 위해 얼마나 많은 것을 할 수 있을지 탐구하라"고 말했다.

죽는 날까지 면역 체계를 강화하고, 식단을 바꾸거나 보충함으로써 영양 결핍을 고치는 것을 고려하며, 고통에 대한 침술이나 의료용 마리화나를 고려하라(당신 주에서 합법적이라면).

일반적으로 보험이 적용되지 않지만, 무료 접근법은 일반적으로 안전하며 특히 삶의 질에 도움이 될 수 있다.

한 말기 환자가 "나는 내가 죽는다고 생각하지 않는다. 나는 그렇지 않다는 것이 증명될 때까지 살고 있고 나는 완전히 사는 것을 선택한다."며 희망을 재정의한다. 할 수 있을 때 모험을 하라. 유산 편지를 쓰고, 감정적인 유산을 남겨라. 간단하지만 중요한 질문이다. 당신은 남은 시간이 짧아지면, 어떻게 보내고 싶은가?

4. 저자 이야기

이 세상에 태어났으니 나의 마지막 날이 있을 것이다. 천만다행으로 우리는 그 마지막 날을 모르고 지낸다.

한 가지 분명한 것은 내가 오늘 하루를 지내고 나면, 내가 죽을 날이 하루 가까워진다. 내가 이번 한 주를 살고 나면 죽을 날이 한 주 가까워진다. 이 달이 지나고 나면 죽을 날이 한 달 가까워진다. 금년이 지나고 나면 나의 마지막 날이 일년 가까이 온다.

하루는 너무 빠르고, 내가 살 날이 일년 남았다고 생각하면, 나의 죽음을 준비하면서 멋진 삶과 멋진 죽음을 맞이 할 것 같다.

저번 주말에 텍사스 달라스(Dallas)를 방문했다. 풀로리다에 사는 동생과 함께 아버님, 어머님, 누님, 그리고 남동생이 누워 있는 묘지를 방문했다.

묘지에 꽃을 놓고 동생과 함께 옛날 추억을 이야기했다. 내가 죽으면 이 세상에 무엇을 남겨놓고 갈까 생각하게 되었다. 주위 사람들에게 어떤 추억을 남겨놓고 떠날 것인가? 좋은 추억을 남겨놓고 가고 싶다.

큰아들이 전화했다. 다음 달, 뉴저지 우리집에 방문할 수 있는가 요청했다. 일곱 살 손녀와 두 살 먹은 손주를 데리고 온다고 했다. 대환영이다.

큰 아들은 요즘 무척 바쁘다고 했다. 그래서 나도 무척 바쁘다고 했다. '75세 된 아버지가 왜 바쁘신가?' 물었다. '요즘 책을 쓰고 있다. 제목이 '어떻게 멋있게 죽느냐 하는 것'이라고 전했다. 잘 죽으려고 준비하면, 현재 내 삶에 큰 도움이 된다.

예를 들어, 아들이 다음 달에 온다고 하면서 죽음을 생각하면 어떻게 될까? 큰 아들을 보는 것이 마지막이 될 수도 있다. 큰 아들은 아버지와 만나는 것이 마지막이 될 수도 있다. 내가 오늘 죽을 수도 있다. 그러면 아무리 바빠도, 내 손자와 손녀를 보는 것이 우선이다.

에브라햄 메슬로는 ‘지금 이 만남이 마지막이다라고 생각하면, 그 만남의 질이 높아진다’고 했다.

큰아들은 “가끔 명상시간에 자기가 땅속에 들어가서 썩는 것을 명상할 때가 있다며 그것은 사실이다.”라고 말했다. 그러면 겸손해지고 더 열심히 살게 된다고 했다.

오늘 뉴저지 배스킹 리지(Basking Ridge) 도서실에서 책을 쓰다가 점심 때가 되어서 배가 출출했다. 그래서 주위에 있는 식당에 갔다. 베지 버거를 주문했다. 비록 사람들이 많았지만 분위기도 좋아 맛을 즐긴 시간이었다.

그 순간, 오늘이 내 마지막 날이라면 이렇게 맛있는 것을 아내에게 사주고 싶었다. 그래서 아내한테 전화를 했다. 맛있는 점심을 사가지고 갈테니, 점심을 먹지 말고 기다리라고 부탁했다. 아내가 반가워하며 맛있게 먹었다.

내가 만약 오늘이 마지막일지도 모른다는 생각을 못했다면 어떻게 되었을까? 나만 점심을 먹고 도서실에 돌아와서 계속 글을 썼을 것이다.

주위 사람들과의 모든 만남은 오늘이 마지막일 수 있다. 그렇게 생각하면 모든 만남이 얼마나 귀하겠는가?

당신은 죽음을 어떻게 준비하고 있는가?

3부

멋지게 살자

매달 27일

A+ : 멋있게 능동적으로 살자 (Assertive Life+)

"수동적이 된다는 것은
다른 사람들이 당신을 위해 결정하도록 하는 것이다.
공격적이라는 것은 당신이 다른 사람들을 위해 결정하는 것이다. 능동적이며 단호하다는 것은 스스로 결정하는 것이다."

–에디스 에바 에거

Assertive Life+

1. 커뮤니케이션의 네 가지 기본 스타일

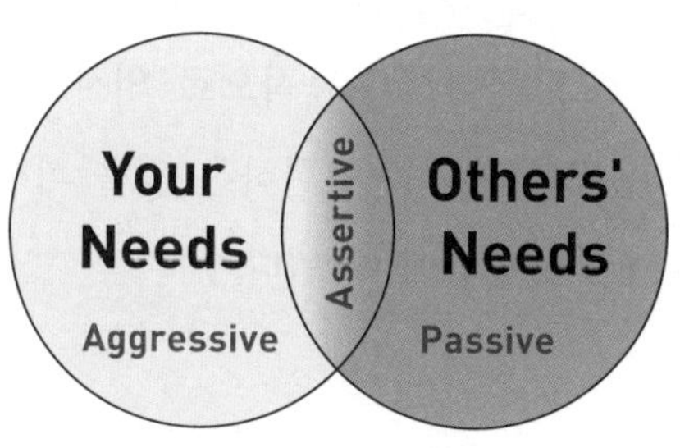

공격적 사람 =〉 능동적인 사람 〈= 수동적인 사람

1. 능동적 의사소통

이 의사소통 스타일은 다른 사람의 생각과 감정을 존중하면서 자신의 생각, 느낌, 의견을 직접적이고 정직하게 표현하는 것을 포함한다. 공격적이거나 소극적이지 않고 명확하고 자신감 있는 의사소통이 필요하다.

2. 공격적인 의사소통

이 의사소통 스타일은 자신의 생각과 감정을 강력하고 때로는 적대적인 방식으로 표현하는 것을 포함한다. 그것은 종종 다른 사람의 생각과 감정을 거의 고려하지 않고 인신 공격, 비난 및 위협을 수반한다.

3. 수동적 의사소통

이 의사소통 스타일은 갈등을 피하고 생각과 감정을 간접적으로 표현하는 것을 포함한다. 수동적으로 의사소통하는 사람들은 종종 자신의 필요와 욕구를 표현하는 것을 피하고 다른 사람들이 이를 이용하도록 허용할 수 있다.

4. 수동적-공격적 의사소통

이 의사소통 스타일은 부정적인 감정을 간접적으로 표현하는 것과 관련이 있으며 종종 비꼬는 말, 미묘한 모욕 또는 파괴 행위를 통해 이루어진다. 여전히 자신의 방식을 고수하거나 불만을 표현하면서 갈등을 피하려는 시도일 수 있다.

적극적 의사소통은 일반적으로 가장 효과적이고 존중하는 스타일로 간주된다. 이는 명확하고 정직한 의사소통을 가능하게 하는 동시에 다른 사람의 생각과 감정을 존중하기 때문이다.

2. 능동적인 사람의 성격의 주요 특징

1. 자기 확신 : 독단적인 개인은 강한 자신감과 자기 가치를 가지고 있다. 그들은 자신의 능력을 믿고 자신을 표현하는 것을 두려워하지 않는다.

2. 직접적 : 독단적인 개인은 의사소통에서 직접적이고 정직하다. 그들은 공격적이거나 무례하지 않고 명확하고 직접적으로 자신을 표현한다.

3. 존중 : 독단적인 개인은 다른 사람의 권리를 침해하지 않고 자신을 표현할 수 있다. 그들은 다른 사람의 관점을 적극적으로 경청하고 존중하는 마음으로 대한다.

4. 자신감 : 독단적인 개인은 자신의 능력과 의견에 강한 자신감을 가지고 있다. 남에게 쉽게 휘둘리지 않고 필요할 때 스스로 일어설 수 있다.

5. 공감 : 독단적인 개인은 다른 사람의 입장이 되어 그들의 관점을 이해할 수 있다. 그들은 다른 사람의 필요를 무시하지 않고 자신의 필요와 의견을 전달할 수 있다.

6. 문제 해결자 : 독단적인 개인은 문제를 해결하는 데 능동적이다. 그들은 어려운 상황을 피하지 않고 도전에 대한 해결책을 제시할 수 있다.

긍정적인 성격을 갖는 것은 개인적 관계와 직업적 관계 모두에서 자산이 될 수 있다. 상호 존중과 이해를 바탕으로 의사소통을 개선하고 더 강력한 관계를 구축하는 데 도움이 될 수 있다.

3. 효과적인 의사소통 방법 배우기

1. 단호한 의사 소통의 이점을 이해하라.

자기 주장은 자신의 필요와 감정을 자신있게 표현하는 동시에 다른 사람의 의견, 요구, 필요 및 감정을 염두에 두는 학습된 의사 소통 스타일이다. 수동적이거나 공격적인 방식으로 행동하는 것의 대안이다.

2. 적절할 때 "아니오"라고 말하라.

"아니오"라고 말하는 것은 많은 사람들에게 어려울 수 있다. 그러나 "아니오"라고 말해야 할 때 "예"라고 말하는 것은 다른 사람에 대한 불필요한 스트레스, 원망, 분노로 이어질 수 있다. 거절할 때 다음과 같은 유용한 지침을 염두에 두는 것이 도움이 될 수 있다. 간단하게, 명확하게, 솔직하게 이야기 해야 한다.

예를 들어, 호의를 베풀 시간이 없다면 "이번에는 할 수 없다. 실망시켜서 죄송하다. 하지만 그날 할 일이 너무 많아서 스케줄에 여유가 없다."고 말한다.

3. 침착하고 다른 사람을 존중하라.

누군가와 대화할 때 침착함을 유지하고 상대방을 존중하라. 이렇게 하면 상대방도 당신의 말에 주의를 기울이고 당신을 존경심으로 대할 수 있다.

화가 나기 시작하면 심호흡을 하는 것이 도움이 될 수 있다. 그렇게 하면 신체의 진정 과정이 시작되고 통제력을 유지하는 데 도움이 된다.

4. 간단한 문장을 사용하라.

의사소통은 간단한 작업처럼 보일 수 있지만, 실제로 우리가 다른 사람과 의사소통을 시도하는 것은 종종 오해될 수 있다. 이것은 다른 사람들과의 관계에서 좌절이나 갈등을 일으킬 수 있다. 누군가와 대화할 때 자신의 감정, 원하는 것, 의견, 필요를 간단한 문장으로 표현하라.

5. 자신을 주장할 때 '나' 진술을 활용하라. '나' 진술은 당신이 자신의 생각과 행동에 대해 기꺼이 책임을 질 것임을 전달한다. 다양한 상황에 적합한 다양한 유형의 'I' 진술이 있다.

기본 주장 : 이 유형의 '나' 진술은 일상적인 상황에서 당신의 필요를 알리거나 칭찬, 정보 또는 사실을 제공하는 데 사용할 수 있다. 특히 기본 주장은 불안을 완화하고 이완을 가능하게 하기 위해 자기 공개 상황에서도 활용할 수 있다.

6. 적절한 신체 언어를 사용하라.

자기주장이 강할 때는 비언어적 의사소통이 중요하다는 점을 항상 기억하라.

비언어적 의사소통 스타일에 주의하지 않기 때문에 실제로는 수동적이거나 공격적일 때 적극적으로 행동하고 있다고 생각할 수 있다.

목소리를 차분하게 유지하고 음량을 중립적으로 유지하라. 눈을 잘 맞추라. 얼굴과 몸의 자세를 이완하라.

7. 적극적인 의사소통을 연습하는 시간을 가지라.

단호한 행동을 채택하는 데는 시간과 연습이 필요하므로 제 2의 천성이 될 수 있다. 거울을 보며 대화하는 연습을 하라. 또는 치료사나 카운슬러와 대화를 연습하라.

4. 효과적인 의사결정

1. 이상적인 의사결정 모델을 사용하라.

결정을 내리는 것은 단호함의 일부이다. 당신은 다른 사람이 당신을 대신해 결정을 내리게 하거나 당신의 더 나은 판단에 반하여 다른 사람에게 휘둘리는 것이 아니라 당신의 삶을 통제하고 당신에게 가장 적합한 결정을 내리는 것이다.

문제를 식별함으로써 좋은 의사 결정을 내리는 중요한 요소를 해결할 수 있다. Niagara Region Public Health는 IDEAL 모델 사용을 권장한다.

2. 문제를 식별한다.

가능한 모든 솔루션을 설명하라. 여기에는 직접 처리하거나 다른 사람에게 개입을 요청하거나 아무것도 하지 않는 것이 포함될 수 있다.

각 솔루션의 결과를 평가하라. 자신을 위한 최선의 결과를 결정하기 위해 자신의 감정과 필요를 평가하라.

행동하라. 솔루션을 선택하고 사용해 보라. 당신의 느낌과 필요를 표현하기 위해 '나' 진술을 사용하라.

배우라. 솔루션이 작동했는가? 이유를 평가하라. 작동하지 않으면 목록에 있는 다른 솔루션을 살펴보고 해결하라.

3. 누가 참여해야 하는지 고려하라.

결정의 영향을 받는 당사자가 여러 명일 수 있지만 모두가 반드시 의사 결정에 관여할 필요는 없다. 참여해야 하는 사람들의 의견을 받는다. 결정을 내릴 때 상대방을 고려해야 하지만 최종 발언권은 본인이 지게 된다.

4. 결정의 목적을 이해하라.

모든 결정은 어떤 과정의 필요성에 의해 촉진된다. 이 행동 과정의 목적을 결정하기 위해 시간을 가지라. 이렇게 하면 결정이 올바른지 확인할 수 있다.

5. 적시에 결정을 내리라.

미루는 것은 단호한 의사 결정에 주요 장애물이 될 수 있다. 마지막 순간에 결정을 내리지 말라. 그렇지 않으면 가능한 솔루션 중 일부를 제거할 수 있다.

능동적이며 독단적인 사람들은 타고난 리더로 간주되며 리드할 것으로 기대된다. 문제를 효과적으로 처리하고 해결책을 찾기 때문에 일반적으로 스트레스를 덜 받는다.

그들은 효과적으로 의사소통을 한다. 독단적인 성격 유형은 일반적으로 자신과 타인을 존중하는 방식으로 필요하고 원하는 것을 얻는다. 단호한 태도는 다른 사람들로부터 존경을 받는 데 도움이 된다.

사람들은 당신이 태어날 때부터 자신감이 넘치고 자신감이 넘쳤다고 생각하며, 다른 사람들처럼 노력해야 한다는 점(또는 당신이 삶의 한 영역에서는 단호하지만 모든 부분에서 반드시 그런 것은 아님)을 깨닫지 못하고 있다. 독단성은 공격성 또는 무례함으로 볼 수 있다.

어떤 사람들은 당신의 솔직함과 정직함에 불편함을 느낄 수도 있다. 독단적인 사람들은 거만하거나 이기적으로 보일 수 있다.

4. 저자 이야기 - 능동적인 사람이 되도록 노력한다

나는 딸 둘, 아들 셋인 집에서 아들 중에 첫째로 태어났다. 따라서 나는 많은 경우에 어려서 밖에서 놀 때 형을 따라 다닐 수 없으니 스스로 결정을 해야 하는 경우가 많았다.

그런데 어쩌다 보니 하이킹 팀 리더, 음악 감상 클럽의 리더, 친구 모임의 리더, 한인봉사센터에서 가르치니 선생으로 또 리더가 되었다. 내게 있어서 가장 큰 도전은 여러 사람과 함께 일을 해야 하는 것이다. 그 중에는 공격적인 사람들과 또 수동적인 사람들과 같이 일해야 될 때도 많다.

상대방의 입장을 충분히 고려하며 내 입장을 분명히 하고 고달픈 결정을 해야 할 때가 많다. 말은 쉽고 이론은 이해한다. 공격적이거나 수동적이 아니고 긍정적이며 능동적으로 의사 소통을 하고 결정을 한다는 것은 내가 평생 배우며 개선해야 되는 가장 중요한 기술 중에 하나이다.

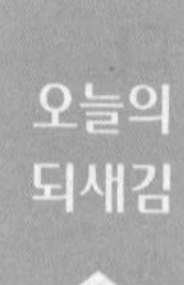

당신은 어떻게 좀더 능동적인 사람이 되겠는가?

매달 28일 B+ : 멋있게 규칙생활하자 (Scheduled Life+)

다음 주에는 위기가 있을 수 없다.
내 일정은 이미 꽉 찼다. -헨리 키신저

우리가 하루를 보내는 방법이 곧 우리가 인생을 보내는 방법이다.
규칙적인 일정은 혼란과 변덕으로부터 우리를 보호한다.
그것은 수십 년 후에도 여전히 살고 있는
자신을 발견할 수 있는 구명보트이다. -애니 딜라드

핵심은 내 일정에서 우선순위를 찾는 것이 아니다.
우선 순위대로 일정을 정하는 것이다. -스티븐 코비

Scheduled Life+

나는 다음과 같은 규칙생활을 하려고 노력하고 있다. 물론 항상 이렇게 사는 것은 아니지만 80~90퍼센트는 내가 정해 놓은 규칙대로 살고 있다.

당신들도 자기 나름대로 규칙생활을 개발하면 정신 그리고 육체 건강에 큰 도움이 될 것이다. 한 번에 한 가지씩 평생 해야 되는 우리의 과업이다.

규칙적인 생활을 하면 신체적, 정신적 건강을 개선하는 데 도움이 된다. 운동, 명상, 자기관리와 활동을 위한 시간을 계획하면 건강하게 스트레스를 줄이며 살 수 있다. 규칙적인 일정은 개인이 목표를 달성하게 만든다. 더 큰 목표를 더 작고 관리 가능한 작업으로 나누고 이를 위해 시간을 예약하여 목표를 달성하게 만든다.

1. 잠자는 습관 만들기

수면은 전반적인 건강과 웰빙에 중요하므로 성인들은 충분한 수면을 취해야 한다. 만성 수면 부족은 낙상 증가, 심혈관 질환, 인지 기능 저하, 우울증 등 다양한 건강 문제에 영향을 끼친다.

편안한 수면을 촉진하기 위해 노력해야 한다. 일관된 수면 습관, 편안한 침대, 실내 온도, 수면에 도움이 되는 환경을 만들어야 한다. 특히, 낮 동안 지속적으로 피곤하거나 깨어 있는 데 문제가 있는 경우

수면 시간을 늘려야 한다. 다양한 수면 시간을 실험해보고 자신에게 가장 적합한 것이 무엇인지 확인하는 것이 좋다.

1. 매일 같은 시간에 감사하며 잠들기(21:30)

멋있게 사는 방법 딱 한 가지 습관이 있다. 침대의 베개에 머리가 닿으면, 내가 오늘 가장 감사해야 할 것 한 가지를 생각하는 것이다.

하루 동안 있었던 잡생각을 떨어낸다. 오늘 감사해야 할 일들을 생각한다. 그중에 제일 감사해야 되는 것을 생각한다. 그러면 즐거운 마음이 들어 쉽게 깊이 잠들게 된다.

우리 두뇌는 잠을 자는 동안에 오늘 일어난 일을 정리하기 위해서 열심히 일한다. 내 두뇌가 무의식 중에 긍정적인 일을 하도록 훈련시키는 좋은 방법이다.

2. 매일 같은 시간에 기상한 후 기도 : 벤자민 프랭클린의 아침 기도문(5:00)

"오 강력한 선하심! 풍성하신 아버지! 자비로운 인도자!
저의 진정한 관심사를 발견하는 지혜를 제게 키워 주소서!
그 지혜가 지시하는 것을 수행하려고
하는 제 결심을 강화해 주옵소서!
저에 대한 주님의 지속적인 호의에 감사합니다!
제 능력의 유일한 보답으로
주님의 자녀들에게 호의를 베풀도록 인도해 주옵소서!"

2. 아침습관 만들기

1. 기상한 후 침대 정리(아침 5:05)

침대 정돈을 시작하면 좋은 습관이 될 수 있다. 1분도 걸리지 않고 체계적이고 생산적인 하루를 시작하는 분위기를 만든다. 하루를 시작할 때 깔끔하게 정돈하는 습관은 좋은 방법이다.

2. 큰 물 한 잔 마시기(5:10, 저자의 경우 2컵)

하루를 시작하기 전에 큰 컵의 물을 마시는 것은 몸을 깨우고 수분을 공급하는 좋은 방법이다. 약간의 상큼한 맛을 위해 레몬을 추가할 수 있다.

3. 세수하고 자외선 차단 크림 바르기(5:20)

자외선 차단 로션은 햇볕에 나가기 최소 15~30분 전에 바르는 것이 좋다. 수영을 하거나 땀을 흘리는 경우에는 2시간마다 또는 더 자주 덧바르는 것이 좋다. 자외선 차단 로션은 얼굴, 목, 귀, 손을 포함하여 노출된 모든 피부에 사용해야 한다. 보호복 착용, 그늘 찾기, 피크 시간대(오전 10시~오후 4시)를 피하면 좋다.

4. 하루 계획과 과거 일기를 읽고 쓰기 : 오늘 내가 무슨 좋은 일을 할까?(5:30)

주변 사람들은, 내가 목록 만들기를 좋아하고, 할 일 목록이 많은 사람이라는 것을 알게 될 것이다. 하루를 보내기 위해 그것에 크게 의존하게 된다. 그것은 나에게 정리하고 앞날을 준비하는 데 도움을 준다. 또한 자신의 생각을 머리에서 벗어나 종이(또는 전자 장치)에 표현할 수 있게 해주어 놀랍도록 자유로워진다.

5. 가장 중요한 세가지 작업 강조(5:35)

이것은 가장 중요한 작업이 그날 처리되도록 하는 좋은 방법이다. 그것은 자신이 압도당하지 않도록 만든다. '있으면 좋은' 작업보다 중요한 작업에 집중할 수 있게 한다. 이러한 작업은 반드시 수행해야 하는 절대적인 작업이어야 한다. 따라서 이러한 작업만 완료해도 그날 필요한 작업을 수행한 것처럼 느낄 수 있다.

6. 아침 공부(5:45)

7. 요가, 타이치, 혹은 스트레칭 (6:15)

요가는 수천 년 동안 존재해 왔으며 수많은 건강상 이점으로 인해 최근 몇 년 동안 인기를 얻고 있는 고대 수련이다. 다음은 요가 수련의 이점 중 일부다.

① 스트레스와 불안 감소 : 요가는

이완을 촉진하고 신체의 코르티솔(Cortisol) 수치를 줄임으로써 스트레스와 불안을 줄여 준다.

② **유연성과 균형 향상 :** 정기적으로 요가를 연습하면 근육과 관절을 스트레칭 하고 강화하여 유연성과 균형을 향상시킬 수 있다.

③ **힘과 지구력 증가 :** 많은 요가 자세는 힘과 지구력이 필요하며 정기적으로 연습하면 전반적인 힘과 지구력을 높일 수 있다.

8. 요가 후에 웃기 : 한 번 웃으면 하루 더 오래 산다.

미소는 기분을 좋게 하고 스트레스 수준을 낮출 수 있는 기분 좋은 호르몬인 엔돌핀의 방출을 유발할 수 있다.

또한, 미소는 행복, 자신감, 긍정을 나타낼 수 있으므로 다른 사람에게 더 매력적으로 보일 수 있다. 한 연구에서는 잘 웃는 사람들이 잘 웃지 않는 사람보다 7년 더 장수한다는 보고가 있다.

9. 안아주기(6:30)

아침에 자기가 사랑하는 사람이나, 자녀, 혹은 애완 동물을 보면 안아주라. 포옹은 신체적, 정신적 건강에 많은 이점이 있다. 스트레스 감소, 면역 기능 강화, 기분 개선, 사회적 연결 강화 및 혈압 저하에 도움이 된다.

10. 화장실 가기

매일 같은 시간에 화장실에 가는 것이 꼭 필요한 것은 아니지만, 규칙적인 화장실 습관을 들이면 몇 가지 이점이 있다.

① 규칙성 촉진: 화장실에 가는 일정한 시간을 정하면 규칙성을 촉진하고 변비를 예방하는 데 도움이 된다. 매일 같은 시간에 일관되게 화장실을 사용하면 몸이 이를 예상하고 준비하는 법을 배운다.

② 스트레스와 불편함 감소 : 변비나 설사와 같은 소화 문제에 걸리기 쉬운 경우, 매일 같은 시간에 화장실에 가는 것이 이러한 상태와 관련된 스트레스와 불편함을 줄일 수 있다. 또한 신체 기능을 더 잘 제어할 수 있다고 느끼도록 도와준다.

11. 깨끗한 옷을 입기(6:45)

매일 아침 옷을 입는 것은 그날의 동기 부여와 생산성에 긍정적인 영향을 미친다. 결정 피로를 없애기 위해 매일 같은 유니폼을 입거나 그냥 기분이 좋아지는 옷을 입으라.

12. 아침 걷기(7:30)

전반적으로 아침 산책은 신체 및 정신 건강을 개선하고 에너지 수준을 올려준다. 전반적인 웰빙을 향상시키는 간단하고 효과적인 방법이다. 상쾌한 아침 산책은 에너지 수준을 높이고 몸과 마음이 하루를 준비하는 데 도움을 준다.

13. 건강한 ABC, 123 아침식사(8:00)

필자는 아침은 매일 같은 것을 만들어서 아내와 같이 먹는다. 아침은 두유에 1, 2, 3은 ① 오트밀 ② 고구마 ③ 견과류를 넣어서 만든다. 그리고 나서 과일 세가지 A, B, C, ① 사과(Apple) ② 바나나(Banana) ③ 감귤(Clementine)을 먹는다.

매일 같은 아침식사를 하면, 준비하기도 쉽고 위에도 좋다. 건강한 아침식사는 몸과 마음이 하루를 활기차게 보낼 수 있는 좋은 방법이다. 연구에 따르면 아침 식사는 학생들의 학업 성취도를 향상시키는데 도움이 되었다.

14. 가장 하기 싫고 중요한 일 단 한 가지 해치우기(9:00)

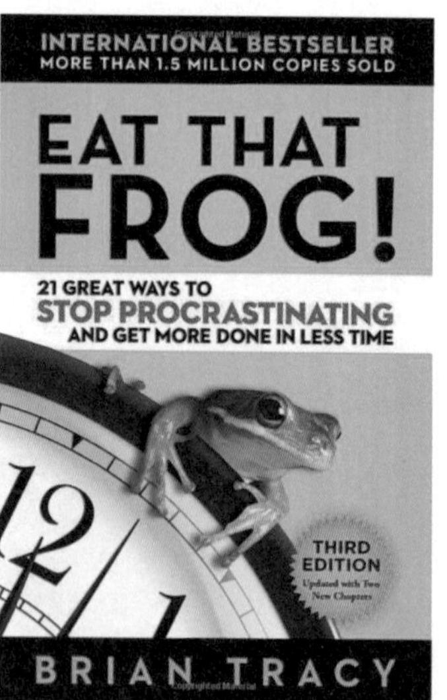

포모도로 방법을 사용해서, 하루에 가장 중요하지만 하기 싫은 것을 처음 30분 동안에 해치운다.

15. 오전, 초점이 있는 삶(9:30)

포모도로 방법을 사용해서 금년에 가장 중요한 것 30분씩 5번 한다.

3. 점심 습관과 일정

1. 건강식 먹기(12:00)

2. 점심 후 걸으며 전화하기(12:30)

3. 일과 반성, 이메일 체크하기(13:00)

4. 낮잠 자기 : 15분(13:30)

낮잠은 신체적, 정신적 건강을 개선하고 에너지 수준을 높이며 전반적인 웰빙을 향상시키는 간단하고 효과적인 방법이다. 그러나 낮잠을 너무 많이 자거나 너무 늦게 자면 야간 수면에 방해가 된다. 자신에게 맞는 균형을 찾는 것이 중요하다.

5. 균형이 있는 삶 : 성공 리스트 하기(14:00 ~ 17:00)

6. 정리 정돈 및 내일 할 일 준비(17:00)

4. 저녁 습관 일정

1. 저녁은 간단히 일찍 먹기(18:00)

2. 집안 정리 정돈(19:00)

3. 휴식, 전화(19:15)

4. 음악 감상(19:30)

음악은 신체적, 정신적 건강에 다양한 이점을 제공한다. 음악은 기분을 개선하고 행복감과 즐거움을 증가시키는 데 도움이 된다. 자기 표현과 감정 조절을 위한 강력한 도구다.

취침시간 습관의 일부로 음악을 듣는 것은 긴장을 풀어주고, 수면을 준비할 시간이라는 신호를 뇌에 보내는 것이다.

5. 뜨거운 물 샤워/ 혹은 냉수 마찰(필자의 경우 20:00)

찬물 샤워는 몸과 마음을 깨우는 몇 가지 이점이 있다.

냉수는 혈관을 수축시켜 혈액이 더 작은 혈관을 통해 순환하도록 하여 순환을 개선한다. 찬물은 모공과 손톱 껍질(Cuticle)을 닫아 피부와 모발의 상태를 개선하고, 더 건강해 보이도록 한다.

그러나 찬물 샤워가 모든 사람, 특히 특정 질병이 있는 사람에게 적합하지 않을 수 있다는 점에 주의해야 한다.

6. 일기, 오늘 일기 반성, 내일 계획(필자의 경우 21:00)

7. 3분 일찍 자기. 충분한 수면을 취하기 (21:30)

오늘 하루를 멋있게 마무리하고 내일 하루를 멋있게 준비하기 위해 제 시간에 자는 게 좋다. 각자 자기에게 맞는 취침시간을 조절해가며 최상의 취침습관을 형성해야 된다.

매달 29일

C+ : 멋있게 재정 관리하자 (Money Management+)

1. 벤자민 프랭클린의 5가지 금융팁

1. "한 푼 아낀 것은 한 푼 번 것이나 마찬가지다."

벤자민 프랭클린의 가장 유명한 명언이다. 현대 사회에 가장 유용한 명언이다.

돈을 저축하는 것은 재정 안정과 금융 위기 동안 부와 지원 시스템을 구축하는 데 가장 중요한 요소이다.

2. "빚에 허덕이는 것보다 차라리 저녁을 먹지 않고 잠자리에 들라."

이 교훈은 사람들이 현명하게 돈을 쓰지 않는 것을 경고한다.

자신의 능력을 훨씬 뛰어 넘는 생활방식을 위해 빚을 지는 것보다 극단적인 수준으로 지출을 통제하는 것이 좋다.

오늘날 많은 사람들이 호화로운 생활을 위해 감당할 수 없는 돈을 지출하기 때문에 빚에 허덕인다. 빚을 지는 것은 생활에 심각한 영향을 준다.

3. "약속한 것보다 더 빌린 돈을 보관하지 말라."

부채를 피하고 저축하는 방법에 대한 훌륭한 교훈이다.

대출, 신용카드, 부채가 오래갈수록 더 많은 이자를 지불하게 된다.

친구와 가족에게 돈을 빌릴 때도 명심해야 할 조언이다. 약속한 시간에 갚는 것은 예의이다. 뿐만 아니라 다시 돈을 빌릴 수 있는 가능성이 높아진다.

4. "지식에 대한 투자는 최고의 이자를 지불한다."

사람들은 투자에 대해 생각할 때 일반적으로 돈과 최고의 이자를 생각한다.

그러나 프랭클린은 '자신에게 투자하고 지식과 기술을 향상시키면 돈으로 얻을 수 있는 수익도 있다'고 강조한다.

자신에게 투자하면 더 많이 일할 수 있는 기회가 생긴다. 결과적으로 더 많은 돈도 벌 수 있다.

5. "돈은 아직 사람을 행복하게 만들지 못했고 앞으로도 그럴 것이다. 사람은 더 많이 가질수록 더 많이 원한다"

돈은 행복을 주지 않는다. 오늘날도 많은 사람들이 기억하기 어려운 교훈이다.

벤자민 프랭클린은 돈이 목적이 아니라 목적을 위한 수단임을 알았다. 필요한 것을 얻기 위한 것이지만, 돈을 소유한 것만으로 행복을 가져다 줄 수 없다.

돈이 나에게 행복을 가져다 줄 것이라고 생각한다면 어떻게 될까? 자신이 바라는 것에 결코 만족할 수 없기 때문에 항상 더 많은 돈을 추구하게 될 것이다.

2. 개인 재산 관리 팁 25가지

자금 관리는 재무 목표를 달성하기 위해 예산을 세우고, 저축하고, 투자하고, 현명하게 돈을 쓰는 과정이다. 전반적으로 자금 관리는 재무 목표 달성, 스트레스 감소, 신용도 향상, 부의 축적, 재정적 독립을 위한 기반을 제공하기 때문에 중요하다.

1. 재무 목표를 설정하고 진행 상황을 정기적으로 추적하라.

   구체적이고 측정 가능한 재무 목표를 설정하면 동기를 유지하고 원하는 결과를 달성하는 데 집중할 수 있다.

2. 예산을 세우고 지키라.

   예산은 수입과 지출을 추적하여 재정 관리에 도움이 되는 도구이다. 지출을 줄이고 재정 목표의 우선순위를 정할 수 있는 영역을 식별하는 데 도움이 될 수 있다.

3. 수입의 일부를 정기적으로 저축하라.

   수입의 일부를 정기적으로 저축하면 비상자금을 마련하거나 주택 계약금을 위해 저축하거나 미래를 위해 투자하는 데 도움이 될 수 있다.

4. 불필요한 지출을 피하라.

불필요한 지출을 피하면 돈을 절약하고 재정 목표의 우선순위를 정하는 데 도움이 될 수 있다. 불필요한 지출의 예로는 자주 외식을 하고, TV를 많이 보고, 케이블 TV 비용을 지불하는 것이다.

5. 최고의 거래를 위한 쇼핑을 하라.

최고의 거래를 위한 쇼핑은 자동차나 가전제품과 같은 고가의 구매는 물론 식료품 및 세면도구와 같은 일상용품에 대한 비용을 절약하는 데 도움이 될 수 있다.

6. 신용카드를 책임감 있게 사용하고 매월 잔액을 완납하라.

신용카드는 신용을 쌓고 보상을 받는 데 유용한 도구가 될 수 있지만 책임감 있게 사용하는 것이 중요하다. 매월 잔액을 완납하면 이자와 수수료를 내지 않는다.

7. 부채 상환의 우선순위를 지정하라.

부채 상환의 우선순위를 정하면 부채에서 더 빨리 벗어나고 이자 비용을 절약할 수 있다. 시간이 지나면 신용점수를 향상시켜준다.

8. 비상자금을 마련하라.

비상자금은 빚을 지지 않고 자동차 수리비나 의료비와 같은 예상치 못한 비용을 충당한다. 3~6개월 분의 생활비를 비상금으로 저축하는 것을 목표로 하라.

9. 은퇴계좌에 투자하라.

401(k) 또는 IRA와 같은 은퇴 계좌에 투자하면 은퇴자금을 마련하고 세금 혜택을 받을 수 있다.

10. 저축 및 투자를 자동화하라.

저축 및 투자를 자동화하면 시간을 절약하고 재무 목표를 계속 유지하는 데 도움이 된다.

11. 라이프스타일, 인플레이션을 준비하라.

라이프스타일, 인플레이션은 소득이 증가함에 따라 더 많이 지출하는 경향을 나타낸다. 라이프스타일, 인플레이션을 피하면 더 많이 저축하고 재정 목표를 더 빨리 달성하는 데 도움이 된다.

12. 쿠폰 및 할인을 사용하여 비용을 절감하라.

쿠폰 및 할인을 사용하면 일상적인 구매 비용을 절약하고 재정 목표의 우선순위를 정하는 데 도움이 된다.

13. 기름값과 자동차 비용을 절약할 수 있는 대체 교통수단을 고려하라.

자전거 타기, 걷기 또는 대중교통 이용과 같은 대체 교통수단은 기름값과 자동차 비용을 절약하는 데 도움이 된다.

14. 불필요한 은행 수수료를 피하라.

초과 인출 수수료나 ATM 수수료와 같은 불필요한 은행 수수료를 피하면 돈을 절약 하고 재정 목표를 우선시하는 데 도움이 된다.

15. 청구서 및 비용을 협상하라.

케이블 또는 전화 요금과 같은 청구서 및 비용을 협상하면 돈을 절약하고 재정 목표의 우선순위를 정하는 데 도움이 된다.

16. 식사와 식료품 쇼핑을 계획하여 음식비용을 절약하라.

식사와 식료품 쇼핑을 계획하면 음식비용을 절약하고 음식물 쓰레기를 피할 수 있다.

17. 충동 구매를 피하라.

충동 구매를 피하면 돈을 절약하고 재정 목표를 우선시하는 데 도움이 된다.

18. 친구 및 가족과 재정적 경계를 설정하라.

친구 및 가족과 재정적 경계를 설정하면 감당할 수 없거나 돈을 쓰고 싶지 않은 것에 돈을 써야 한다는 압박감을 피하는 데 도움이 된다.

19. 정기적으로 보험 적용 범위를 검토하고 조정하라.

정기적으로 보험 적용 범위를 검토하고 조정하면 적절하게 적용되고, 보험에 대해 초과 지불하지 않는지 확인하는 데 도움이 된다.

20. 투자에 대해 알아보고 다각화된 포트폴리오를 구축하라.

투자에 대해 배우면 정보에 입각한 투자 결정을 내릴 수 있다. 재무 목표 및 위험 허용 범위에 맞는 다각화된 포트폴리오를 구축하는 데 도움이 된다.

21. 빨리 부자가 되는 계획에 빠지지 말라.

빨리 부자가 되는 계획은 종종 빠르고 쉬운 돈을 약속하지만 위험할 수 있으며 심지어 사기일 수도 있다.

22. 매달 시간 경과에 따른 순자산을 추적하라.

시간 경과에 따른 순자산을 추적하면 자산과 부채가 어떻게 변하고 있는지 확인할 수 있다. 재무 목표를 향한 진행 상황을 측정하는 데 도움이 된다.

23. 부업이나 추가 교육을 통해 수입을 늘리는 방법을 찾아라.

수입을 늘리는 방법을 찾으면 재정 목표를 더 빨리 달성할 수 있다. 더 안전한 재정 미래를 구축하는 데 도움이 된다.

24. 청구서 및 서류 작업을 포함하여 재정을 체계적으로 유지하라.

재정을 체계적으로 유지하면 연체료, 지불 누락 및 기타 재정적 골칫거리를 피하는 데 도움이 된다. 또한 정보에 입각한 재정 결정을 내리는 데 도움이 된다.

25. 필요할 때 전문적인 재정 조언을 구하라.

필요할 때 전문적인 재정 조언을 구하면 투자 또는 세금 계획과 같은 복잡한 재정 문제에 대한 전문적인 지침을 얻는 데 도움이 된다.

재정 고문은 자신의 목표 및 위험 허용 범위에 맞는 재정 계획을 수립할 수 있다. 또한 정보에 입각한 재정 결정을 내리는 데 도움을 받는다.

전반적으로 개인금융은 개인에게 재정생활을 통제하고, 재정 목표를 달성하고, 스트레스를 줄이고, 의사 결정을 개선하고, 재정적 독립을 얻는 데 필요한 도구와 지식을 제공하기 때문에 중요하다.

매달 30일

D+ : 멋있게 장수하자 (Live Longer & Better+)

Live Longer & Better+

1. 더 오래, 더 강하게, 더 잘 사는 60가지 방법

유행성 나쁜 습관을 대체하고 지금 더 건강해지는 방법

Nicole Pajer, Clint Carter, AARP , 2021년 5월 5일

우리가 정상으로 돌아가려고 애쓰는 동안 패턴을 재설정할 수 있는 특별한 기회가 주어진다. 다음은 건강 전문가의 60가지 아이디어이다.

행동을 자동화하는 신경 경로를 개발하려면 뇌가 매일 최대 3개월간 반복을 필요로 한다. 하지만 가장 큰 이득은 첫 달에 나타난다. 그래서 초기에 그것을 고수하는 것이 중요하다. 끈기를 가지라. 지금 설정한 습관이 평생 고수하는 습관이 될 수 있다.

두뇌 건강 향상

1. 매주 운동 날짜를 정하라.

운동을 중단한다고 쉽게 말할 수 있지만, 친구와 함께 운동하겠다는 확고한 약속이 있을 때는 그렇게 하기가 더 어렵다.

전반적으로 매주 중간 강도의 유산소 운동을 150분 이상 하는 것을 목표로 하라. 알츠하이머약물발견

재단(Alzheimer's Drug Discovery Foundation)은 운동을 하는 사람이 알츠하이머병에 걸릴 확률이 45퍼센트 낮다고 보고한다.

2. 매일 샐러드를 먹으라.

러쉬대학 메디컬센터(Rush University Medical Center)의 2017년 연구에 따르면 하루에 잎이 많은 채소를 한 번만 섭취하면 인지기능 저하가 느려지는 것으로 나타났다.

3. 슈퍼베리 디저트를 먹으라.

블루베리, 블랙베리와 같은 짙은 색의 열매에는 염증과 싸우고 뇌를 보호하는 화합물이 포함되어 있다.

American Journal of Clinical Nutrition의 2019년 연구에 따르면, 6개월 동안 매일 블루베리 한 컵을 섭취하면 심혈관 질환의 위험을 12~15퍼센트 낮출 수 있다. 저녁식사 후 간식으로 딸기와 플레인 요거트를 먹어보라.

4. 녹차를 마시는 습관을 길러라.(특히 좋아하는 음료가 소다라면.)

연구원들은 설탕이 많이 들어간 단 음료를 섭취한 사람들이 알츠하이머병에 걸릴 가능성이 더 높다는 것을 발견했다. 일부 연구에서는 녹차가 인지 기능을 촉진할 수 있다고 제안한다.

5. 북클럽에 가입하라.

JAMA에 발표된 65세 이상 성인을 대상으로 한 2018년 홍콩 연구에 따르면 게임이나 독서와 같은 지적 활동을 통해 마음을 가장 자주 사용하는 사람들은 5년 추적 기간 동안 치매에 걸릴 확률이 29퍼센트 낮았다.

6. 일주일에 한 번 새로운 것을 시도하라.

새로운 음악을 듣거나 다른 언어로 단어를 배우거나 강의에 등록하라. 평생학습은 뇌 건강 개선과 관련이 있으며 정신적으로 활동적인 상태를 유지하는 것은 인지기능 저하의 지연 개선에 도움을 준다.

더 쉽게 잠들기

7. 매일 아침 잠자리를 정리하라.

〈National Sleep Foundation〉의 조사에 따르면, 거의 매일 침대 정리를 하는 사람들은 숙면을 취했다고 보고할 가능성이 더 컸다.

8. 매주 일요일 침대 시트를 교체하라.

알레르겐은 수면을 방해할 수 있다. 축적을 줄이려면 시트를 매주 세탁하라. 또한 베개는 최소 2년마다 교체하고 매트리스는 10년마다 교체하여 위생과 편안함을 모두 고려하라(시간이 지남에 따라 고

장날 수 있다).

9. 알람 시계를 벽쪽으로 향하게 하라.

휴대폰은 뒤집어 놓는다. 인공 조명은 수면을 방해한다. 야간 조명 대신 필요할 때 사용할 수 있도록 침대 옆에 손전등을 두라.

10. 불이 꺼지면 백색소음팬을 켜라. 또는 음향 기기에 투자하라.

코골이 파트너, 교통 및 기타 주변 소음으로 인해 밤에 잠을 깨고 주간 졸음과 피로를 더 많이 경험할 수 있다. 팬과 같은 백색소음의 원인은 이 문제를 조절하는 데 도움이 될 수 있다.

11. 취침 시간에 카모마일 차를 즐겨라.

미시간대학의 무작위 이중 맹검 연구에서 카모마일 추출물을 하루에 두 번 복용한 사람들은 평균적으로 16분 더 빨리 잠들었다.

심장 건강 증진

12. 정기적으로 칫솔질과 치실질을 하라.

나쁜 구강건강으로 인해 붓거나 피가 나는 잇몸은 미생물이 혈류로 이동하여 염증과 심장 손상을 일으킬 수 있다.

서던캘리포니아대학교 연구진이 17년간 실시한 연구에서 구강 위생에 인색한 노인은 사망할 확률이 20~35퍼센트 더 높았다.

13. 매일 아침 10분간 저항 운동을 해보라.

그것은 진정으로 건강한 근육 강화 주간을 합산한다.

2017년 미심장협회저널(Journal of the American Heart Association)에 발표된 연구에 따르면 매주 근육 강화 운동을 20~59분 한 여성(평균 62세)은 아무것도 하지 않은 여성보다 사망률이 낮았다.

낮은 근력은 일반적인 건강 수준에 관계없이 50세 이상 사람들의 사망 위험 증가와 관련이 있다. 근력 수준이 저하되면 유산소운동으로도 보호되지 않는 것 같다.

14. 아보카도를 넣으라.

빵을 만들 때 베이킹 레시피의 버터 절반을 으깬 아보카도로 교체하고 가능한 스무디와 스프레드에 건강한 단일 불포화 지방산(MUFA) 공급원을 넣으라. 포화지방을 MUFA로 대체하면 LDL(나쁜) 콜레스테롤을 낮추는 데 도움이 될 수 있다.

15. 담배 욕망에서 벗어나라.

흡연은 심장병과 뇌졸중의 위험을 높인다. 담배 피우고 싶은 갈망이 닥치면 신발끈을 묶고 빠른 산책과 신선한 공기를 마시기 위해 밖으로 나가라. 누가 알아? 계속 가고 싶을 수도 있다!

16. 바나나를 식탁에 올려라.

칼륨이 풍부한 식단은 나트륨이 혈압에 미치는 해로운 영향을 상쇄

하는 데 도움이 될 수 있다.

아침 시리얼부터 야간 디저트, PB&J 샌드위치에 이르기까지 모든 것에 바나나를 첨가하라. 고구마, 토마토, 오렌지를 더 넣어도 좋다.

스트레스를 떨쳐 버린다.

17. 매일 한 가지씩 정리하라.

핸드백, 침대 옆 탁자, 서랍. 일반적으로 덜 압박감을 느끼는 데 도움이 되는 집안일 하나가 뒤에 있다고 느낄 것이다.

18. 매일 '방해 금지' 휴식을 취하라.

책상에 있든, 부엌에 있든, 외부 난간에 있든, 눈을 감고 다른 사람을 위해 눈을 뜨지 말라. 5분이라도 눈을 감고 있으면 기분이 좋을 것이다.

19. 불안이 너무 클 때 기대되는 외출 의식을 가지라.

친구에게 전화를 걸거나, 차를 마시거나, 피아노로 노래를 연주하거나, 몰래 빠져나가 소설 몇 페이지를 읽는 것과 같은 간단한 일을 하라. 그러면 불안이 줄어든다.

20. 매일 '놀이 간식'을 즐겨라.

어렸을 때 즐기던 일을 기억하고 그렇게 하라. 요요나 루빅스 큐브를 가지고 놀아보라. 밖에 나가서 줄넘기를 하거나, 골프 클럽을 휘둘러 보라. 낙서, 장난감 빌딩 블록으로 탑 쌓기, 종이 접기, 색연필로 그림 그리기 등을 시도해보라. 두뇌를 이완시키는 방법으로 하루 중 5~10분 단위로 재미를 주입하라.

식단 정리

21. 채소를 먹도록 물을 주라.

좋아하는 샐러드 드레싱이나 디핑소스를 찾으라. 당신은 그것에 담근 채소를 먹는 경향이 더 커질 것이다.

22. 과일은 냉장고 앞에 보관하라.

과일을 집에 가져오면 바로 씻어서 서랍이 아닌 상단 선반 앞그릇에 담는다. 냉장고를 여는 순간 과일을 먹으라는 메시지를 보낸다.

23. 견과류를 더 먹으라.

심혈관 위험이 높은 55세에서 80세 사이의 성인을 대상으로 2013년 BMC Medicine에 게재된 연구에서 일주일에 3인분 이상의 견과류를 먹은 사람들은 향후 5년 동안 어떤 원인으로든 사망할

확률이 39퍼센트 낮았다.

문제는 사람들이 종종 큰 가방이나 캔에서 바로 꺼내서 과도하게 탐닉하고 먹는다는 것이다. 지퍼백에 개별 크기로 미리 포장하여 1인분만 먹도록 하라.

24. 건강하게 꾸며라.

건강에 좋지 않은 간식은 숨기고 손이 닿는 테이블에 과일과 견과류를 올려 놓으라. 단 초콜릿이 테이블 위에 있으면 먹으라.

25. 쇼핑하기 전에 간식을 먹으라.

공복에 식료품점에 가는 것은 디지털 매장일지라도 건강에 좋지 않은 충동 구매로 이어질 수 있다. 한 입 먹는 동안 쇼핑 목록을 작성하여 붙인다.

26. 섬유소를 섭취하라.

과일이 상하기 직전에 믹서기에 약간의 과일을 넣는다. 바나나, 오렌지, 시금치를 섞어 보라. 더 많은 섬유질과 오메가 3 지방산을 위해 호두를 넣으라.

몸매를 되찾다

27. 재택 근무를 해도 출퇴근 하라.

우리 중 많은 사람들에게 COVID-19는 사무실을 오가는 통근이 없음을 의미한다. 산책, 자전거 타기 또는 조깅을 위해 시간의 선물을 사용하라.

한 연구에서 하루 평균 4,400보를 걷는 여성이 2,700보를 걷는 노인 여성보다 4.3년의 추적 기간 동안 사망할 확률이 41퍼센트 낮았다.

28. '스트레치 타이머'를 설정하라.

타이머를 사용하여 일어서서 매시간 한 번씩 혈액순환과 근육 움직임을 확인하라는 메시지를 표시하라.

두뇌가 생산적이 되려면 산소가 필요하다. 따라서 일어나서 움직이도록 자신을 설득할 수 있다면 그렇게 하라.

29. 서있거나 걸으면서 전화를 받으라.

'휴대폰'이라고 불리는 데는 이유가 있다. 전화벨이 울릴 때마다 일어서거나 산책을 하라. 앉아있는 시간을 줄이는 쉬운 방법이다.

기술로 경계 설정

30. 전화 알림을 끄라.

2019년 조사에 따르면 미국인들은 이미 하루 평균 96번 휴대전화를 확인하고 있으므로 아무것도 놓치지 않으려고 한다.

31. 저녁 식사 때와 침실에서 전화 금지부터 시작하여 전화 금지 구역을 설정하라.

2018년에 발표된 스웨덴 대학 연구원의 290개 연구에 대한 한 검토에서는 빈번한 휴대폰 사용과 우울 증상 및 수면 문제 사이의 연관성을 발견했다.

32. 잠에서 깼을 때 휴대폰에 손을 뻗지 말라.

일기 쓰기, 스트레칭, 커피 만들기, 책 한 장 읽기 등 좋아하는 일을 하라. 일어나기 위해 휴대폰에 의존할 필요가 없도록 알람 시계를 받으라.

33. 일주일에 하루는 화면을 보지 말라.

작가 티파니 슈레인(Tiffany Shlain)은 "나의 가족과 나는 11년 동안 매주 하루 종일 모든 화면을 끄고 하루를 사랑하는 일을 하며 보낸다. 우리가 가장 좋아하는 요일이다."라고 말한다.

관계 개선

34. 자동 식기세척기를 사용하라.

둘 다 싫어하는 집안일을 선택하고 야간 댄스파티로 바꾸라. 부엌이나 집안 어느 곳에서나 함께 춤을 추면 둘 다 얼마나 재미있는지 경험하게 될 것이다.

35. 저녁을 먹으면서 눈을 마주쳐라.

60초 동안 서로의 시선을 유지해보라. 그것은 당신이 서로의 눈에서 우아함, 아름다움 또는 영혼을 찾는 데 도움이 될 것이다.

36. 금요일 밤에 감사를 표하라.

매주 금요일 밤 저녁식사 시간에 (또는 다른 주중 어느 날 밤에) 감사하는 세 가지를 공유하라. 이것은 가족 구성원에 대한 새로운 관점을 제공하는 훌륭한 습관이다.

외로움을 극복하라

37. 사랑하는 사람의 목록을 가까이에 두라.

포스트잇에 3~5명의 이름을 적어 냉장고나 컴퓨터 근처에 붙이거나 사진을 게시하라.

일반적으로 우리는 모든 사람과 연락을 유지하려고 노력하는 것보다 우선순위를 정하고 몇 가지 관계에 깊이 연결되어 있다고 느낄 때 더 행복하다.

38. 사랑하는 사람에게 짧고 정기적으로 체크인하라.

한 연구에 따르면 매주 몇 번의 10분 통화만으로도 외로움을 20퍼센트 줄일 수 있다.

39. 오랫동안 헤어졌던 친구 한 명에게 매주 전화를 걸라.

우리는 종종 우리가 그들을 방해하거나 그들이 우리의 말을 환영하지 않을 것이라고 생각하면서 손을 뻗지 않고 스스로에게 이야기한다.

그러나 접촉을 시작하는 사람이 되는 것은 큰 선물이자 외로움을 치료하는 또 다른 방법이 될 수 있다.

2020년 〈Heart〉 저널에 발표된 연구에서 외로움을 느낀다고 보고한 심장병 환자의 남성과 여성은 퇴원 1년 후 사망할 확률이 각각 2배와 3배 더 높았다.

40. 작은 선물을 주라.

손으로 쓴 카드, 꽃, 봉사 행위 또는 문자로 보낸 사진은 우리 자신과 외롭거나 불안한 사람들 모두에게 기쁨을 가져다 줄 수 있는 좋은 방법의 예이다.

더 탄력적이 되라

41. 나무 사이에서 20분을 보내라.

2019년 연구에 따르면 자연에서 스트레스 호르몬 수치를 크게 낮추는 데 필요한 시간은 정확히 2분 정도이다. 연구원들은 추가 시간은 스트레스 호르몬을 좀더 감소시키지만 아주 더 큰 효과가 있는 것은 아니라는 사실을 발견했다.

42. 무엇을 도와줄 수 있는지 물어보라.

다른 사람에게 도움이 될 수 있는지 묻는 습관을 들이라. 커뮤니티와 더 많이 연결될수록 어려운 시기에 더 많은 지원을 받을 수 있다.

43. '후회 없는 체크 리스트'를 유지하라.

일이나 가족 부양 때문에 수년 동안 미뤄야 했던 모든 일의 목록을 적어보라. 그런 다음 이러한 목표를 어떻게 재검토할 것인지에 대한 타임라인을 만들어 보라. 후회는 약간의 성찰과 주의 깊은 집중으로 피할 수 있다.

44. 매일 조금씩 일기를 쓰라.

받은 축복을 세어볼 수 있는 매일의 감사일기를 쓰면 힘든 시기가 닥쳤을 때 긍정적인 관점을 유지하는 데 도움이 될 것이다.

하루를 마칠 때 자랑스러워하는 것 서너 가지, 자신에 대해 배운 긍정적인 특성 또는 그날 자신을 양육하기 위해 취한 긍정적인 행동을 적어보라.

피부 관리

45. 매일 SPF 30 자외선 차단제를 바르라.

비 오는 겨울 날에도. 귀, 발등, 목 뒤와 같은 부위를 잊지 말라. 피부 보호 루틴을 시작하면 피부가 스스로 회복될 수 있다.

46. 매일 자외선 차단 립밤을 사용하라.

립스틱은 입술의 피부암으로부터 여성을 보호하지만 입술이 트는 것은 남성에게 훨씬 더 흔하게 나타난다. 립스틱을 바르지 않는다면 SPF 립밤을 사용해도 좋다.

47. 아침(혹은 저녁) 사람이 되라.

피부 손상의 위험은 오전 10시에서 오후 4시 사이에 가장 높다. 정오가 아닌 오전 9시 또는 오후 5시에 야외 활동을 계획하면 시간이 지남에 따라 피부 손상을 크게 줄일 수 있다.

48. 파트너의 피부를 살펴보는 시간을 가지라.

그렇게 하는 동안 두드러진 변화를 살펴보라. 사람들은 종종 옳지 않아 보이는 반점 때문에 피부암을 식별할 수있다. 자신의 점에 대해 잘 알고 모양, 질감, 색상 또는 크기에 의심스러운 변화가 있는 경우 전문의에게 가서 선별검사를 받으라.

당신의 나쁜 습관을 줄이라.

49. TV를 타임아웃으로 설정하라.

어떤 콘텐츠를 소비하는지 정확히 염두에 두고 시청할 특정 프로그램이나 영화를 선택하라. 끝나면 TV를 끄고 산책을 하거나 목욕을 하며 마음의 휴식을 취하라. 대유행이 끝나면 긴 TV 폭식도 끝나야 한다.

50. 온라인 쇼핑을 덜 충동적으로 하라.

정기적으로 쇼핑하는 웹사이트에서 신용카드 정보를 삭제하라.

충동 구매에 대한 비용을 지불하기 위해 지갑을 뒤지는 것은 무엇인가? 구입하려는 것이 실제로 필요한지 생각할 시간을 더 많이 주는 단계를 추가한다.

환경 정리

51. 남은 음식은 플라스틱 대신 유리 용기에 보관하라.

플라스틱에는 식품에 스며들어 건강에 부정적인 영향을 미칠 수 있는 BPA 및 가소제(phthalates)와 같은 유해화학물질이 포함되어 있는 경우가 많다.

52. 무향 제품을 선택하라.

가정용 세제나 방향제에 '향수'라고 표시되어 있으면 버릴 수 있다. 성분이 공개되지 않은 경우 제품에 발암성 유해화학물질이 포함어 있을 수 있다. 또한 공기의 전반적인 건강을 개선하려면 HEPA 필터에 투자하라.

53. 집에 화초를 들여놓으라.

식물은 아름답게 보일 뿐만 아니라 대나무, 야자나 담쟁이덩굴과 같은 많은 식물이 공기의 질을 개선할 수 있다.

유기농 산딸기 한 그릇

54. 가능하면 좀 비싸도 유기농 과일과 채소를 선택하라.

유기농 농산물을 선택하면 살충제에 대한 노출을 줄일 수 있다. 유기농 식품은 또한 기존 식품보다 영양가가 더 높을 수 있다.

55. 천연 변비 치료법을 시도하라.

OTC 완하제는 나이가 들어감에 따라 중요성이 커지는 영양소 흡수 방식을 방해할 수 있다. 식단에 섬유질을 추가하는 방법과 천연 완하제 식품을 찾아보라. 키위, 자두, 대황은 모두 좋은 선택이다.

56. 인공 감미료 껌을 끊어라.

어떤 사람들에게는 무설탕 민트나 사탕과 같이 합성 감미료(sucralose)나 과당으로 달게 한 음식이 복통과 경련, 팽만감, 가스 또는 설사 문제를 일으킬 수 있다.

57. 횡격막 심호흡을 하라.

스트레스나 불안은 위장관의 문제를 증폭시킬 수 있다. 복부를 확장시키는 심호흡을 하라. 이것은 자율 신경계를 활성화하고 위장관을 다양한 자극에 덜 민감하게 만든다.

58. 변기 앞에 발판을 놓으라.

무릎을 엉덩이 위로 올려 쪼그리고 앉는 자세를 취하는 것이다. 이렇게 하면 결장의 아랫부분이 곧게 펴져 배변을 더 쉽게 할 수 있다.

유연성을 유지하고 자세를 개선하라

59. 매시간 자세 점검을 하라.

발을 바닥에 평평하게 놓고 높이 앉거나 서 보라. 앞을 똑바로 보고 어깨를 앞뒤로 당기고 턱을 약간 안으로 집어넣어 봐라.

다섯을 세는 동안 이 자세를 유지하라. 하루 종일 이것을 여러 번 반복하라. 그렇게 하면 더 건강하고 똑바른 자세를 유지하는 데 익숙해질 것이다.

60. 물건을 운반하는 방법을 바꾸라.

목표는 체중을 몸의 양쪽에 고르게 균형을 맞추는 것이다.

가방을 손에 들고 다닐 때는 양쪽의 무게가 비슷한 것이 가장 좋다. 이렇게 하면 똑바로 자세를 유지할 수 있다.

가방을 사용하는 경우 양쪽 팔 끈을 착용하여 짐을 균등하게 분산시키라. 무거운 가방을 한쪽 어깨에만 메는 것은 피해야 한다. 몸을 옆으로 기울이거나 앞으로 구부리면 너무 많은 짐을 지고 있는 것이다.

위의 글은 다음과 같은 21명의 전문가 패널에 의해서 검토된 사항이다.

1. 유코하라(Yuko Hara) : 알츠하이머 약물 발견 재단의 노화 및 알츠하이머 예방 이사
2. Rachel Salas, MD : Johns Hopkins University School of Medicine 신경과 부교수
3. Kien Vuu, MD : 컨시어지 공연 및 장수 의사이자 Thrive State의 저자

이 세 사람을 포함해서 21명의 전문가들이 검토한 사항들이다.

2. 저자 이야기

긍정심리학에서는 목표는 높게, 행동은 작게 시작하는 것이 좋다고 한다. 따라서 나의 목표는 건강하게 초백세인으로 사는 것이다. 하지만 행동은 오늘이 어제보다 1,000분의 1 즉, 0.1퍼센트 더 건강한 삶을 살겠다는 것이다.

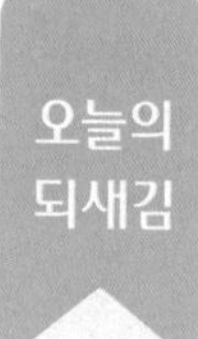

당신은 이 60가지 중에서 '딱 한 가지' 어떤 습관을 갖고 싶은가?

매달 31일

E+ : 멋있는 마지막 편지 (Last Letter+)

"죽음은 인간의 모든 축복 중
가장 위대한 것일지도 모른다." -소크라테스

"이 세상에서 죽음과 세금 외에는
어떤 것도 확실하다고 말할 수 없다." -벤 프랭클린

Last Letter+

세상에서 가장 아름다운 인간관계는 할아버지 할머니와 손자·손녀 관계라고 생각한다. 내일이 내 마지막 날이라면 나는 마지막으로 편지 한 장을 써놓고 가겠다.

내일이 내 마지막 날이라면 오늘 나의 손녀 딸 '주니'에게 이 편지를 쓰고 내일 평화롭게 두 눈을 감겠다.

나의 마지막 편지

사랑스러운 손녀딸, 주니에게 (Dear My Junie)

할아버지는 너를 사랑하고 아끼며 잘 되기를 바란다.

네가 한 살쯤 되었을 때, 너는 걸음마를 배우기 시작했다. 나는 조심 스럽게 너의 뒤를 따라갔다. 너는 넘어졌다가 일어나 다시 걷기 시작했다. 우리가 길을 건널 때는 너는 나에게 안아달라고 했다. 나는 너를 내 팔에 안고 길을 같이 건넜다. 너는 할아버지와 행복하게 놀이터에 가서 놀다 왔다.

이제 너는 일곱살이 되어서 더 이상 길을 건너기 위해 내 도움을 필요로 하지 않는다. 하지만 너는 앞으로 살아갈 시간이 많이 남아 있다. 네가 건강하고 행복하게 남과 잘 어울리며 오래 살기를 바란다.

그렇게 살기 위해서 너에게 할아버지가 딱 한 가지 충고를 하고 싶다. 우리 주니가 명상을 배우고 실습하며 가르치길 바란다.

할아버지는 약 20년 전, 우연한 기회에 하버드 의대 교수가 쓴 책,

『완화 효과』(Relaxation Response)를 읽었다. 과학적으로 명상이 정신과 육체건강에 좋다는 것을 읽은 후, 2000년 1월부터 명상을 시작했다. 내가 참 잘한 일 중에 하나라고 생각한다. 할아버지가 겪은 76년간의 경험에 의해서 주니에게 해주고 싶은 이야기다.

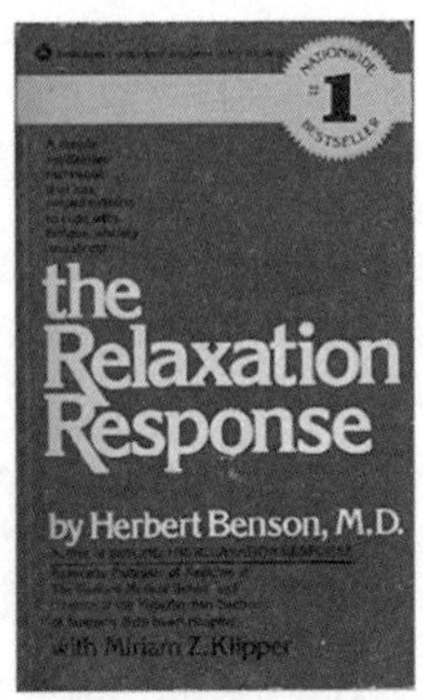

1. 명상을 가르치거나 진지하게 실천하는 사람들이 가장 건강한 식생활, 수면, 운동습관을 가지고 있다. 걷기 명상, 식사 명상을 배우게 되고 잠이 오지 않을 때는 바디 스캔(Body Scan) 명상을 하면 도움이 된다.

2. 명상을 가르치거나 진지하게 실천하는 사람들이 가장 검소한 생활을 하는 것을 보았다.

3. 명상을 가르치거나 진지하게 실천하는 사람들이 가장 자기 학업이나 직업에 오랫동안 충실한 것을 보았다. 한 군데로 초점을 맞추는 훈련이 되어있기 때문이다.

4. 명상을 가르치거나 진지하게 실천하는 사람들이 가장 다른 사람과 관계가 좋은 것을 발견했다. 다른 사람을 미워하지 않고 모든 사람에게 친절하도록 자비 명상(Loving Kind Meditation)으로 훈련하고 실행하기 때문이다.

5. 주니야, 너의 엄마 아빠는 명상과 요가를 한다. 명상을 하는 동안에는 이혼할 확률이 보통 사람들의 10분의 1도 안된다. 네 아빠가 나한테 이야기하기를 자기가 명상을 할 때는 엄마하고 안 싸운다고 했다.

6. 명상 중에도 여러 가지가 있지만 의과대학에서 그리고 일반대학에서 가장 많이 가르치고 보급된 명상법이 과학적으로 연구된 명상과 요가를 합친 '마음 챙김 스트레스 감소(Mindfulness-Based Stress Reduction, MBSR)'이다. 한 주에 한 번씩 8주에 끝나는 프로그램이다.

7. 마지막으로 나의 손자 '알로'에게 하고 싶은 이야기는 할아버지가 누나 '주니'한테 쓴 이 편지를 읽어보고 명상을 배워 실천하기를 바란다.

8. 나의 명상 선생님(Robert Kennedy 신부)을 이 편지 마지막에 소개한다.

주니야, 할아버지가 한인봉사센터에서 일주일에 두 번씩 명상과 요가를 가르친다. 명상 시간은 45분이다.

① 처음 10분은 '나의 기도' 시간이다. 자기가 좋아하는 구절이나 기도를 반복한다. '무', '하나', '샬롬', 혹은 '주의 기도'를 반복하는 사람도 있다.

② 첫 15분간은 몸을 바른 자세로 앉아서 자기 자신이 숨 쉬는 것을 센다. 99부터 시작해서 0까지 센다. 그러면 약 15분 걸린다. 한 군데 집중하는 훈련이다.

③ 마지막 20분 동안에는 '자비 명상(Loving Kind Meditation)'을 한다.

○ 첫 5분 동안은 자신을 위해 기도한다. 자기 자신의 건강과 평화 그리고 남과 잘 어울리는 사람이 되기 위해 기도한다.

○ 다음 5분 동안은 자기가 가장 사랑하는 사람을 위해서 기도한다. 그의 건강과 평화를 위해 기도한다.

○ 다음 5분은 내가 오늘, 혹은 어제 만난 사람들을 위해서 기도한다. 모든 사람들에게 친절한 사람이 되기 위한 훈련이다.

○ 마지막 5분 동안에는 내가 싫은 사람 혹은 미운 사람을 위해 기도한다. 남을 미워하면 내 정신 그리고 육체 건강에 좋지 않다. 남을 미워하지 않고 모든 사람들과 잘 지내기 위한 훈련이다.

이렇게 마음 챙김 명상을 45분 하고 나서 15분 쉬었다가, 마음 챙김 요가를 45분 가르친다. 그렇게 하고 나면 나는 학생들과 함께 즐거운 하루를 시작한다.

할아버지는 우리 주니가 자라면서 너의 탤런트를 개발하면서 몸과 마음이 건강하고 다른 사람과 잘 어울리며 오래오래 멋지게 살기를 바란다.

로버트 케네디(예수회), 참선 명상 선생님을 소개한다.

케네디는 지금 89세이다. 한동안 뉴저지주 저지시티에 있는 성 베드로대학의 신학과 학과장이었다. 현재 그는 신학을 가르치고 일본어를 가르친다. 대학에서의 업무 외에도 그는 뉴욕 시에서 정신분석가로 활동하고 있으며, 유엔 정치정신의식연구소(Institute for Spiritual Consciousness in Politics)의 대표이자 『Zen Spirit, Christian Spirit』 및 『Zen Gifts to Christians』라는 두 권의 책을 저술했다. 그는 매일 저지시티 의 모닝 스타 젠도에서 명상 학생들과 함께 있다.

그리고 3개 주 전역에 위치한 여러 군데 젠도의 학생들도 지도한다. 그는 미국, 멕시코, 폴란드, 영국, 아일랜드, 북아일랜드의 여러 센터에서 주말 및 주간 세션(선 수행)을 진행하고 있다.

내가 케네디 선생님한테 '당신은 크리스찬입니까 아니면 불교인입니까' 물었다. 자기는 좀 더 나은 크리스찬이 되기 위해서 참선을 배우고 가르친다고 했다. 수련회에 가면 천주교인, 개신교 기독교인, 유태인, 불교인, 무신자와 모든 종류의 사람들이 다 모여서 명상을 배운다. 그는 초교파로 무신자를 포함한 모든 종교를 가진 사람들과 친구를 하고 있다.

개인 인터뷰에 들어가면 나한테 항상 한 가지 질문만 한다,

"당신은 이 세상을 어떻게 봅니까?"

그러면 나의 답변은 항상 같다. "이 세상은 완전하지 않고, 부정적인 것도 많이 있다. 하지만 이 세상은 참 아름답다. 아니 그렇게 보려고 한다." 그러면 '개인 인터뷰 끝났으니 가라'고 한다.

그분 이야기가 사람들이 박사학위를 두개 획득하면 전부 명상을 시작 한다고 농담을 한적이 있다. 실제로 케네디 선생님은 신학박사학위와 심리학 박사학위 소유자이다. 명상 모임에 가면 박사학위 두개를 소유한 사람도 만나고 각 분야에서 정상까지 올라간 사람들도 종종 만난다. 과학, 예술, 교육, 그리고 종교 계통에서 정상까지 올라간 사람들을 종종 만난다.

경제적으로나 학식면에서 제일 밑에서부터 제일 위까지 함께 앉아서 명상을 하고 친구가 될 수 있는 개방된 사람들의 모임이다.

할아버지가 주니에게 바라는 것은 어떤 분야에서 정상까지 올라가라는 뜻이 아니다. 정상까지 올라가는 데는 외부적인 조건이 많이 따르기 때문이다.

하지만 그 과정은 다 비슷하다. 한 군데 집중해서 오랫동안 계속한 사람들이다.

주니가 명상을 공부하고 실천하면 한군데 오랫동안 집중하는 훈련을 받는다. 바로 그 자체가 행복이요 성공이다.

2023년 4월 아름다운 봄날에

주니와 알로를 사랑해서 응원하는 할아버지가

에필로그

당신은 이 책을 다 읽었다. 멋지게 살기 위해서 여러 가지 실험 결과에 의한 지식과 아이디어를 얻었을 것이다. 아는 것이 힘이다.

하지만 아는 것만으로는 안되고 실제 적용할 때 생활에 변화가 생긴다.

한 달 동안 매일 한 가지씩 31가지 아이디어를 소개했다.

나는 매일 아침 먹기 전에 산책을 하며 하루에 한 가지씩 오디오로 듣는다. 각 장을 들으면 약 10분이 되도록 제작했다.

그러면 내가 하루를 멋지게 그리고 긍정적으로 보며 시작한다. 당신도 아침마다 각 장을 십분 동안 읽으며 걸으면서 QR 코드를 스캔하여 매일 한 가지 아이디어를 듣기 바란다.

당신의 하루를 새롭게 시작해 보라. 작은 변화를 느끼게 될 것이다.

작은 변화가 계속 될 때 큰 변화를 체험하게 된다.

IQ(아이큐)가 굉장히 중요하다. 현대과학은 꼭 수학을 풀 수 있는 능력만 아이큐가 아니고 당신의 재능, 특기 혹은 장점이 당신의 IQ이다. 그 지능을 살리고 개발해야 한다.

EQ가 IQ보다 2배 중요하다. EQ란 감성지능을 뜻하지만 쉽게 이야기하면 당신의 자제력을 말한다. 자제력이 없으면 당신의 재능을 충분히 살릴 수 없다.

습관(Habits)이 EQ보다 세배 더 중요하다. 공부 잘하고 못하는 것도 당신의 공부 습관의 결과이며 남과 사이좋게 지내든가 못 지내는 것도 당신의 습관이다. 싸우는 부부도 잉꼬 부부도 두 사람의 습관의 결과이다.

한 가지 습관을 시작하는 데는 21일이 걸린다고 하버드 심리학자 윌리엄 제임스가 말했다. 약 한달이다.

그렇게 하면 31가지 좋은 습관을 갖게 된다. 31일이면, 멋지게 사는 방법과 긍정적으로 사는 습관을 체득하여 큰 유익을 얻게 된다.

감사일기를 쓰기 시작하면 건강도 좋아지고 다른 사람과 관계도 좋아진다. 습관은 한 번에 하나씩 쌓아 올라가는 것이다. 평생 계속해야 되는 여정이다.

사랑(Love)이 습관(Habits)보다 4배 더 중요 하다. 긍정심리학의 골자는 "네 이웃을 네 몸과 같이 사랑하는 것"이다.

내가 남을 위하고 존중하듯이 나 자신을 위하고 존중하고 가꾸어야 한다. 결국 내가 얼마나 행복하느냐 하는 것은 내 주위 사람들을 얼마나 행복하게 하느냐 하고 똑같이 중요하다. **수학적으로 표현하면 '나의 행복=남의 행복'이다.** 이 책을 수학적으로 표현한다.

멋진 한주 = IQx1(내 특기) + EQx2(자제심) + Habitsx3(습관) + Lovex4(인간관계)

우리 모두 내게 주어진 6,000주를 목표로 하되 죽는 날까지 남과 나를 위해서 매주 멋있게 사용하자.

추천의 글

<긍정적인 사고방식을 갖게 해주는 책>

린다 강(뉴저지 에디슨 봉사센터 이사장, 부동산 개발업자)

저는 사업을 하면서 많은 사람들을 만났고 그리고 사람들에 관해서 많은 것을 알게 되었습니다.

그중 하나는 긍정적인 사고방식을 가지고 있는 사람과 부정적인 사고방식을 가지고 있는 사람들의 차이점이라고 생각합니다.

긍정적인 사고방식을 가지고 있는 사람과는 쉽게 일을 할 수 있었으나 부정적인 사고방식을 가진 사람과는 매우 힘들었으며, 쉽게 일이 틀어지는 경향을 많이 보았습니다.

긍정적인 경우 실패할 수 있다는 이유가 있다 하여도 진행하고, 있는 일들에 큰 걸림돌이 되지는 않았습니다. 하지만 부정적인 경우에는 실패할 수 있다는 이유 하나로 진행하고 있는 일들에 뛰어넘기 힘든 장애물이 되곤 합니다.

그러니까 긍정적인 경우 서로가 가려고 하는 방향으로 힘을 도모하지만 부정적인 경우 서로 반대 방향으로 가게 됩니다.

제가 이 책의 저자인 박휘성 선생님을 처음 만났을 때 한인사회를 위한 여러 가지 무료봉사 부탁을 했었습니다. 다행히 저는 박 선생님으로부터 긍정적인 대답을 받았고 박 선생님은 벌써 10년 동안 한인사회를 위한 무료 봉사 활동을 하고 계십니다. 부정적인 생각을 가지고 계셨다면 벌써 그만둘 일들이었습니다.

저는 박휘성 선생님의 긍정적인 철학 관람을 어느 정도 알 수 있었으나 이렇게까지 책 쓰신 걸 보면서 긍정적인 철학 관념은 하루아침에 이루어지지 않고 지속적인 생활방식이어야 함을 확신했습니다.

이 책을 여러분들께서 꼭 읽을 것을 권장합니다. 그리고 이 책에서 전하고자 하는 긍정적인 사고방식을 꾸준히 기르신다면 여러분들이 원하는 일이 이루어질 확률은 클 것이라고 생각합니다.

<성공적인 인생을 살도록 이끄는 책>

티모데 박(뉴저지 에디슨 한인 봉사센터 회장)

본인의 인생을 성공 시키고자 하시는 분들께 이 책을 추천하고 싶습니다.

주어진 환경 속에서 우리 모두 자기 각자의 인생을 살면서 어느 사람은 주어지는 대로 수동적으로(Passive), 어느 사람은 자기 자신을 개척하며 능동적으로(Active) 생활을 합니다.

당신은 어떤 사람이 되길 원하십니까? 수동적으로 살기를 택하신 분들은 바로 죽기 전 자기 삶에 후회를 안 할 자신이 있으신지요? 만일 능동적으로 살려고 하면 어떻게 하여야 할까요? 저는 이 책이 그 질문에 대하여 쓴 책이라고 생각합니다.

천재가 아닌 대다수의 사람들은 반복을 하면서 전문성을 익히게 되는데, 이 책은 그 반복성과 특히 긍정적인 사고방식을 매일 공부하는 자세를 권하고 있습니다.

그리고 매일 공부하는 주제와 내용이 다르며 또 그 반복성 주기가 한 달 임으로 지루함이 거의 없을 것이며 매일 새로운 느낌을 받으실 겁니다.

이 책이 추천하는 공부 방식과 공부 내용을 습득 하시고 인생을 사신다면 인생의 종착점에서 아마 후회가 거의 없을 것 같아 이 책을 추천합니다.

<인생의 네비게이션 같은 책>

배성현목사 (Rev. Daniel S Bae 예수아샬롬공동체)

"네가 자기의 일에 능숙한 사람을 보았느냐? 이러한 사람은 왕 앞에 설 것이요 천한 자 앞에 서지 아니하리라"(잠언 22:19)

Do you see a man skilled in his work?
He will serve before kings;
He will not serve before obscure men!"(Proverbs 22:29)

박휘성(Huge Park) 선생님은 앎과 실천의 균형을 맞추며 살아가는 스승이다. 늘 얼굴에 웃음을 띠고 새로운 배움에 몰입하는 호기심 많은 학생이다.

바울이 쓴 편지, "항상 기뻐하라! 쉬지 말고 기도하라! 범사에 감사하라!"(데살로니가전서 5:16~18)는 내용을 온 가족이 품고 살고 있기 때문에 만날 때마다 기쁨을 전염시킨다.

우울함, 비교 의식, 절망에 빠져 방황하는 사람들이 이 책을 네비게이션처럼 사용하길 바란다. 지혜와 통찰력을 가지고 제시하는 내용을 숙지하여 예수 안에서 유레카(Eureka)의 기쁨을 찾길 바란다.

QR 코드를 누르면 이 글을 보고 들을 수 있습니다.

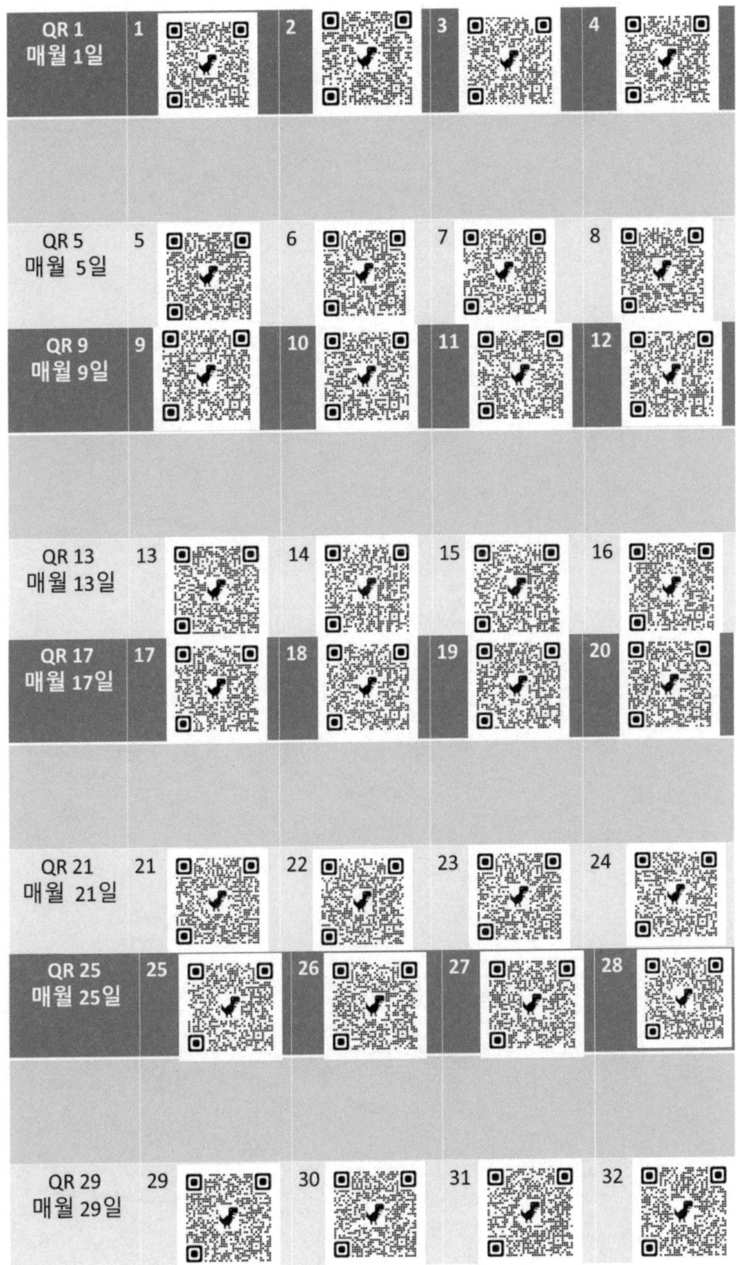